本书系辽宁师范大学科研项目“破产纠纷裁判规则精解研究”
（项目编号：H2024002）最终成果

破产纠纷

裁判规则精解

胡守鑫　吴忠健
主编

PRECISE INTERPRETATION
OF
ADJUDICATION RULES FOR
BANKRUPTCY

法律出版社 LAW PRESS · CHINA
北京

图书在版编目（CIP）数据

破产纠纷裁判规则精解 / 胡守鑫，吴忠健主编.
北京：法律出版社，2024（2024.12 重印）.
ISBN 978-7-5197-9520-7

Ⅰ. D922.291.925

中国国家版本馆 CIP 数据核字第 2024V9P480 号

破产纠纷裁判规则精解
POCHAN JIUFEN CAIPAN GUIZE JINGJIE

胡守鑫　吴忠健　主编

策划编辑 毛镜澄
责任编辑 毛镜澄
装帧设计 鲍龙卉

出版发行 法律出版社
编辑统筹 法治与经济出版分社
责任校对 李慧艳
责任印制 吕亚莉
经　　销 新华书店

开本 710 毫米×1000 毫米　1/16
印张 22.75　**字数** 318 千
版本 2024 年 10 月第 1 版
印次 2024 年 12 月第 2 次印刷
印刷 天津嘉恒印务有限公司

地址：北京市丰台区莲花池西里 7 号（100073）
网址：www.lawpress.com.cn
投稿邮箱：info@lawpress.com.cn
举报盗版邮箱：jbwq@lawpress.com.cn

销售电话：010-83938349
客服电话：010-83938350
咨询电话：010-63939796

书号：ISBN 978-7-5197-9520-7
定价：98.00 元

凡购买本社图书，如有印装错误，我社负责退换。电话：010-83938349

序

当 AI 科技的发展已经超越人们的想象力,盲人可以借助 AI 感知这世界的影像数据,从而永久性地获得较大范围的行动自由之时;当梦幻般的图画、妙笔生花的文章和跌宕起伏的影像故事都可以通过 AI 一键生成之时;当学术界和实务界为裁判文书是否应当继续在网络上全面公开而激烈争辩时,我们在揣想,作者勤奋徐徐的笔耕和枯燥繁杂的案例研究,是否还有必要?

本书主编有在破产法学和民诉法学之间游弋自如的青年学者,还有致力艰苦破产实务的年轻精英律师。当马斯克凭借一己之力推动人类发展进程之时,一次又一次强烈地突破我们对个人改变世界的可能性的认知之时,我们的年轻法律人,在不嫌繁复的文字编制之间,通过对典型案例的精心选择,经由细腻笔触丝丝入扣的分析,探索着破产法透过废墟、穿越停滞的光明。谁说拍案不能善莫大焉?在这一片破产案例丛生的沃土之上,破产法程序和规则相对烦琐复杂,案例研读需要的时间投入、跨部门法知识积累、深度理论素养培植的要求也常常令人望而却步。然而,通过本书对各种典型案例的深入研究和分析,读者可以更清晰地了解破产法实施过程中的法律冲突和价值判断,可以发掘更加丰富的破产法机理,萃取当前如火如荼的破产法修法中颇为关键的诸多争点,对各个典型案例破产裁判的形成作出另辟蹊径的观察,或者进行更抽象深远的价值思考。

本书的内容范围不囿于对破产衍生诉讼案例，以破产程序发展为线索，择取案例涵盖了破产程序本身需要处理的纠纷、破产衍生诉讼、个人破产案件、“执转破”案件、跨境破产案件以及破产犯罪案件等多种高频次发生的案件类型。本书选择的大多数案例源于最高人民法院，具有裁判等级上的权威性和示范意义，也选择了部分地方各级法院审判的优秀案例。本书不仅以案例和裁判文书作为出发点和研习基础，对案例所涉问题进行深入细致的解读之后，又在此基础上展开了学理上的进一步思考，结合司法实践进行多维度的反思和讨论。本书通过在每一个案例所展开的编写体例：要点提示、裁判要旨示例、案件概况、案例评析与思考、类案推荐，抽丝剥茧，步步推进，并对类案进行关联和延伸，将案例的精华和可以继续深入的视角，娓娓道于读者之前。

本书的案例类型及其分析在破产法律实务操作等方面有较高的借鉴价值，通过对真实破产案例中规则冲突的解释，对法律“盲点”的剖析，揭示了破产程序中的诸多挑战和趣味，不仅有助于一线破产法官、破产管理人触类旁通，提升工作成效，更加娴熟积极地规划破产案件的进程；也为破产法官和破产管理人提供了一种新颖的思考和工作方式；并提示了不断发展变化的破产实践对破产程序参与人特别是破产管理人提出了较高的法律水平、办案能力和管理能力方面的要求。作为初生代的破产管理人，我欣欣然看到，无论破产法的发展是走向了春天，还是在四季轮回，历史的车轮终将滚滚向前。

带领读者穿越破产案例研读的窄门，洞察丰富多彩、充满博弈与决议的破产程序，体会每个破产案件背后的法理、经济与人性，了解这世界的无奈、希望和拯救，正是年轻破产法律人编著此书的愿望所在。

是为序！

2024 年 8 月 25 日

前　言

2022 年 12 月，第十三届中国破产法论坛在四川宜宾召开。中国破产法论坛是由我母校中国人民大学法学院王欣新教授发起的。时至今日，该论坛已成为我国破产法领域内的权威性极高、参与人数众多的金字招牌。与以往不同，第十三届中国破产法论坛是徐阳光教授付出极大努力之下召开的。论坛能够成功召开且得到了诸多领导、业内同仁的支持，实属不易。

当时，我在论坛负责会务工作。在论坛中，我遇到了大学同窗，亦是本书的主编之一——北京市通商律师事务所合伙人吴忠健律师。论坛结束后，我与吴忠健律师一同前往成都。在成都又与同为大学同窗好友的四川农业大学法学院讲师李军妍等相聚。就在那次聚会中，我们共同达成了要合作编写一本关于破产衍生诉讼裁判规则书籍的意向。

我们属于行动派，尤其是吴忠健律师。他在返回上海后，迅速整理了关于本书的写作提纲，并着手开展写作工作。但是，原本预计 2023 年能够出版的书籍，由于各种原因直至 2024 年才向出版社交稿。

受传统观念“趋利避害”的影响，一些人认为破产是一件不“吉利”的事，没有人想破产，也甚少有人对破产法感兴趣。有次我在与一位医学博士交流我的研究方向是破产法时，人家来了一句“怎么研究这么不吉利的法”？我误打误撞进入破产法领域，实属偶然，也属实幸运。读博时，受到我博士生导师汤维建教授的指导，我从研究个人破产法开始，逐渐推开了破产法研究的大门。时至今日还记得，我在读本科的时候，拿着《企业破产法》的条文，每个字都认识，但不明白其中讲的都是什么。“管理人”“债权人会议”“共益债务”等破产法专有词汇在当时看来，似乎能看懂，但又看不懂。实在是想不到，破产法会是我读博期间的研究方向，同时也是我立业之根基。破产法作为一部壁垒较高且论文发表困难的法律，能够坚持破产法研究以及从事破产实务，都源于内心的热爱。

接下来说明一下本书的主题以及写作体例。目前，各级人民法院发布的关于破产的典型案例与其他民商事案件的典型案例完全不同。其他民商事案件典型案例的目的在于统一法院对相关条文的认识，继而起到统一裁判规则的作用。而破产法典型案例似乎是在有意地突出各地法院关于破产案件处理的创新性做法。这么做的原因可能与我国破产案件总体受理数量较低、人们正探索着如何高质量妥善处置破产案件有关。但是，这些破产法典型案例的发布似乎给研习者带来了一定的困扰——不知道如何研习破产法案例。所以，我们一开始仅是想以破产衍生诉讼为基点，沿着对民商事案件的传统研究路径——从裁判文书下手，研究法院对破产衍生诉讼的裁判规则。我们最初也沿着最高人民法院发布的《民事案由规定》中“与破产有关的纠纷”中寻找典型案例进行解读。但后来，因我个人偏爱研究个人破产法，同时深圳颁布了《深圳经济特区个人破产条例》且深圳市中级人民法院也作出了多份关于个人破产的裁判，所以我又添加了关于个人破产案例裁判规则解读部分。此外，我倾向认为，刑事法律是保障破产程序“纯洁性”的重要手段之一，而我国当前对破产犯罪研究甚少。故而又增加了4篇关于破产犯罪裁判规则解析的文章。如此一来，若书名再定为《破产衍生诉讼裁判规则解析》就不太准确与严谨了。

所以，将本书的书名最终定为《破产纠纷裁判规则精解》。本书内容上具有如下特点：其一，案件类型上较丰富。本书选取的案例共计30个，范围涵盖了破产程序本身需要处理的纠纷、破产衍生诉讼、个人破产案件、“执转破”案件、跨境破产案件以及破产犯罪案件等。其二，案件具有典型意义。本书选取的案例大多源于最高人民法院作出的裁判文书，当然少部分案例也包括其他各级人民法院作出的裁判文书。但总体来说，所涉案件具有典型意义。其三，对案例所涉法律问题进行了精解。本书以案例为出发点，对案例所涉问题进行解读之后，又在此基础上作了一些思考。因此，本书不仅是在传递人民法院的裁判规则，更是在表达作者对破产法的认识与理解。

在写作体例上，首先，我总结了每篇案例涉及的要点，并以疑问句的方式提出。在“要点提示”部分，作者总结各自所要精解案例的特点。之后的“裁判要旨示例”则是作者介绍选取案例的基本情况。其次，“案例评析与思考”主要由三部分构成——案情介绍、案件评析与延伸探讨。其中，案情介绍部分的内容主要源于各个案件的裁判文书。案件评析部分则是作者以案件为基础，进行的解读与思考。延伸探讨部分，乃是作者对案例所涉知识点进行的深度解读。最后，“类案推荐”则是作者选取了部分类案的裁判规则，供读者参考。

本书在创作过程中得到了诸多关心。在此，感谢浙江省破产管理人协会会长任一民先生能够在百忙之中为本书作序。感谢法律出版社法治与经济分社毛镜澄编辑对本书出版提出的各种优化建议。同时，南京大学法学院硕士研究生张新玉，辽宁师范大学法学院硕士研究生袁梦、狄芳今，大连海事大学法学院学生曹倚凡，四川农业大学法学院学生蔡镇伟、熊会等同学对本书内容进行了校对，在此一并感谢。最后，由我负责全书统稿。

总之，尽管本书涉及的案例不多，但皆具有典型意义，是一本以实务为导向，兼具理论性与前沿性的破产法专业书籍。希望本书对破产法的研究与实务能够起到一些微弱的、绵薄之力。

2024 年 2 月 4 日大年廿五

于大连星海湾

目 录

案例 1：律师事务所等非企业法人是否可以依照《企业破产法》进行破产？

【要点提示】

依据《企业破产法》适用破产程序清理债务的主体为企业法人以及法律规定可以参照适用《企业破产法》清算的主体。

【裁判要旨示例】

经主管单位同意进行管理的公司制律师事务所，主要是指该律所可以参照公司形式进行内部管理，并不代表其系法律规定的营利法人，而且根据章程的规定，其对内适用《公司法》，对外适用《律师法》及原《合同法》。[1]目前亦并无其他法律明确规定律师事务所可以参照《企业破产法》进行破产清算。因此，律师事务所不具有《企业破产法》规定的主体资格。

【案件概况】

案件名称：“重庆某律师事务所申请破产清算再审案”

---

〔1〕 原《合同法》已被《民法典》废止。

案　　号:(2021)最高法民申 1295 号

审理法院:最高人民法院

【案例评析与思考】

一、案情介绍

申请人重庆某律师事务所以其作为营利法人不能清偿到期债务,并且资产不足以清偿全部债务为由,向一审法院申请破产清算。一审法院立案后,于 2019 年 10 月 28 日进行了听证,申请人重庆某律师事务所的负责人陈某某、委托诉讼代理人陶某甲到庭参加听证。

一审查明:2001 年 7 月 30 日,重庆市司法局向陈某某、陶某乙、叶某 3 人出具重庆市司法局《关于同意设立重庆某律师事务所的批复》(渝司〔2001〕93 号)。批复载明:经研究,同意由陈某某、陶某乙、叶某 3 位同志发起成立"重庆某律师事务所"。该所为不占国家编制、不要国家经费、自愿组合、自收自支、自我发展、自我约束的合作律师工作机构。

2004 年 12 月 13 日,重庆市司法局向重庆某律师事务所下发《关于同意重庆某律师事务所为公司制律师事务所试点单位的通知》。通知载明:"你所《关于律师事务所组织形式运行机制试点的报告》收悉。经研究,同意你所为公司制律师事务所组织形式和运行机制试点单位。"

重庆某律师事务所 2006 年 12 月 23 日的《公司制章程》载明:事务所实行公司制改革,事务所的内部关系(组织结构、财产关系、分配等)适用《公司法》,事务所出资人数适用《关于律师事务所登记管理的实施办法》,事务所的对外关系适用《律师法》和原《合同法》。

一审法院认为,《企业破产法》第 2 条规定:"企业法人不能清偿到期债务,并且资产不足以清偿全部债务或者明显缺乏清偿能力的,依照本法规定清理债务。企业法人有前款规定情形，或者有明显丧失清偿能力可能的，可以依照本法规定进行重整。"第135条规定："其他法律规定企业法人以外的组织的清算，属于破产清算的，参照适用本法规定的程序。"根据前述规定，只有企业法人具备破产主体资格。企业法人以外的组织的清算要参照适用《企业破产法》的程序，必须有法律的规定。

对于重庆某律师事务所是否具备破产主体资格的问题。一审法院认为，重庆某律师事务所不具备破产主体资格。主要理由如下。

第一，重庆某律师事务所不是企业法人。律师事务所不是企业。1988年《企业法人登记管理条例》（已失效）第3条规定："申请企业法人登记，经企业法人登记主管机关审核，准予登记注册的，领取《企业法人营业执照》，取得法人资格，其合法权益受国家法律保护。依法需要办理企业法人登记的，未经企业法人登记主管机关核准登记注册，不得从事经营活动。"第4条规定："企业法人登记主管机关（以下简称登记主管机关）是国家工商行政管理局和地方各级工商行政管理局。各级登记主管机关在上级登记主管机关的领导下，依法履行职责，不受非法干预。"《合伙企业法》第9条第1款规定："申请设立合伙企业，应当向企业登记机关提交登记申请书、合伙协议书、合伙人身份证明等文件。"1997年1月1日起施行的《律师法》第15条第1款规定："律师事务所是律师的执业机构。"第19条规定："申请设立律师事务所的，经省、自治区、直辖市以上人民政府司法行政部门审核，符合本法规定条件的，应当自收到申请之日起三十日内颁发律师事务所执业证书；不符合本法规定条件的，不予颁发律师事务所执业证书，并应当自收到申请之日起三十日内书面通知申请人。"前述规定明确律师事务所与企业的登记机关（审核机关）不同。《工伤保险条例》第2条规定："中华人民共和国境内的企业、事业单位、社会团体、民办非企业单位、基金会、律师事务所、会计师事务所等组织和有雇工的个体工商户（以下简称用人单位）应当依照该条例规定参加工伤保险,为本单位全部职工或者雇工(以下简称职工)缴纳工伤保险费。中华人民共和国境内的企业、事业单位、社会团体、民办非企业单位、基金会、律师事务所、会计师事务所等组织的职工和个体工商户的雇工,均有依照该条例的规定享受工伤保险待遇的权利。"该规定对律师事务所与企业的概念予以明确区分。根据前述规定,律师事务所不属于企业法人。

第二,现行法律未规定律师事务所可以进行破产清算。1997 年 1 月 1 日起施行的《律师法》没有规定律师事务所可以进行破产清算。司法部 1996 年 11 月 25 日颁布的《合作律师事务所管理办法》(已失效)第 25 条规定:"合作律师事务所解散或被吊销执业证书时,应当对律师事务所的财产进行清算。清偿债务后有剩余财产的,由合作律师依照章程的规定分割。"没有规定合作律师事务所可以进行破产清算。现行《律师法》《律师事务所管理办法》也没有规定律师事务所可以进行破产清算。

综上所述,重庆某律师事务所不是企业法人,不能直接适用《企业破产法》进行破产清算;重庆某律师事务所不是合伙企业,不能参照《合伙企业法》的相关规定进行破产清算;其他法律也未规定律师事务所可以进行破产清算。重庆某律师事务所不具备破产主体资格。

一审法院驳回了重庆某律师事务所的破产申请。重庆某律师事务所不服一审法院裁判上诉至二审法院。二审法院驳回其上诉请求,维持原判。

再审申请人重庆某律师事务所因不服一审、二审法院的民事裁定向最高人民法院提出再审申请。再审申请人认为法院应当受理该所破产清算一案,理由为:该所不仅是经过主管机关认定的合作律师工作机构,而且是由主管机关认定为公司制律师事务所组织形式和运行机制试点单位,是营利法人;《工伤保险条例》第 2 条将"事业单位"和"律师事务所"等同"企业"进行表述;现行法律并未禁止律师事务所破产。

最高人民法院最终驳回了再审申请人的申请。

二、案件评析

债务人出现无法清偿到期债务，明显缺乏清偿能力或资产不足以清偿全部债务的情形时，权利人可以向人民法院提交破产申请。人民法院受理破产申请后，应当依法就破产申请进行审查，并依据审查结果确定是否启动破产程序。破产审查的一项要件为债务人是否具备破产能力，也即债务人是否可以依据或者参照《企业破产法》适用破产程序清理债务或者重整。

《企业破产法》第 2 条、第 135 条规定，企业法人可以通过破产程序清理债务或者重整，企业法人外的组织在有法律规定时可以参照适用破产程序，但既未罗列全部主体，也未对部分主体作出禁止性规定。自改革开放以来，我国经历多次经济体制改革，市场主体呈现多元化特征，通过实体法对不同主体的退出机制予以明确具有现实需求。然而各实体法中，并未对各类主体的退出机制作出明确规定，导致实践中对市场主体是否具有破产能力的认定存在争议。以下对具备破产能力的主体类型进行初步整理和分析。

（一）法律规定具备破产能力可以适用《企业破产法》通过破产程序清理债务或者重整的主体

1.《企业破产法》规定的主体——企业法人。企业法人，是指符合法定条件，能独立承担民事责任，经主管机关（市场监督管理部门）核准登记并取得法人资格的社会经济组织，包括全民所有制企业、集体所有制企业、联营企业、在我国境内设立的中外合资经营企业、中外合作经营企业、外资企业、私营企业等。《企业破产法》第 2 条第 1 款规定，“企业法人不能清偿到期债务，并且资产不足以清偿全部债务或者明显缺乏清偿能力的，依照本法规定清理债务”，明确赋予了企业法人以破产能力。

2. 其他法律中规定具备破产能力的主体。依据我国《民法典》，民事主体包括自然人、法人、非法人组织，法人分为营利法人（有限责任公司、股份有限公司、其他企业法人等)、非营利法人(事业单位、社会团体、基金会、社会服务机构等)、特别法人(机关法人、农村集体经济组织法人、城镇农村的合作经济组织法人等);非法人组织则包括个人独资企业、合伙企业、不具有法人资格的专业服务机构等。《企业破产法》第2条所指的企业法人,一般认为是指法人中的营利法人;该法第135条则规定,其他法律规定企业法人以外的组织的清算,属于破产清算的,可以参照适用本法程序。

(1)民办学校。《民办教育促进法》第58条第2款规定,民办学校因资不抵债无法继续办学而被终止的,由人民法院组织清算。该法虽未明确民办学校资不抵债时,申请其清算的权利人范围、清算后责任承担的特殊规则,但明确了可以由法院组织清算。该清算是强制清算还是破产清算亦未明确,但从前提条件"资不抵债"中可以推断,应是破产清算。

(2)农民专业合作社。《农民专业合作社法》第55条规定,农民专业合作社破产适用企业破产法的有关规定。但是,破产财产在清偿破产费用和共益债务后,应当优先清偿破产前与农民成员已发生交易但尚未结清的款项。农民专业合作社可直接依据《企业破产法》进入破产程序,仅是依据其性质的特殊性制定了特殊分配规则。

(3)合伙企业。《合伙企业法》第92条第1款规定,合伙企业不能清偿到期债务的,债权人可以依法向人民法院提出破产清算申请,也可以要求普通合伙人清偿。依据该法,债权人享有申请合伙企业破产清算的权利,也即合伙企业具备破产能力。

(4)个人独资企业。《个人独资企业法》第32条规定,个人独资企业清算结束后,投资人或者人民法院指定的清算人应当编制清算报告。可见,个人独资企业可以依法进行强制清算,但是未明确可否进行破产清算。在2012年最高人民法院《关于个人独资企业清算是否可以参照适用企业破产法规定的破产清算程序的批复》中,最高人民法院指出,个人独资企业可以参照适用《企业破产法》，赋予了个人独资企业以破产能力。需要指出的是，依据《企业破产法》第135条，扩大参照适用该法仅限于法律的规定，但本批复并非法律，仅是最高人民法院的内部批复。从最高人民法院的批复来看，对企业是否具有破产能力的认定并非严格限定，主体是否具有破产能力，除根据法律规定外，还应结合破产程序的原理、企业特殊性质等情况具体分析后进行判断。

（二）无法律确定具有破产能力的主体

我国市场主体呈现多元化的状态，不同性质主体的经营规范分散制定于各实体法中，并非通过一部法律设定全部市场主体的经营管理及退出机制。除前述几类通过法律规定确定具备破产能力的主体类型外，有很多主体类型并未被设定债务处置机制，未明确可以通过破产清算或者非破产清算退出市场。

1. 事业单位、社会团体、基金会、社会服务机构等非营利法人。非营利性法人的设立目的与营利性企业法人不同，设立非营利性法人主要是公益目的，且其运营资金由财政拨款，故其对外债务的承担、剩余财产的分配均与市场主体不同，具有更强的行政性质。从《民法典》可以看出，非营利性组织多经登记设立（特殊情形自成立之日设立）并由主管机关备案，故其终结也应办理注销登记。因该类主体具有较强的行政性，因此其管理、退出制度多记载于行政性文件中。如《事业单位登记管理暂行条例》第13条第1款规定，事业单位被撤销、解散的，应当向登记管理机关办理注销登记或注销备案，在办理注销登记前需要在审批机关指导下成立清算组织并提交清算报告；《基金会管理条例》第18条第1款规定，基金会在办理注销登记前，应当在登记管理机关、业务主管单位的指导下成立清算组织，完成清算工作；《社会团体登记管理条例》第20条规定，社会团体在办理注销登记前，应当在业务主管单位及其他有关机关的指导下，成立清算组织，完成清算工作；

民政部《关于进一步加强和改进社会服务机构登记管理工作的实施意见》对社会服务机构也仅是提及对注销登记的监督管理。以上均是对该类法人的退出作注销登记并经主管单位审查备案的要求，虽然需要完成清算，然而该清算强调主管行政单位的介入，区别于普通企业法人的清算，具有更强的行政监督性质。非营利性法人出现资产不足以清偿债务的情形时，是否具备破产能力未予说明。《最高人民法院给重庆市高级人民法院的复函——人民法院不应受理农村合作基金会的破产案件》中表示，鉴于现有法律法规尚无将农村合作基金会登记为企业法人的规定，因此农村合作基金会不能以资不抵债的企业法人向人民法院申请破产。

2. 机关法人。与事业单位等非营利性法人相比，机关法人是依法行使国家公权力、享有国家财政拨款的完全行政性组织，其资产清理、退出市场问题属于行政行为而非市场行为，其所清理的资产大多属于财政资金，归于国库统筹而非清理债务后向出资人分配，与企业法人存在很大差异。根据最高人民法院《关于机关法人作为被执行人在执行程序中变更问题的复函》的精神，机关法人在机构改革中被撤销的，其上级主管部门无偿接受了被执行人的财产，致使被执行人无遗留财产清偿债务，可以裁定变更上级主管部门由其在所接受财产价值的范围内承担民事责任。结合《行政诉讼法》中行政主体撤销或者职权变更后，被告变更继续行使其职权的行政机关的原理，行政机关被撤销后其权利义务转移至继受机关，与企业法人注销后权利义务归于消灭存在本质差异，故对机关法人适用破产程序的必要性较低。并且，机关法人的资产来源于财政拨款，在一般情况下不会发生资产不足以清偿债务的情形，也就不具有进入破产程序的前提条件。

3. 农村集体经济组织法人、城镇农村的合作经济组织法人等农村集体性经济组织。农村经济组织一般涉及农村集体土地所有权、集体组织成员权以及利润分配问题，因而有其特殊性。目前除《农民专业合作社法》对该组织形式赋予破产能力外，其余涉农村经济组织有无破产能力均无明确法律规定。

4. 不具有法人资格的专业服务机构。《律师法》第22条规定了律师事务所应当终止的事由，但是对发生终止事由的律师事务所仅规定由颁发执业证书的部门注销该律师事务所的执业证书；第51条规定，律师事务所违反法律规定时可以吊销律师事务所执业证书，但是对资产清理、债权债务厘清未作规定。《注册会计师法》第39条亦仅规定了会计师事务所在违反法律规定的情况下可予以撤销、吊销注册会计师证书，也未就债务处理、市场退出作出规定。需要说明的是，会计师事务所不同于律师事务所，其在符合《注册会计师法》第24条规定的要件时，可以视为负有限责任的法人，此时，该会计师事务所应被认为具备破产能力。

（三）扩大《企业破产法》适用主体的现实意义

1. 主体退出市场的意义。依据最高人民法院民法典贯彻实施工作领导小组对《企业破产法》第135条释义中的精神，当市场主体在竞争中失败而难以继续经营面临淘汰时，应当允许其利用法律上的方法摆脱经济困境，获得重新再起的机会或者退出市场。否则，难以为继的市场主体在市场中将空耗经济资源，透支社会信用。对丧失经济价值、没有存续必要的市场主体来说，破产不仅不是一种负面评价，反而是对该主体的保护机制。对企业法人本身来说，通过破产程序归集企业资产、清偿对外负债、督促股东履行法定义务，对依法经营的主体实现破产免债；对股东、经营管理人员来说，通过企业退出机制，依法免除其个人责任，解绑个人负担，有助于其尽快投入新的市场经营，创造新的市场价值；对市场环境来说，有利于减少主管部门的管理成本、降低市场交易信任风险，有利于营商环境的建设。

2. 发挥破产程序价值，实现债权人保护的意义。破产程序是概括性执行程序，是实现对债权人公平清偿的集体性程序。破产程序的启动以债务人资不抵债为前提，若债务人已资不抵债、无法清偿全部债务，因没有设定明确的债务清理及市场退出机制，会导致债务人一直处于“休眠”状态，而债权人处于久拖不偿的被动境地。并且，也因为没有进行债务清理，对于类似个别清偿、挪用资产等非法定无效、可撤销的行为，权利受损的债权人无法通过法定程序保障自身权益。制度缺漏之下，实则隐藏债权人利益的消极保护状态。

三、延伸探讨

（一）暂未被法律赋予破产能力的主体赋予破产能力的理论性探索

鉴于部分组织类型没有被列明具有破产能力，而市场退出机制具有积极作用，故讨论对这些主体可否适用或者参照适用《企业破产法》进入破产程序具有积极意义。

1. 行使行政权力、履行社会管理职能的公法人，应禁止赋予破产能力。该类公法人享有较高的公法上的权力，行使行政职能，若赋予该类法人破产能力，则其能否存续的不确定性增加，会影响公权力行使的确定性，增加公众对社会管理的恐慌，不利于民生民计和社会安定。同时，该类主体被撤销、注销后，其主管单位或者上级单位会对该主体的权利义务指定继受主体，其撤销、注销后的债权债务亦由继受主体承担，因而，通过破产清算程序处理债权债务的必要性远低于企业法人。此外，该类主体的财产普遍来源于财政拨款，这些财产并非归该法人所有并自由支配的自有财产，故“资产不足以清偿全部债务”的认定缺乏基础，理论上无法满足进入破产程序的要件。

2. 对非纯粹为公共利益、非纯粹依靠国家财政拨款的非营利法人可限定享有破产能力。法人的破产能力不应限于企业法人，应依据法人在市场行为中的地位、行为能力、财产性质分析确定。非营利性法人虽然具有其特殊的行政功能、社会功能，但它们同时也具备从事民事行为的能力，能够参与市场行为，成为市场主体，与其他市场主体建立债权债务关系，在退出市场时难免涉及债务清理问题。虽然公益法人与企业法人有目的上的差别，但破产程序的目的在于向债权人提供平等受偿的机会，并不因债务人是否为营利性法人而有所区别，破产程序更不是营利性法人清理债务的专用手段，对公益法人债权债务清理的态度，不应与企业法人有本质区别。[1] 因此，对于非营利法人来说，除非其纯粹是为公共利益设立、其全部财产均来源于财政拨款外，其仍然应就非为公共利益的部分以及通过市场行为所得的归该法人自有的财产，与市场主体承担相同的责任。[2] 在非营利法人无法清偿债务时，若经综合考量认为该法人适用破产程序将不影响民生民计，且其所承担的社会职能有可替代的承继人，则可以在剥离其财政拨款、取消其社会权能后，将其还原为普通市场主体，适用破产程序清偿债务并退出市场。

3. 农村经济组织的破产能力因其公有制性质以及财产特殊性而给予否定评价。首先，农村集体经济组织法人不仅仅是经济组织，还承载着社会主义公有制的政治功能和一定的社会功能。[3] 从性质来看，若赋予其破产能力将不利于公有制形态的发展，亦不利于我国大力发展农村经济的政策方针。其次，从其财产归属和财产处置角度来说。农村经济组织的特殊性在于集体组织及其成员对集体土地等占有、处分、收益的权利，同时，农村土地的转让、承包具有限制性条件，因此，通过破产程序处置经济组织及成员的财产存在现实操作障碍。退一步讲，即便可以实现财产的处置，但是集体组织的财产利益有很大一部分实际归于集体成员的个人财产利益，对个人财

〔1〕 参见郑红君：《论破产能力》，中国社会科学院研究生院2000年硕士学位论文，第18页。
〔2〕 参见郑红君：《论破产能力》，中国社会科学院研究生院2000年硕士学位论文，第18页。
〔3〕 参见屈茂辉：《农村集体经济组织法人制度研究》，载《政法论坛》2018年第2期。

产利益在集体组织的破产程序中处理亦无法律依据。

4. 专业服务机构若属于特殊普通合伙的则应依据《合伙企业法》的规定具有破产能力。从形式上来看,《合伙企业法》第 55 条第 1 款规定,以专业知识和专门技能为客户提供有偿服务的专业服务机构,可以设立为特殊的普通合伙企业。《合伙企业法》设立了“特殊的普通合伙企业”章节,在没有特别说明的情况下,该法的一般规则均应适用于该类特殊合伙企业。从实质上来看,《合伙企业法》第 92 条赋予了合伙企业破产能力,考虑到合伙企业与企业法人对债务承担的区别,《合伙企业法》在赋予合伙企业破产能力的同时还保留了债权人可以对普通合伙人要求清偿的权利,基于普通合伙企业的特殊性,法律未对普通合伙人实行破产免债保护。特殊普通合伙企业在对外承担责任方面虽然与普通合伙企业存在差别,即在合伙人存在故意或重大过失时,该合伙人应对合伙企业的债务承担连带责任;若无故意或重大过失的,全体合伙人均应承担连带责任。因此,特殊普通合伙的合伙人在对外承担责任时,比其他普通合伙企业的合伙人具有更高的个人责任风险。在此情形下,将该法第 92 条适用于特殊普通合伙企业并不会突破特殊普通合伙合伙人的责任范围,也未导致债权人利益受损。属于特殊普通合伙的专业服务机构应适用《合伙企业法》的一般规定,可具有破产能力。

(二)未被赋予破产能力的主体,如何保障债权人的利益

对行使行政权力、履行社会管理职能的公法人来说,其从设立到撤销一般属于行政行为而非市场行为,且其财产实际均归国库所有,归财政统筹,其权利及义务应由行政法规则及原理调整。

《企业破产法》对部分主体不适用并不代表普通民事、刑事法律规则及原理对此类主体不适用。就该类主体因民事法律行为而承担的民事责任,应通过民事法律规范予以处理,涉及犯罪的应通过刑事法律规范处理。

【类案推荐】

类案1

案例名称：“某银行吴江支行、吴江市（现吴江区）某农机专业合作社申请破产清算案”

裁判要旨：某合作社虽非企业法人，但依照《农民专业合作社法》第55条的规定，其具备破产能力，亦属破产适格主体。

案　　号：（2021）苏0509破申56号

审理法院：苏州市吴江区人民法院

类案2

案例名称：“某银行吴江支行、吴江市（现吴江区）某喷织厂申请破产清算案”

裁判要旨：某喷织厂虽系个人独资企业，但依照最高人民法院《关于个人独资企业清算是否可以参照适用企业破产法规定的破产清算程序的批复》的规定，其具备破产能力，亦属破产适格主体。

案　　号：（2021）苏0509破申57号

审理法院：苏州市吴江区人民法院

本案例作者：汪莹

案例2：债务人住所地应采取何种判断标准？法院受理债务人的破产申请后，债权人是否还能够向其认为有管辖权的法院申请债务人破产，相应的法院是否应当对债权人的申请进行审查，是否还能受理债权人对债务人的破产申请？

【要点提示】

1. 破产案件由债务人住所地人民法院管辖，法人或者其他组织的住所地，是指法人或者其他组织的主要办事机构所在地，但是具体如何判断法律并未作出规定。从实践情况看，主要办事机构所在地是组织固化、客观存在且能够为外部人识别企业所在地的地点，不能解释为企业内部经营管理决策地。

2. 在债务人已经被某法院裁定受理重整申请的情况下，债权人仍然可以向其认为有管辖权的法院申请对债务人破产清算，且该法院应当对债权人的破产清算申请是否具有管辖权等基本事实进行审查，不能以债务人已由其他法院受理重整为由，直接裁定不予受理债权人对债务人的破产清算申请。

【裁判要旨示例】

要旨 1： 湖南某汽车制造有限公司住所地为湖南省长沙经济开发区漓湘路，且该公司在其他民事诉讼中提交的住所地均为该地址，湖南某汽车制造有限公司在其他民事诉讼案件的管辖权异议诉讼中亦主张其住所地为该地址，故湖南某汽车制造有限公司的住所地为湖南省长沙经济开发区漓湘路。根据《企业破产法》第 3 条的规定，法院对该案有管辖权。

案件名称：“上海某车顶供暖系统有限公司、湖南某汽车制造有限公司申请破产案”

案　　号：（2021）湘 01 破申 1 号

审理法院：湖南省长沙市中级人民法院

要旨 2： 上海某车顶供暖系统有限公司系以债权人身份向一审法院申请湖南某汽车制造有限公司破产，根据《企业破产法》第 7 条第 2 款“债务人不能清偿到期债务，债权人可以向人民法院提出对债务人进行重整或者破产清算的申请”的规定，以及湖南某汽车制造有限公司一方面在该案一审中辩称其不具备破产原因，另一方面又向浙江省永康市人民法院申请破产重整，其行为明显违反民事诉讼诚信原则的情况下，一审法院应当就湖南某汽车制造有限公司是否具备破产原因以及是否具有管辖权等基本事实进行审查。但一审法院在尚未查明案件基本事实的情况下直接以浙江省永康市人民法院已经裁定受理为由裁定不予受理上海某车顶供暖系统有限公司的破产申请，存在不当，应当予以撤销，重新作出审查。

案件名称：“上海某车顶供暖系统有限公司、湖南某汽车制造有限公司申请破产案”

案　　号:(2020)湘破终11号

审理法院:湖南省高级人民法院

【案例评析与思考】

一、案情介绍

一审法院初步查明:2020年10月19日,浙江省永康市人民法院(以下简称永康法院)向一审法院来函,称湖南某汽车制造有限公司于2020年10月13日向永康法院申请破产重整,该院于2020年10月16日受理湖南某汽车制造有限公司的破产重整申请,并附有该院作出的(2020)浙0784破申27号民事裁定书。

一审法院认为,永康法院已裁定受理湖南某汽车制造有限公司的破产重整申请,其不宜再对上海某车顶供暖系统有限公司关于湖南某汽车制造有限公司破产清算的申请重复审查,上海某车顶供暖系统有限公司可依法向湖南某汽车制造有限公司管理人申报债权。综上,依照2017年《民事诉讼法》第154条的规定,[1]裁定:不予受理上海某车顶供暖系统有限公司对湖南某汽车制造有限公司提出的破产清算申请。

上海某车顶供暖系统有限公司上诉请求:撤销原审裁定,裁定受理上海某车顶供暖系统有限公司对湖南某汽车制造有限公司的破产申请。事实与理由:(1)一审法院不应以永康法院已经受理湖南某汽车制造有限公司破产重整申请为由驳回上海某车顶供暖系统有限公司的破产清算申请,因为永康法院对湖南某汽车制造有限公司的破产没有管辖权,其裁定受理湖南某汽车制造有限公司破产重整系严重违法。根据《企业破产法》第3条的规定,破产案件由债务人住所地的人民法院管辖。湖南某汽车制造有限公司

[1] 该条文已被2024年施行的《民事诉讼法》改为第157条。

的工商信息资料显示，其注册地和住所地均在湖南省长沙经济技术开发区，故应当由长沙市中级人民法院（以下简称长沙中院）管辖，永康法院并无管辖权。（2）永康法院作出（2020）浙0784破申27号民事裁定书存在明显程序问题。上海某车顶供暖系统有限公司破产申请一案，长沙中院于2020年9月24日立案，此后向湖南某汽车制造有限公司等送达听证通知，湖南某汽车制造有限公司最迟于2020年10月11日即得知该案已立案的情况，但其依然在10月13日向永康法院申请破产重整，湖南某汽车制造有限公司存在明显规避管辖的恶意。在10月13日的听证会上，众泰汽车预重整管理人的陈述以及当日永康法院向长沙中院提交的函件，也说明永康法院知晓长沙中院已经立案审理上海某车顶供暖系统有限公司申请湖南某汽车制造有限公司破产清算一案。根据2017年《民事诉讼法》第35条的规定，多个法院对同一案件进行立案审理，应当由最先立案的法院管辖。[1] 因此，永康法院在了解长沙中院已经立案的情况下，应当裁定驳回申请，而不是抢在长沙中院作出裁定前，抢先作出裁定，并通知长沙中院不要再受理本案。

二审法院查明，在该案一审中，湖南某汽车制造有限公司答辩称其不存在资不抵债情形，不具备破产原因，并以此为由对上海某车顶供暖系统有限公司申请其破产提出异议。但2020年10月13日，湖南某汽车制造有限公司以自身不能清偿到期债务且明显缺乏清偿能力为由向永康法院申请破产重整。永康法院作出的（2020）浙0784破申27号民事裁定书中认定：湖南某汽车制造有限公司的注册地虽为湖南长沙，但其主要办事机构所在地与众泰汽车所在地相同，在浙江省永康市。该院认定其对湖南某汽车制造有限公司的重整申请具有管辖权。

二审认为，上海某车顶供暖系统有限公司系以债权人身份向一审法院申请湖南某汽车制造有限公司破产，根据《企业破产法》第7条第2款“债务

---

〔1〕 该条文已被2024年施行的《民事诉讼法》改为第36条。

人不能清偿到期债务，债权人可以向人民法院提出对债务人进行重整或者破产清算的申请”的规定，以及湖南某汽车制造有限公司一方面在该案一审中辩称其不具备破产原因，另一方面又向永康法院申请破产重整，其行为明显违反民事诉讼诚信原则的情况下，一审法院应当就湖南某汽车制造有限公司是否具备破产原因以及是否具有管辖权等基本事实进行审查。但一审法院在尚未查明案件基本事实的情况下直接以永康法院已经裁定受理为由裁定不予受理上海某车顶供暖系统有限公司的破产申请，存在不当，应当予以撤销，重新作出审查。

二、案件评析

《企业破产法》第3条规定，破产案件由债务人住所地人民法院管辖。从该条规定看，对于破产案件的管辖，《企业破产法》仅简单规定了由债务人住所地人民法院管辖。而且，该条规定仅是地域管辖，并未对级别管辖作出安排。《企业破产法》第4条规定：“破产案件审理程序，本法没有规定的，适用民事诉讼法的有关规定。”据此，对于何为债务人的住所地问题，应当按照民事诉讼法的有关规定进行判断。最高人民法院《关于适用〈中华人民共和国民事诉讼法〉的解释》（以下简称《民诉法司法解释》）第3条规定，公民的住所地是指公民的户籍所在地，法人或者其他组织的住所地是指法人或者其他组织的主要办事机构所在地。法人或者其他组织的主要办事机构所在地不能确定的，法人或者其他组织的注册地或者登记地为住所地。

综上所述，破产案件的地域管辖，应当优先以债务人的主要办事机构所在地为准，只有在不能确定主要办事机构所在地的情况下，才能以注册地或登记地为准。但是，对于主要办事机构所在地如何判断法律没有相应的规定。由此，如何准确判断债务人的主要办事机构所在地成为确定破产案件地域管辖的关键问题。

（一）关于破产案件的地域管辖

1. 主要办事机构所在地的判断

虽然根据《企业破产法》第 3 条的规定，破产案件由债务人住所地人民法院管辖，住所地的确认则以主要办事机构所在地为优先判断标准。但是，对主要办事机构所在地的概念，存在不同理解，由此产生管辖权的争议。正如破产法权威专家王欣新教授所述，目前在破产案件地域管辖的争议中，关键之一，是如何正确理解《民诉法司法解释》第 3 条中的“主要办事机构所在地”。主要办事机构所在地应当是企业对外办理主要事务之机构所在的地点，是对外经营的联系地址，在任何时候都能通过该地址找到该企业。因此，主要办事机构所在地应是确定的，并且是组织固化、客观存在的，不受规模或存续时间长短的限制。关于“主要办事机构所在地”的判断，可以从以下方面予以考虑。

第一，主要办事机构所在地应是外部人能够据此识别企业所在地的地点，应当是企业对外办理主要事务之机构所在的地点，而不能解释为企业内部经营管理决策地。主要办事机构是组织固化、客观存在的，故可以通过外观为他人识别，而经营管理决策地可依主观选择在任意地点进行，没有确定性和可识别性。正如破产法权威专家王欣新教授所述，如果以经营管理决策地偷换主要办事机构所在地的概念，将导致破产案件管辖权的客观判定基础不复存在。

第二，主要办事机构所在地应当是企业实际主要开展业务所在地。通常来说，可以从税收缴纳地，职工社会保险缴纳地，中央政府以及地方政府对企业采取属地申报和下发的各种补贴资金、优惠政策等行政管理因素进行判断。例如，某公司虽然在 A 地注册成立且在 A 地有办公地点，但是该公司的主要业务系采矿并在 B 地设立了分公司开展采矿业务，且其税款缴纳、职工参保、安全环保等均由 B 地管理，故可以认定 B 地为该公司的主要办事机构所在地。

第三，主要办事机构所在地往往与企业主要财产所在地具有关联性。从实践情况看，企业的主要财产所在地往往不能轻易发生变动，具有稳定性且容易为外部人识别和判断。因此，可以从主要财产所在地的情况判断主要办事机构所在地。当然，需要说明的是不同类型的企业，其主要财产的类型不同，所以需要具体问题具体分析才能作出准确的判断。例如，对于采矿企业来说，采矿权系其主要财产，而对于科技型企业来说，知识产权才是其主要财产。

2. 注册地或登记地的判断问题

《市场主体登记管理条例》第 11 条第 1 款规定，市场主体只能登记一个住所或者主要经营场所。据此，企业应当对主要办事机构所在地依法进行登记，并直接登记为住所地，不应存在企业主要办事机构所在地与登记地不一致的情况。《民法典》第 63 条规定，法人以其主要办事机构所在地为住所。依法需要办理法人登记的，应当将主要办事机构所在地登记为住所。从规定情况看，公司应当将主要办事机构所在地登记为住所，可以根据登记情况判断注册地或登记地。所以，对注册地或登记地的判断并无争议。但是，实践中往往出现实际情况与登记情况不一致的情形。

根据(2019)最高法民辖终 212 号案件中的认定，《公司登记管理条例》(已失效)第 1 条规定，为了确认公司的企业法人资格，规范公司登记行为，依据《公司法》制定该条例。由此可见，上述有关规定系针对规范和管理公司登记行为的需要制定的，民事诉讼中在确定管辖法院时，还是应当依据《民诉法司法解释》第 3 条的规定确定公司住所地。公司的实际主要办事机构所在地与登记的住所地不一致时，应当按照《民事诉讼法》的规定，根据实际的主要办事机构所在地确定住所地。笔者认为，虽然《公司登记管理条例》已被 2022 年 3 月 1 日施行的《市场主体登记管理条例》废止，但是《市场主体登记管理条例》的目的也是规范市场主体的登记管理行为，故前述案例仍然具有参考性。

（二）关于破产案件的级别管辖

1. 企业破产案件级别管辖的原则

对于破产案件的级别管辖问题，现行《企业破产法》及有关司法解释并未规定。从实践情况看，原则上继续沿用针对《企业破产法（试行）》出台的司法解释最高人民法院《关于审理企业破产案件若干问题的规定》（以下简称《破产规定》）第 2 条的规定，基层人民法院一般管辖县、县级市或者区的工商行政管理机关核准登记企业的破产案件；中级人民法院一般管辖地区、地级市（含本级）以上的工商行政管理机关核准登记企业的破产案件；纳入国家计划调整的企业破产案件，由中级人民法院管辖。

根据上述规定，企业破产案件级别管辖的基本原则系依据核准企业登记的工商管理机关级别确定，并未提及需要考虑案件标的金额。从实践情况看，个别法院存在根据申请人之债权金额大小确定破产案件级别管辖的观点，该种将民事诉讼案件按照标的额大小确定级别管辖的规则类推适用于破产案件的观点实际上系对破产案件级别管辖规则的误读。笔者认为，破产案件级别管辖与案件标的额无关。

2. 上市公司重整案件的级别管辖

根据最高人民法院颁布的《关于审理上市公司破产重整案件工作座谈会纪要》第 2 条的规定，由于上市公司破产重整案件涉及法律关系复杂，影响面广，对专业知识和综合能力要求较高，人力、物力投入较多，上市公司破产重整案件一般应由中级人民法院管辖。从该规定看，对于上市公司重整案件，考虑上市公司重整的专业性要求等因素，该纪要规定上市公司重整案件原则上由中级人民法院管辖，但对于上市公司和解案件或破产清算案件并未进行特殊规定。所以，对于上市公司和解案件或破产清算案件，还是适用上述破产案件级别管辖的一般原则。

3. 部分地区破产案件的集中管辖

最高人民法院《关于全国法院破产审判工作会议纪要》（以下简称《破产审判纪要》）第 2 条规定，要根据破产案件数量、案件难易程度、审判力量等情况，合理分配各级法院的审判任务。对于债权债务关系复杂、审理难度大的破产案件，可以探索实行中级人民法院集中管辖为原则、基层人民法院管辖为例外的管辖制度；对于债权债务关系简单、审理难度不大的破产案件，可以主要由基层人民法院管辖，通过快速审理程序高效审结。

随着经济的转型以及破产观念的深入，破产案件越来越多，为了适应破产案件审判的专业化和高效办理破产案件等要求，深圳、北京、上海、广州、天津、重庆、杭州、温州、济南、青岛、南京、苏州、厦门、成都、海口等诸多地区先后设立了破产法庭。破产法庭对辖区内的破产案件实行集中管辖，在发挥破产审判的市场主体救治和退出功能，积极服务供给侧结构性改革，推动经济高质量发展，加快构建法治化营商环境等方面起到了重要作用。

（三）关于破产案件管辖权争议的处理

1. 债务人破产申请管辖权异议的处理

《企业破产法》第 10 条第 1 款规定，债权人提出破产申请的，人民法院应当自收到申请之日起 5 日内通知债务人。债务人对申请有异议的，应当自收到人民法院的通知之日起 7 日内向人民法院提出。根据《民事诉讼法》第 130 条第 1 款及第 157 条的规定，人民法院受理案件后，当事人对管辖权有异议的，应当在提交答辩状期间提出。人民法院对当事人提出的异议，应当审查。异议成立的，裁定将案件移送有管辖权的人民法院；异议不成立的，裁定驳回。而且，对管辖权异议的裁定，当事人可以向上一级人民法院提起上诉。

根据以上规定，在债权人申请债务人破产的情况下，债务人可以对债权人的破产申请提出异议，其中当然包括债务人对破产申请管辖权的异议。法院在审查债权人的破产申请时，应当对债务人的管辖权异议进行审理并作出裁定。如果债务人对破产案件管辖权异议裁定不服的，可以向上一级人民法院提起上诉。反之，如果系债务人自行申请破产，由于债务人提起破产申请时就已经对管辖法院作出了选择，所以债务人不能再提出管辖权异议。在债务人自行申请破产的情况下，债权人能否对破产案件的管辖提出管辖权异议，法律并未有明确的规定。

笔者认为，债权人不能对债务人的破产申请提出管辖权异议。破产案件不同于诉讼案件，在债务人自行申请破产的情况下，债权人不属于诉讼案件意义上的当事人，故不能提出管辖权异议。从实践情况看，债权人可以通过向其认为有管辖权的法院申请债务人破产的方式，间接实现提出破产管辖权异议的效果。

2. 法院之间破产案件管辖权争议的处理

《企业破产法》第4条规定，破产案件审理程序，本法没有规定的，适用《民事诉讼法》的有关规定。根据《民事诉讼法》第38条第2款的规定，人民法院之间因管辖权发生争议，由争议双方协商解决；协商解决不了的，报请它们的共同上级人民法院指定管辖。根据以上规定，如果人民法院之间对破产案件管辖权发生争议的，先由争议双方协商解决；如果协商不成的，报请共同的上级人民法院指定管辖。从实践情况看，人民法院之间关于破产案件管辖权的争议，较常见的是法院都认为有管辖权，出现争抢管辖权的情形。例如，“上海某车顶供暖系统有限公司、湖南某汽车制造有限公司申请破产案”中，永康法院于2020年10月16日裁定受理湖南某汽车制造有限公司的重整申请，长沙中院于2021年1月12日裁定受理债权人对湖南某汽车制造有限公司的破产清算申请，由此两地法院对湖南某汽车制造有限公司的破产管辖权产生争议。由于协商不成，只好上报共同上级法院指定管辖。2021 年 10 月 28 日，双方共同的上级法院指定由长沙中院管辖该破产案件。

三、延伸探讨

对于破产案件的管辖问题，尚有如下问题有待讨论与完善。

（一）关联企业破产案件的管辖问题

《破产审判纪要》第 35 条和第 38 条规定，采用实质合并方式审理关联企业破产案件的，应由关联企业中的核心控制企业住所地人民法院管辖。核心控制企业不明确的，由关联企业主要财产所在地人民法院管辖。多个关联企业成员均存在破产原因但不符合实质合并条件的，人民法院可根据相关主体的申请对多个破产程序进行协调审理，并可根据程序协调的需要，综合考虑破产案件审理的效率、破产申请的先后顺序、成员负债规模大小、核心控制企业住所地等因素，由共同的上级法院确定一家法院集中管辖。

根据上述《破产审判纪要》的规定，对于实质合并破产案件，明确规定由核心控制企业住所地人民法院管辖；对于非实质合并破产案件，则是需要综合考虑多种因素，由共同的上级法院确定一家法院集中管辖。由此可见，对实质合并破产案件和非实质合并破产案件的管辖作出了不同的规定。笔者认为，应当建立统一的关联企业合并破产管辖原则，无须区分实质合并破产还是非实质合并破产。而且，鉴于核心控制企业住所地的判断往往具有主观性，容易产生争议。故建议采用相对容易识别且具有稳定性的判断标准，以主要财产所在地作为判断依据。其一，主要财产是关联企业生产的关键，如果主要财产与其他财产分开处置将导致其他资产贬值，不利于债务人及债权人等利害关系人利益的保护。其二，从实践情况看，主要财产所在地企业的政府往往具有税收、工业产值等诸多利益诉求，且安全、环保等问题接受主要财产所在地企业当地政府的行政管辖。如果处理不当，将可能导致有关方案的执行无法顺利进行。特别是在关联企业核心控制企业住所地与主要财产所在地不一致的情况下，很可能发生利益冲突导致管辖权争议。

（二）关于关联企业的判断标准问题

2023年修订、2024年施行的《公司法》第265条第4项规定，关联关系，是指公司控股股东、实际控制人、董事、监事、高级管理人员与其直接或者间接控制的企业之间的关系，以及可能导致公司利益转移的其他关系。但是，国家控股的企业之间不仅因为同受国家控股而具有关联关系。对于关联企业的判断，目前仍然缺少相应的判断标准，希望在企业破产法修改时能够尽早作出相应的规定。根据最高人民法院颁布的指导案例15号“徐工集团工程机械股份有限公司诉成都川交工贸有限责任公司等买卖合同纠纷案”的理解与参照，“关联公司”的概念仍未被《公司法》明确，需要参照相关财税法规进行确定。从实践情况看，主要参考如下标准。

1.《企业所得税法实施条例》第109条规定：“企业所得税法第四十一条所称关联方，是指与企业有下列关联关系之一的企业、其他组织或者个人：（一）在资金、经营、购销等方面存在直接或者间接的控制关系；（二）直接或者间接地同为第三者控制；（三）在利益上具有相关联的其他关系。”

2.《企业会计准则第36号——关联方披露》第4条规定，下列各方构成企业的关联方：（1）该企业的母公司。（2）该企业的子公司。（3）与该企业受同一母公司控制的其他企业。（4）对该企业实施共同控制的投资方。（5）对该企业施加重大影响的投资方。（6）该企业的合营企业。（7）该企业的联营企业。（8）该企业的主要投资者个人及与其关系密切的家庭成员。主要投资者个人，是指能够控制、共同控制一个企业或者对一个企业施加重大影响的个人投资者。（9）该企业或其母公司的关键管理人员及与其关系密切的家庭成员。关键管理人员，是指有权力并负责计划、指挥和控制企业活动的人员。与主要投资者个人或关键管理人员关系密切的家庭成员，是指在处理与企业的交易时可能影响该个人或受该个人影响的家庭成员。(10)该企业主要投资者个人、关键管理人员或与其关系密切的家庭成员控制、共同控制或施加重大影响的其他企业。

3. 关于上市公司关联方的认定,《上市公司信息披露管理办法》第62条规定,关联人包括关联法人(或者其他组织)和关联自然人。具有以下情形之一的法人(或者其他组织),为上市公司的关联法人(或者其他组织):(1)直接或者间接地控制上市公司的法人(或者其他组织);(2)由前项所述法人(或者其他组织)直接或者间接控制的除上市公司及其控股子公司外的法人(或者其他组织);(3)关联自然人直接或者间接控制的,或者担任董事、高级管理人员的,除上市公司及其控股子公司外的法人(或者其他组织);(4)持有上市公司5%以上股份的法人(或者其他组织)及其一致行动人;(5)在过去12个月内或者根据相关协议安排在未来12月内,存在上述情形之一的;(6)中国证监会、证券交易所或者上市公司根据实质重于形式的原则认定的其他与上市公司有特殊关系,可能或者已经造成上市公司对其利益倾斜的法人(或者其他组织)。具有以下情形之一的自然人,为上市公司的关联自然人:(1)直接或者间接持有上市公司5%以上股份的自然人;(2)上市公司董事、监事及高级管理人员;(3)直接或者间接地控制上市公司的法人的董事、监事及高级管理人员;(4)上述第(1)(2)项所述人士的关系密切的家庭成员,包括配偶、父母、年满18周岁的子女及其配偶、兄弟姐妹及其配偶,配偶的父母、兄弟姐妹,子女配偶的父母;(5)在过去12个月内或者根据相关协议安排在未来12个月内,存在上述情形之一的;(6)中国证监会、证券交易所或者上市公司根据实质重于形式的原则认定的其他与上市公司有特殊关系,可能或者已经造成上市公司对其利益倾斜的自然人。

虽然目前已经出现许多关联企业破产案,但是如前所述关于关联企业的判断标准《企业破产法》并未作出规定,参考有关财税方面的规定实属无奈之举。笔者认为,财税规定与《企业破产法》的规定,毕竟具有不同的目的。从完善破产管辖制度的角度来看,有必要通过《企业破产法》对关联企业的判断标准作出规定。

【类案推荐】

案例名称:“湖南某汽车制造有限公司合同、无因管理、不当得利纠纷案”

裁判要旨:办事机构所在地,是指执行法人业务活动,决定和处理组织事务的机构所在地。主要办事机构所在地则应理解为统率法人业务的机构所在地。

案　　号:(2020)浙0784破申27号

审理法院:浙江省永康市人民法院

本案例作者:袁野

案例3：债务人申请破产时未按照《企业破产法》第8条之规定提交全部材料时，法院是否可以径行裁定不予受理？

【要点提示】

债务人申请破产所提交的有关财务会计报告资料，并未限定需由第三方机构制作，亦未限定相关报告的起止期间。

【裁判要旨示例】

该案中，某房地产公司提交破产申请后，并未在一审、二审审理期间，提交财务会计情况、资产评估报告等相关证据，但该规定并未要求债务人的财务会计情况、资产负债情况等必须由债务人之外的其他机构作出，亦未对财务会计状况必须是近期财务状况进行限制，故原审法院认为某房地产公司自行提交的资产负债表不符合《企业破产法》第8条规定的条件，属适用法律错误。退一步讲，即使某房地产公司提交的相关证据有待补充、补正，人民法院应当根据最高人民法院《关于适用〈中华人民共和国企业破产法〉若干问题的规定（一）》（以下简称《破产法司法解释（一）》）第7条的规定，告知申请人补充、补正相关证据材料，而非径行对某房地产公司的破产申请不予受理。另外，根据最高人民法院《关于债权人对人员下落不明或者财产状况不清的债务人申请破产清算案件如何处理的批复》的精神，债务人能否提供财产状况说明、债权债务清册等材料，应当作宽松规定和处理。原审法院以某房地产公司并未提交近期财务状况及相关材料，不予受理其破产清算申请，属适用法律错误，再审法院依法予以纠正。

【案件概况】

案件名称："宝鸡市某房地产开发有限责任公司申请破产清算再审案"

案　　号：（2020）最高法民再 283 号

审理法院：最高人民法院

【案例评析与思考】

一、案情介绍

2018 年 11 月 27 日，某房地产开发有限责任公司（以下简称某房地产公司）起诉至陕西省宝鸡市中级人民法院并递交企业破产还债申请书，申请其公司破产还债。一审法院以某房地产公司不具备法定的破产条件为由裁定不予受理。

某房地产公司不服一审裁定，向陕西省高级人民法院提起上诉称：请求撤销一审裁定，依法受理某房地产公司的企业破产还债申请。目前某房地产公司尚欠党某某等人的债务金额至少在人民币 1.8 亿元（以下币种同）以上，而某房地产公司名下的全部资产价值约为 7000 万元，已严重资不抵债，符合法定破产还债条件，人民法院应当立案受理。二审法院认为，某房地产公司以债务人身份申请公司破产清算，应就已具备破产原因提交相应的证据予以证明。而某房地产公司提交的公司财务审计报告书显示为公司2012年的财务状况,且2015年度资产负债表系自行作出。某房地产公司未能提交其公司近期有关财务会计报告,不能客观反映公司现在的资产负债真实情况,且亦未提交债权清册、职工安置预案以及职工工资的支付和社会保险费用的缴纳情况等材料,故二审驳回上诉,维持原裁定。

再审申请人某房地产公司因不服一审、二审法院的民事裁定向最高人民法院提出再审申请。再审申请人认为其在原审期间,依法提交了相关财务及资产负债情况,原审法院并未采纳,而是径行对某房地产公司的破产申请不予受理。后经审计机构及评估机构对本公司的财务会计状况及资产负债情况进行审计和评估,足以证明某房地产公司已经严重资不抵债而且符合破产清算的条件,符合2017年《民事诉讼法》第200条〔1〕应予再审的情形,应当依法撤销原审法院不予受理的裁定,支持某房地产公司的再审申请。

最高人民法院裁定撤销一审、二审民事裁定,并指定一审法院立案受理。

二、案件评析

依据《企业破产法》第7条的规定,债权人、债务人、已解散企业的清算义务人在企业法人不能清偿到期债务,并且资产不足以清偿全部债务或者明显缺乏清偿能力时,可以向法院提交对企业法人破产的申请。《全国法院民商事审判工作会议纪要》(以下简称《九民纪要》)第107条规定,当事人提出破产申请的,人民法院不得以非法定理由拒绝接收破产申请材料……破产申请材料不完备的,立案部门应当告知当事人在指定期限内补充材料,待材料齐备后以"破申"作为案件类型代字编制案号登记立案,并及时将案件

〔1〕 2024年施行的《民事诉讼法》将此条文序号调整为第211条。

移送破产审判部门进行破产审查。可以看出,法院在接收申请人的破产申请时,不得增设非法定的接收门槛,在符合法定条件时即应受理申请人的破产申请。在受理申请人的破产申请后,应当依据《企业破产法》的规定对债务人是否具备破产原因进行审查。

由此可见,申请人申请破产的原因与法院审核是否受理该破产申请以开启破产程序的破产原因并不完全相同。尤其是对债权人来说,由于其获取债务人不能清偿到期债务且明显缺乏清偿能力或资产不足以清偿全部债务的证据存在客观困难,若将可以提出破产申请的原因与破产原因混淆则不利于保护债权人提出破产申请的权利。[1] 对于提出破产申请的原因以及受理破产申请的原因,应当依据现行法律规定分别分析。

(一)申请人提出破产申请的原因

可以理解为,申请主体在何种情形或者何种条件下可以提出破产申请。《企业破产法》第8条对申请人向人民法院提出破产申请时所应当提交的材料作了框架性规定,值得注意的是,法条对债务人提出破产申请的,明确增设了所需要的证明材料。因而,需要区分不同的申请人以确定申请破产的原因。

1. 债权人申请破产。依据《企业破产法》第7条第2款的规定,只要债务人不能清偿到期债务,债权人即可以向人民法院提出破产清算申请或者重整。由此可见,债权人申请破产的条件为其依法享有的到期债权未获清偿。与此对应的是《破产法司法解释(一)》第6条,即债权人作为破产申请主体时需要提交的材料为债务人不能清偿到期债务的有关证据。

2. 债务人申请破产。依据《企业破产法》第7条第1款的规定,债务人在具备破产原因即无法清偿到期债务且明显缺乏清偿能力或资产不足以清

[1] 参见最高人民法院民事审判第二庭:《最高人民法院关于企业破产法司法解释理解与适用——破产法解释(一)·破产法解释(二)》(第2版),人民法院出版社2017年版,第39页。

偿全部债务时,可向人民法院提出破产清算申请或者重整、和解。由此可见,债务人申请破产的条件是存在到期债务未清偿且丧失清偿能力。与此对应的是《企业破产法》第8条第3款,债务人提出破产申请的,还应当向人民法院提交财产状况说明、债务清册、债权清册、有关财务会计报告、职工安置预案以及职工工资的支付和社会保险费用的缴纳情况以证明其资产无法清偿到期债务。

3. 已解散企业的清算义务人。依据《企业破产法》第7条第3款的规定,清算义务人提出破产申请的条件为资产不足以清偿债务。对于该类主体提出破产申请所需提交的证据,《企业破产法》及其司法解释并未列明,应当依据其法定清算义务予以确定。2023年修订、2024年实施的《公司法》第237条[1]载明清算义务人在清算程序中负有清理公司财产、编制资产负债表和财产清单的义务并要求清算义务人在发现公司财产不足清偿债务时,应当依法向人民法院申请破产清算。因此,清算义务人提出破产申请的依据来自清算过程中制作的资产负债表等财务会计报告。并且,从对债务人经营资料的保存、掌控情况来划分,解散企业的清算义务人与债务人本身一致,可以掌握债务人全部的材料,故而应同债务人一样需要举证证明资产不足以清偿债务的情况。

4. 区别对待的正向意义与反向思考。

(1)区分不同申请主体的申请破产原因,有助于保障债权人利益,但也增加了恶意申请破产的风险。区别规定债权人和债务人、清算义务人申请破产的条件,减轻了债权人申请债务人破产的举证义务,无疑是对债权人破产申请权的保护。然而实践中,难免存在债权人为了商业利益(如恶意影响

---

〔1〕 以下所称新《公司法》均为2023年12月29日修订通过,于2024年7月1日起施行的《公司法》。该条系对2018年修正的《公司法》第187条进行的修订,将第187条中"应当依法向人民法院申请宣告破产"修订为"应当依法向人民法院申请破产清算"。

债务人的商业信誉、作为谈判制衡手段等）等原因申请债务人破产的情况，该主观目的显然与破产程序公平清偿债务的立法本意背离。虽然，《企业破产法》第10条第1款赋予了债务人在被债权人申请破产后提出异议并举证的权利，但是法院一旦受理破产清算申请后就需要立"破申"案号并在全国企业破产重整信息网、人民法院涉诉信息中予以同步公示，债权人的恶意目的也已经实现，债务人的损失实际也已经产生。同时，实务中存在较多被申请人企业，未向工商登记部门披露其实际经营地、变更注册地后没有同步更新、债权人未提供被申请人相关人员可供联系的方式等原因，导致法院未能向被申请人企业完成有效送达，被申请人企业未能及时提出异议，致使被申请人进入破产程序。为了平衡对债权人和债务人的保护，可以不苛求债权人在申请破产时举证证明债务人丧失清偿能力，但是对于恶意申请债务人破产的债权人应当明确其所应承担的赔偿责任。

（2）债务人申请破产是主动申请，对于主动表明资产不足以清偿全部债务或者缺乏清偿能力、寻求破产保护的企业，应当确认其陈述，而非增加其举证责任。虽然在实践中，确实存在债务人为逃废债或者股东、高级经营管理人员为了逃避个人责任，恶意申请破产的情形，因此提高对债务人申请破产的审核力度，辨别真假破产申请有其现实必要。但是，接收破产申请材料进行破产审查甚至裁定受理破产都不等同于认定债务人符合宣告破产条件。进入破产程序后，管理人将对债务人的资产、负债情况进行全面审查，审查后对被确定不具备破产原因的债务人，依据《企业破产法》第12条第2款"人民法院受理破产申请后至破产宣告前，经审查发现债务人不符合本法第二条规定情形的，可以裁定驳回申请"的规定，依然可以阻却恶意申请破产、虚假破产的结果发生。既然《企业破产法》对裁定受理破产后发现不具备破产原因的情形制定了明确的处理方式，就不应过度将审查压力前置到破产申请审查阶段乃至破产申请材料接收阶段。此外，《企业破产法》及其司法解释赋予了管理人撤销债务人隐匿资产、单方清偿等行为的权利,也赋予了管理人和债权人追究债务人有关人员个人责任的权利。可见,债务人若存在恶意申请破产情形的,均可在破产程序中依法解决,并且对非法定无效、可撤销的行为,在破产程序中可以更好地查明事实并扩大了可撤销、认定行为无效的范畴,给予债权人更全面的保护。综上来说,在破产受理后仍然可以对债权人、债务人提供救济,将该节审查提前到申请破产阶段缺乏必要性,也不利于发挥破产程序对债权人、债务人的救济意义。

(二)受理破产的原因

依据《企业破产法》第2条的规定,受理破产的原因分为两类:第一,企业法人不能清偿到期债务且资产不足以清偿全部债务;第二,企业法人不能清偿到期债务且明显缺乏清偿能力。结合《破产法司法解释(一)》对以上破产原因逐一分析。

1.不能清偿到期债务。《破产法司法解释(一)》第2条明确,以下情形同时发生时应当认定债务人无法清偿到期债务:债权债务关系依法成立、债务履行期限已经届满、债务人未完全清偿债务,也即债务人存在合法产生的债务且到期未清偿完毕的情形。依据最高人民法院的解释说明,是指债务人因丧失清偿能力而无法清偿债务,即不能以财产、信用或者能力等任何方法清偿债务,一般而言,清偿能力是由债务人的财产、信用、技能等多项因素综合构成的。[1] 法院在审核破产原因时,应全面考量其除现金外的其他有价值的财产。然而,如果债权人在提交破产申请时,仅提交了其享有到期债权而未获清偿的证据,依据前文观点,法院应当接收其材料并进行破产审查。在受理审查阶段,认定标准发生变化,若仅提交了享有到期债权无法受偿的证据,则只表明债务人没有依约履行的客观事实,而缺乏证明债务人清

---

〔1〕 参见最高人民法院民事审判第二庭:《最高人民法院关于企业破产法司法解释理解与适用——破产法解释(一)·破产法解释(二)》(第2版),人民法院出版社2017年版,第55页。

偿能力欠缺的必然性。[1] 故仍需要结合另两项破产原因以证明债务人存在丧失清偿能力的情形。

2. 资产不足以清偿全部债务。《破产法司法解释(一)》第3条规定，债务人的资产负债表，或者审计报告、资产评估报告等显示其全部资产不足以偿付全部负债的，人民法院应当认定债务人资产不足以清偿全部债务。由此，资产不足以清偿全部债务的认定，依赖于债务人的财务会计报告，是一种客观事实。在实践中，债权人获取该类财务报表证据存在困难。因而有学者提出，债务人不能清偿到期债务且资产不足以清偿全部债务的情形，主要适用于债务人提出的破产申请。[2] 但主要适用于债务人提出破产申请的情况，并不阻却债权人在合法获取债务人以上报告的情形下，对该破产原因的适用。

3. 明显缺乏清偿能力。《破产法司法解释(一)》第4条指出，债务人账面资产虽大于负债，但存在下列情形之一的，人民法院应当认定其明显缺乏清偿能力：(1)因资金严重不足或者财产不能变现等原因，无法清偿债务；(2)法定代表人下落不明且无其他人员负责管理财产，无法清偿债务；(3)经人民法院强制执行，无法清偿债务；(4)长期亏损且经营扭亏困难，无法清偿债务；(5)导致债务人丧失清偿能力的其他情形。有学者提出，该认定标准适用于债权人申请破产的情形。[3] 该破产原因的认定，对于债务人经营资料的依赖度相对较弱，并且适用前提为破产审查时债务人账面资产大于负债的情形。若债务人自行申请破产，债务人为了确保其顺利进入破产程序，其所提交的财务会计报告往往是资产小于负债。故该条的适用更容易出现在债权人申请债务人破产，而债务人以其账面资产大于负债作为抗辩时，债权人进一步证明债务人具备破产原因的情形。综上来看，该条款适用于债

〔1〕 参见齐明：《我国破产原因制度的反思与完善》，载《当代法学》2015年第6期。
〔2〕 参见王欣新：《破产原因理论与实务研究》，载《天津法学》2010年第1期。
〔3〕 参见王欣新：《破产原因理论与实务研究》，载《天津法学》2010年第1期。

权人申请破产情形时更具合理性和现实意义。同时,是在赋予了债务人抗辩权利的同时,给了债权人保障权利的途径,使债权人申请债务人破产的程序不偏颇保护任意一方,破产审查工作更具完整性。

(三)受理破产原因的认定标准

1.不能清偿到期债务。该原因有两项内涵即债权债务合法成立以及期限届满却未受偿。在债务人申请破产的情形下,由于债务人需要出具资产负债表、债权债务清册等证据,足以体现其对外存在负债未清偿,故一般就该原因的举证不影响破产案件的受理。该原因认定争议点一般发生于债权人申请破产的情形下,即债权人需要提供何种程度的证据证明其债权合法成立,主要分为两种情形:(1)有生效裁判文书确认的债权。鉴于生效裁判文书的既判力,对以生效裁判文书作为债权凭证的债权人所提出的破产申请,应当确认申请人的债权人身份,推定其债权成立。(2)没有生效裁判文书确认的债权。没有生效裁判文书作为债权凭证的债权人所提出的破产申请,法院应当就申请人提交的证据进行形式审查,在没有相反证据证明其债权不成立的情形下,应确认其债权人身份,推定其债权成立;对于债务人提出相反证据,致使债权是否成立存在明显争议的,则不适宜在破产审查阶段进行实质审查,应不予确认申请人的债权人身份,裁定不予受理其提出的破产申请。在实践中,对于没有生效裁判文书确认的债权申请的破产清算,是否可以直接认定申请人的债权人身份,是否可以确认其债权的成立存在争议:首先,如果申请人申请破产所依据的债权未经生效文书确定就可以直接作为债权凭证申请破产,则会削弱诉讼程序的存在价值,故不宜允许以未经生效文书确认的债权凭证提出破产申请。其次,若在破产申请审查阶段被申请人未提出异议,在进入破产程序后经管理人核查认为债权不成立,债权人需要提起债权确认诉讼,在债权确认诉讼审理期间,将影响债权人表决权的行使以及破产程序的进程。鉴于通过诉讼案件确定债权的司法成本低于在破产程序期间提起债权确认诉讼的司法成本，故以经生效文书确定的债权作为申请破产的债权依据更为妥当。最后，为了避免错误进入破产程序而在破产审查阶段由法院审理债权成立的事实问题也不适宜，法院不宜在裁定书中确认债权成立这一事实问题，但是对于涉及犯罪的应当移送公安机关侦查并可视为债权存在争议而裁定不予受理破产申请。在实践中，各法院存在不同的破产受理审查标准。依笔者的观点，破产申请审查阶段，法院不宜对未经生效文书确定的债权进行事实审查，但是为了防止破产程序启动门槛过低、降低破产程序启动的错误率、节约司法成本，法院应就债权人提交的债权凭证是否可以形成完整的证据链进行初步审查，对于显然无法形成完整证据链的债权凭证，则不宜确认申请人的债权人身份，应裁定不予受埋其破产申请。需要说明的是，无论是何种情形下，法院对申请人的债权人身份、债权成立的审查仅为形式审查，受理该债权人的破产申请并不能得出法院对申请人债权金额确定的结论，申请人债权的金额仍需要在破产受理后，由管理人依法核查并申请法院通过裁定确认。

2. 明显缺乏清偿能力。《破产法司法解释(一)》第4条所列的应当被认定为明显缺乏清偿能力的情形，本质均为证明债务人丧失清偿债务能力的证据。在实践中，使用最多的是该条第3项，即经人民法院强制执行无法清偿债务的，又因，经人民法院执行，债务人无财产可供清偿的，将被裁定终结本次执行，故也常被理解为，经人民法院强制执行，被裁定终结本次执行程序却未受偿的。在(2019)最高法民申4923号案例中，申请人也是以法院终结本次执行的裁定书作为证明债务人明显缺乏清偿能力的凭证向法院申请债务人破产。然而，终结本次执行的原因并非仅为债务人丧失清偿能力，依据最高人民法院《关于严格规范终结本次执行程序的规定(试行)》第1条的规定，在财产不能处置等的情形下也可裁定终结本次执行程序，又结合该规定第11条“案件符合终结本次执行程序条件，又符合移送破产审查相关规定的，执行法院应当在作出终结本次执行程序裁定的同时，将执行案件相关材料移送被执行人住所地人民法院进行破产审查”可知，符合终结本次执行程序的条件并不等同于符合移送破产审查的条件。诚如最高人民法院的观点，即执行法院已对债务人的财产进行查封，随时可以进入执行程序，债务人不存在由于查找不到可供执行财产终结执行程序的情形，故认为债务人不存在明显缺乏清偿能力的情形。由此可知，提交终结本次执行的裁定书，并不能当然推定债务人明显缺乏清偿能力。需要补充的是，虽然并非全部终结本次执行的裁定书均可证明债务人缺乏清偿能力，但也无法因此认为只有因无财产可供执行而终结本次执行的裁定书才可认定债务人缺乏清偿能力。结合（2019）最高法民申4923号裁定书的全文内容来看，申请人（债权人）对债务人所享有的债务显著低于申请人已经保全或者轮候保全的债务人财产的价值，因而，综合认为债务人不具备缺乏清偿能力的情形。综上，对于债务人是否具备缺乏清偿能力的认定，并不能仅依据债权人持有的终结执行裁定书予以推定。对于因没有财产而终结本次执行的，可以认定债务人缺乏清偿能力；对于非因没有财产而终结本次执行的，还应综合分析终结本次执行的原因、申请人的债权金额与债务人已被掌握或者暂时无法处置财产的价值等因素综合分析债务人是否确已丧失清偿能力。

3. 资产不足以清偿全部债务。对于该破产原因的认定，一般是依据债务人的资产负债表、审计报告等财务会计报告作出。在（2020）最高法民再283号案例中，二审法院认为，债务人提交的资产负债表并非第三方机构作出且亦非临近提交破产申请时期的报告，认为债务人提交的财务会计报告不能反映债务人当下的资产负债情况，故认为债务人不具备破产原因，未受理其破产申请。然而，现行《企业破产法》及司法解释并未限定债务人提交的财务会计报告必须由第三方机构制作，也并未限定报告所包含的期限，故为债务人增设举证门槛，并无法律依据。由于申请破产的债务人，在提交破产申请前一般早已出现经营异常情形，在停止经营后仍依据会计准则制作财务会计报告存在现实困难，缺乏现实可操作性，若仅以债务人无法提交临近破产申请时的财务会计报告为由，不予认可债务人的全部资产不足以清偿全部债务的事实，缺乏合理性，也不利于发挥破产程序对债务人寻求破产保护的价值意义。同时，申请破产的债务人，已经出现资金周转困难、资产不足以清偿债务的情形，若仍要求债务人支出成本寻找第三方机构制作财务报告则加剧了债务人资产的减少，不利于提升债权人的受偿比例。在进入破产程序后，管理人将依法提交审计机构对债务人的财产进行审计，若经审计债务人不具备破产原因的，可驳回破产申请。若认定债务人故意提交虚假的财务会计报告，虚假破产的，除前文已经陈述的救济途径，也可以依据2019年最高人民法院《关于民事诉讼证据的若干规定》第98条的规定，对伪造、提供虚假证据的债务人予以罚款、拘留，构成犯罪的依法追究刑事责任。综上，债务人提交的财务会计报告若形式上已经可以确定资产不足以清偿全部债务的，应当采纳该报告认定债务人具备破产原因启动破产程序，发挥破产程序的应有价值。

三、延伸探讨

（一）执行程序中移送破产审查的要件

最高人民法院《关于执行案件移送破产审查若干问题的指导意见》（以下简称《执转破意见》）指出，"推进执行案件移送破产审查工作，有利于健全市场主体救治和退出机制，有利于完善司法工作机制，有利于化解执行积案，是人民法院贯彻中央供给侧结构性改革部署的重要举措，是当前和今后一段时期人民法院服务经济社会发展大局的重要任务"，故应推进执行程序转破产程序工作的进行。

依据《执转破意见》第2条，执行案件在同时具备以下条件时，可以移送破产审查。

1. 被执行人为企业法人。该项条件实际是对被执行人是否具有破产能力的审查,符合《企业破产法》第 2 条对破产程序适用主体的规定。

2. 被执行人或者有关被执行人的任何一个执行案件的申请执行人书面同意将执行案件移送破产审查。该项条件否定了法院依职权将执行案件移送破产审查的可行性,仍以当事人申请为移送破产审查的开启条件。首先,依据《企业破产法》第 7 条的规定,法院并非破产程序的申请主体,否定职权主义符合该条规定。其次,执行程序是为实现个案清偿,破产程序是为实现集体清偿,在个案执行中,债权人依据其主张权利的先后可享有优先查封的顺位利益,若法院依职权移送破产审查难免存在损害该部分债权人享有优先利益的可能,故依据《企业破产法》由债权人或者债务人提出,更符合法律规定。

3. 被执行人不能清偿到期债务,并且资产不足以清偿全部债务或者明显缺乏清偿能力。该项条件也即为相应主体申请债务人破产的破产原因。

(二)执行程序移送破产审查的意义

1. 有利于缺乏存续能力的市场主体平稳退出。党的十八届五中全会提出要更加注重运用市场机制、经济手段、法治办法化解产能过剩,加大政策引导力度,完善企业退出机制。[1] 执行程序中,存在大量债务人资产不足以清偿的情形,但在执行程序中,在对债务人的资产分配后,即便其已具备破产原因,法院也无法注销其主体资格。导致执行程序中产生大量终结本次执行的案件,大量已经失去存续能力的主体留在市场中,降低了市场信用度。通过执行程序移送破产审查,实现了丧失存续能力的市场主体的平稳退出,有利于建立更好的营商环境。

2. 督促债务人及时清偿债务,并对债权人进行公平清偿。执行程序中,

---

〔1〕 参见王富博:《〈关于执行案件移送破产审查若干问题的指导意见〉的理解与适用》,载《人民司法(应用)》2017 年第 10 期。

若经调查，债务人名下没有财产可供执行的，可以裁定终结本次执行程序，债权人将陷入久拖不偿的境地。若进入破产程序，管理人将对债务人的债权债务进行审查，无论清偿比例如何，债权人可以彻底了结与债务人的纠纷。同时，执行程序较破产程序而言，追求的是个体清偿，若移送破产审查，实现对债权人的公平清偿，可以突显执行规则关于参与分配制度与《企业破产法》的立法原理之统一性。

3. 拯救尚有存续价值的被执行企业。执行程序中，存在部分具有高商业价值但是资金暂时无法周转的被执行企业。进入执行程序后，执行法院一般采用拍卖其财产并清偿债务的方法实现对申请执行人的清偿，但是此类拍卖有时无法将财产价值最大化，不仅债权人的受偿金额无法满足，而且还会导致被执行企业完全陷入难以挽回的经营困境。若对该类企业移送破产审查，可以发挥破产重整制度拯救濒危有价值企业的作用，实现债务人保护以及优化市场主体的大局目标。

4. 通过法院内部程序移转，可以实现两个程序的衔接。首先，有助于加速审查进程，减少当事人另行申请破产的诉讼成本。其次，移送破产审查后，执行程序中查明的资产负债情况均可延续适用于破产程序，提高了管理人履职的便利度和效率。最后，《执转破意见》明确，在执行程序中发生的拍卖等费用可以作为破产费用随时清偿，既保障了该部分债权人的利益也降低了重新审计、评估、拍卖等的程序支出。

【类案推荐】

类案 1

案例名称：“彭某、重庆市某房地产开发有限公司申请破产清算案”

裁判要旨：在被申请人不否认债权债务关系，或者无正当理由否认债权债务关系，或者债权债务关系已经生效法律文书确定的情况下，可以认定债权债务关系合法有效并且到期。但在当事人对债权债务关系存在争议并提出合理异议时，应通过诉讼等其他程序予以解决。

案　　号：(2020)渝破终24号

审理法院：重庆市高级人民法院

类案2

案例名称："某能源有限公司申请破产清算案"

裁判要旨：申请人提供的2018年审计报告显示其总资产大于总负债。申请人主张其存在或有债务，未经生效法律文书确认。申请人作为债务人提交的证据材料不足以证明其不能清偿到期债务且资产不足以清偿全部债务。

案　　号：(2020)粤破终13号

审理法院：广东省高级人民法院

本案例作者：汪莹

案例4：承兑汇票到期日前，出票人履行约定的付款行为是否属于《企业破产法》第32条中规定的“个别清偿行为”？

【要点提示】

请求撤销个别清偿行为纠纷作为破产程序为保护全体债权人公平受偿而设置的案由,具体指进入破产程序前,债务人在知道或应当知道自身具备破产原因后仍违背诚实信用原则,对个别债权人进行清偿,导致债务人的破产财产不当减少进而损害全体债权人的受偿利益,管理人在破产程序中有权请求人民法院撤销此类行为,据此提起的诉讼即为请求撤销个别清偿行为纠纷之诉。

下文将以承兑汇票的偿付作为个人清偿行为的引入,说明承兑汇票到期前出票人按约履行承兑协议的付款行为不属于对个别债务的清偿,不能被撤销。

【裁判要旨示例】

出票人根据银行承兑协议约定,在承兑汇票到期日前将票款足额存入银行指定账户的行为系履行银行承兑协议项下自身义务的行为,属于双务合同中的正常履约行为，不属于《企业破产法》第32条规定的对个别债权人进行清偿的情形。

【案件概况】

案件名称："浙江某机械有限公司管理人浙江某律师事务所、台州某汽车部件制造有限公司第三人撤销之诉再审案"

案　　号：(2020)最高法民申2033号

审理法院：最高人民法院

【案例评析与思考】

一、案情介绍

该案的案情较复杂，牵扯到第三人撤销之诉的原案。现将原案的情况介绍如下。

2014年3月21日，中国某银行股份有限公司台州温岭支行(以下简称某银行温岭支行)分别与浙江某机械有限公司、台州某汽车部件制造有限公司签订《综合授信协议》《最高额保证合同》，约定某银行温岭支行在2014年4月1日至2015年3月31日期间向浙江某机械有限公司提供最高额520万元的授信额度，台州某汽车部件制造有限公司为该授信协议项下最高本金余额520万元提供连带责任保证。2014年4月2日，某银行温岭支行与浙江某机械有限公司签订《银行承兑协议》，浙江某机械有限公司提供50%的保证金(260万元)，某银行温岭支行向浙江某机械有限公司出具承兑汇票520万元，汇票到期日为2014年10月2日。由此，若汇票到期前浙江某机械有限公司未能依约将票款足额存入其在某银行温岭支行的账户，基于票据无因性以及某银行温岭支行作为银行承兑汇票的第一责任人，某银行温岭支行须先行向持票人兑付票据金额，然后再向出票人（该案即浙江某机械有限公司）追偿，台州某汽车部件制造有限公司依约亦需承担连带偿付责任。由于案涉汇票到期前，浙江某机械有限公司依约将票款足额存入了其在某银行温岭支行的账户，某银行温岭支行向持票人兑付了票款，故不存在浙江某机械有限公司欠付某银行温岭支行票款的问题，台州某汽车部件制造有限公司亦无须承担连带偿付责任。

2016年10月13日，浙江省玉环县人民法院（以下简称玉环县法院）受理[1]了浙江某机械有限公司管理人浙江某律师事务所（以下简称浙江某机械有限公司管理人）与被告某银行温岭支行破产债权确认纠纷一案。原告浙江某机械有限公司管理人向法院提出诉讼请求：（1）请求撤销浙江某机械有限公司于2014年10月8日向被告偿还2,563,430.83元的行为；（2）判令被告立即返还浙江某机械有限公司2,563,430.83元，并赔偿浙江某机械有限公司自2014年10月8日起至实际归还之日止按中国人民银行同期同类贷款利率标准计算的利息损失。事实与理由：2014年12月17日，浙江某机械有限公司向玉环县法院申请破产重整。法院于2015年1月4日作出（2014）台玉破（预）字第9号民事裁定书，受理浙江某机械有限公司的重整申请，并于2015年1月20日指定浙江某律师事务所担任管理人。后因重整未成功，法院于2015年5月7日作出（2015）台玉商破字第1号民事裁定书，终结浙江某机械有限公司重整程序并宣告破产。原告在审核浙江某机械有限公司的财产时发现，浙江某机械有限公司于2014年10月8日向被告偿还2,563,430.83元。原告认为，浙江某机械有限公司向被告清偿2,563,430.83元的行为发生在其破产受理前6个月内，该行为系个别清偿行为，使浙江某机械有限公司破产后可供分配的财产减少，损害了其他债权人可获清偿的

[1] 现为浙江省玉环市人民法院。

利益,有违法律规定,应予以撤销,并追回相关财产。

玉环县法院认为,《企业破产法》第32条规定:“人民法院受理破产申请前六个月内,债务人有本法第二条第一款规定的情形,仍对个别债权人进行清偿的,管理人有权请求人民法院予以撤销。但是,个别清偿使债务人财产受益的除外。”浙江某机械有限公司对被告某银行温岭支行的清偿行为发生在其申请破产的前6个月内,属个别清偿,依法应予撤销。被告关于该笔债务的清偿系由保证人陈某2代偿的辩解没有事实依据,法院不予采纳。至于原告浙江某机械有限公司管理人提出的利息损失请求,应自管理人主张之日即立案之日起计算较妥。因此,原告合理的诉讼请求,法院予以支持。

同样,在浙江某机械有限公司破产管理人提起的个别债权撤销之诉中,二审法院亦支持了浙江某机械有限公司破产管理人的诉讼请求,撤销了浙江某机械有限公司向某银行温岭支行的个别清偿行为,要求某银行温岭支行向浙江某机械有限公司返还该笔资金。

下面介绍该案即第三人撤销之诉的具体情况。

2018年1月5日,某银行温岭支行向法院起诉,要求台州某汽车部件制造有限公司等保证人承担保证责任。2018年12月3日,台州市中级人民法院立案受理了台州某汽车部件制造有限公司向法院提起的第三人撤销之诉。台州某汽车部件制造有限公司起诉请求:撤销浙江省玉环县人民法院(2016)浙1021民初7201号民事判决第一项及浙江省台州市中级人民法院(2016)浙10民终360号民事判决中“某银行温岭支行返还浙江某机械有限公司管理人人民币2,563,430.83元,并从2016年10月13日起按中国人民银行规定的同期同类贷款基准利率赔偿利息损失”的判决,依法判决某银行温岭支行收到的2,563,430.83元不属于浙江某机械有限公司的个别清偿行为。

一审法院认为,《企业破产法》规定,人民法院受理破产申请前6个月内，债务人有本法第2条第1款规定的情形，仍对个别债权人进行清偿的，管理人有权请求人民法院予以撤销。但是，个别清偿使债务人财产受益的除外。基于上述法律规定以及各方当事人的诉辩内容，该案的争议焦点在于：(1)陈某2于2014年10月2日汇入浙江某机械有限公司在被告某银行温岭支行开设的还款账户的260万元，是浙江某机械有限公司偿还还是陈某2代偿？(2)原审判决认定浙江某机械有限公司的付款行为构成个别清偿并予撤销，是否符合法律规定。法院认为，判断讼争款项系浙江某机械有限公司偿还抑或陈某2代偿，应当以民事法律行为发生时当事人的行为表征加以综合考量。原告台州某汽车部件制造有限公司主张讼争款项系陈某2代浙江某机械有限公司偿还，但陈某2作为浙江某机械有限公司的股东及财务主管，在讼争款项被某银行温岭支行扣划之后，既未向浙江某机械有限公司主张权利，亦未对浙江某机械有限公司在记账凭证中将翁某记载为讼争款项的权利人提出异议。在浙江某机械有限公司被宣告破产后，陈某2既未向管理人申报债权，亦未对他人申报债权的行为提出异议。原审判决结合陈某2的身份、债权申报表记载内容、讼争借款时间及金额与浙江某机械有限公司记账凭证中记载的翁某短期借款一致等情况，认定讼争款项系由浙江某机械有限公司偿还，符合高度盖然性证明标准；根据《银行承兑协议》，浙江某机械有限公司负有在汇票到期日前向某银行温岭支行足额偿付汇票融资款的义务，故某银行温岭支行对浙江某机械有限公司享有合同债权，具备债权人资格，其扣划讼争款项并支付给持票人，符合合同约定。台州某汽车部件制造有限公司主张浙江某机械有限公司仅是持票人的债务人，否定其与某银行温岭支行之间存在的债权债务关系，与事实不符；浙江某机械有限公司在人民法院受理破产申请前6个月内，仍对个别债权人进行清偿，而且该清偿行为亦未使浙江某机械有限公司财产受益，故被告浙江某机械有限公司管理人有权申请撤销，原审判决认定浙江某机械有限公司的付款行为构成个别清偿并予撤销,符合法律规定。另外,台州某汽车部件制造有限公司提交银行回单、收条等证据,拟证明其面临承担向某银行温岭支行与陈某1二次清偿的风险,但台州某汽车部件制造有限公司承担上述债务系基于不同法律关系,台州某汽车部件制造有限公司依此主张撤销原审判决,理由亦不能成立。遂驳回了台州某汽车部件制造有限公司的诉讼请求。

台州某汽车部件制造有限公司不服一审法院判决,提起上诉。二审法院认为,根据《票据法》第19条、第38条、第44条的规定,银行承兑汇票是指由承兑申请人(出票人)向银行申请,经银行审查同意承兑签发的商业汇票;银行承兑是指银行作为汇票付款人,承诺在汇票到期日支付汇票金额的票据行为。案涉《银行承兑协议》约定,浙江某机械有限公司需在银行承兑汇票2014年10月2日到期前将票款足额存入指定账户,由某银行温岭支行于银行承兑汇票到期日将该款项支付给持票人。如果某银行温岭支行在银行承兑汇票项下垫付任何款项,该等款项自垫付之日起即转成浙江某机械有限公司欠付某银行温岭支行的逾期贷款。因此,在案涉银行承兑汇票法律关系中,某银行温岭支行仅在浙江某机械有限公司未能按约在到期日前将款项汇入指定账户,导致其基于银行承兑汇票在2014年10月2日到期日对持票人产生垫付责任后,才对浙江某机械有限公司确定享有债权;且其债权的金额也取决于浙江某机械有限公司实际存入款项与约定需存入款项之间的差额。在此之前,某银行温岭支行并未产生垫付责任,其仅以银行承兑汇票的形式对浙江某机械有限公司予以授信,并不对浙江某机械有限公司享有债权,更遑论金额特定的债权。而《企业破产法》第32条规定的"对个别债权人进行清偿",根据文意,是指在清偿行为发生时,债权人已确定享有特定的债权。因此,浙江某机械有限公司2014年10月2日向其在某银行温岭支行指定账户存入260万元的行为并不属于《企业破产法》第32条规定的"对个别债权人进行清偿"。根据《票据法》第21条"汇票的出票人必须……具有支付汇票金额的可靠资金来源”的规定，浙江某机械有限公司的上述行为系根据《银行承兑协议》约定，履行自身合同项下义务的行为，属于双务合同中的正常履约行为。

此外，若将上述行为认定为《企业破产法》第32条规定的“对个别债权人进行清偿”，意味着一旦签订《银行承兑协议》后，出票人的任何支付行为均可能因时间上符合“人民法院受理破产申请前六个月内”的情形而被认定为《企业破产法》规定的“对个别债权人进行清偿”情形并进而被撤销，将直接导致银行因超高风险而拒绝以银行承兑汇票形式对企业予以授信、支持企业经营，有违《企业破产法》的立法目的。

故原案判决将浙江某机械有限公司在2014年10月2日银行承兑汇票到期日向指定账户存入260万元款项的行为认定为属于《企业破产法》第32条规定的情形并予以撤销，内容存在错误。由于原案判决要求某银行温岭支行返还浙江某机械有限公司管理人2014年10月2日浙江某机械有限公司汇入的相应款项，则台州某汽车部件制造有限公司作为《银行承兑协议》项下的连带责任保证人需对某银行温岭支行承担连带清偿责任，损害了台州某汽车部件制造有限公司的民事权益。

因此，台州市中级人民法院(2016)浙10民终360号民事判决和玉环县法院(2016)浙1021民初7201号民事判决第一项存在错误且损害了台州某汽车部件制造有限公司的民事权益，应予撤销。由于玉环县法院(2016)浙1021民初7201号民事判决第二项与第一项直接关联，因此在撤销该判决第一项的同时，对第二项也一并改判。至于台州某汽车部件制造有限公司请求“判决某银行温岭支行收到的2,563,430.83元不属于浙江某机械有限公司的个别清偿行为”，并非民事诉讼判决的范围，难以支持。故而，二审法院撤销了一审法院裁判。

浙江某机械有限公司不服浙江省高级人民法院改判的终审判决，向最高人民法院申请再审。浙江某机械有限公司认为,银行承兑汇票具有融资性,某银行温岭支行系浙江某机械有限公司的债权人,浙江某机械有限公司的付款行为是对个别债务的清偿,属于可撤销的个别清偿行为,二审判决认定事实错误,导致适用法律错误,应予纠正。

最高人民法院最终驳回了其申请。

二、案件评析

破产程序的价值在于公平清偿,使众多债权人的利益得到平衡。因此,需要对债务人在破产申请受理前一定期间内的行为予以规制,明确个别清偿行为可撤销,以保证这一高层次的价值能够得以实现。对此,《企业破产法》第32条作出了具体规定:“人民法院受理破产申请前六个月内,债务人有本法第二条第一款规定的情形,仍对个别债权人进行清偿的,管理人有权请求人民法院予以撤销。但是,个别清偿使债务人财产受益的除外。”

然而,承兑汇票到期前,出票人按约履行承兑协议的付款行为是否属于对个别债务的清偿,《企业破产法》并未作出明确规定。但是,我们可以从该案中得到明确的答案。该案中,一审、二审法院均认定浙江某机械有限公司的付款行为属于可撤销的个别清偿行为,但是,考虑案件牵连到汇票保证人与该生效判决法律上的利害关系,给予第三人撤销权。最高人民法院认为,承兑汇票到期前,出票人按约履行承兑协议的付款行为是履行银行承兑协议项下自身义务的行为,[1]此时并没有产生实质上的债权债务关系,当然不属于对个别债务的清偿,不能撤销。值得注意的是,承兑汇票到期之后的付款行为则是对债务履行,满足《企业破产法》第32条规定的构成要件时,则是可撤销的个别清偿行为。事实上,最高人民法院《关于适用〈中华人民共和国企业破产法〉若干问题的规定(二)》(以下简称《破产法司法解释

---

〔1〕 参见沈伟:《承兑汇票到期日前出票人依约付款的性质》,载《人民司法》2020年第14期。

(二)》)第16条已经涉及不属于对个别债务的清偿,不能撤销的情形,此外《企业破产法》亦细化了以下内容。

(一)可撤销的个别清偿行为构成要件

《企业破产法》第32条明确了可撤销个别清偿行为的构成要件。具体如下。

1. 期限要件。个别清偿行为发生在人民法院受理破产申请前6个月内。《企业破产法》将时间条件限定在前6个月内,是在一定期限内的合理规制,符合我国的基本国情。一般情况下,企业出现破产事由后会提出破产申请,由人民法院受理。但是实践中,存在特殊情形,比如,债务人实际已经出现破产原因,但是处于其他法律程序中而未被人民法院受理,此种情形下,何时为可撤销行为的起算点?对此,《破产法司法解释(二)》第10条作出了具体规定:

(1)行政监管机构作出撤销决定之日。《破产法司法解释(二)》第10条第1款规定,“债务人经过行政清理程序转入破产程序的,企业破产法第三十一条和第三十二条规定的可撤销行为的起算点为行政监管机构作出撤销决定之日”。根据《企业破产法》第134条和最高人民法院的司法解释,该款规定的债务人,主要是指商业银行、证券公司等金融机构,[1]指的是金融机构已经出现破产原因,先进入行政清理程序,而未进入破产清算程序的情形。在此情况下,如果机械地适用“人民法院受理破产申请前六个月内”,则会把行政清理时间计算在内,导致破产撤销权不能有效行使。所以,将“行政监管机构作出撤销决定之日”作为可撤销行为的起算点具有合理性。

特别需要注意的是,在实践中,行政清理对金融机构的处理结果并非都是撤销,因此,对“行政监管机构作出撤销决定之日”的理解应当扩大解释为

〔1〕 参见最高人民法院民事审判第二庭编著:《最高人民法院关于企业破产法司法解释理解与适用:破产法解释(一)·破产法解释(二)》,人民法院出版社2013年版,第198页。

“行政程序开始之日”，并非单纯地理解为“撤销决定”作出之日。[1]

（2）人民法院裁定受理强制清算申请之日。《破产法司法解释（二）》第10条第2款规定，“债务人经过强制清算程序转入破产程序的，企业破产法第三十一条和第三十二条规定的可撤销行为的起算点，为人民法院裁定受理强制清算申请之日”。该条款规定的情形通常只有2024年实施的《公司法》第237条“清算组在清理公司财产、编制资产负债表和财产清单后，发现公司财产不足清偿债务的”和《企业破产法》第7条第3款“企业法人已解散但未清算或者未清算完毕，资产不足以清偿债务的”两种情形。

同理，此时的债务人也已经具备破产原因，只是碍于强制清算程序，还未转入破产程序。强制清算程序消耗的时间通常比较长，如果把这个时间计算在内，也会导致应该被撤销的个别清偿行为不能撤销的后果，进而损害其他债权人的利益。这一特殊规定也符合立法的初衷和目的。

2. 债务人已经具备破产原因。根据《企业破产法》第2条“债务人不能清偿到期债务，并且资产不足以清偿全部债务或者明显缺乏清偿能力”的规定，认定为债务人已经具备破产原因。具体认定如下。

（1）不能清偿到期债务。《破产法司法解释（一）》第2条对不能清偿到期债务的认定作出规定，只有在同时满足存在合法有效的债权债务关系、债务履行期已经届满且债务人未完全清偿债务3个条件时，才能认定为不能清偿到期债务。值得注意的是，债权债务关系不局限于原始的债权人债务人之间，相关主体依法受让债权的，也属于合法有效的债权债务关系。

（2）资产不足以清偿全部债务。根据《破产法司法解释（一）》第3条的规定，当债务人的资产负债表，或者审计报告、资产评估报告等显示其全部资产不足以偿付全部负债时，法院应当认定为资产不足以清偿全部债务，但

---

〔1〕 参见最高人民法院民事审判第二庭编著：《最高人民法院关于企业破产法司法解释理解与适用：破产法解释（一）·破产法解释（二）》，人民法院出版社2013年版，第200页。

有相反证据足以证明债务人资产能够偿付全部负债的除外。在一般情况下，债权人难以掌握债务人的具体资产和债务情况，所以债权人只需要通过企业的资产负债表，初步证明债务人资不抵债即可。

(3)明显缺乏清偿能力。当债务人的账面资产大于负债，不能认定为资不抵债时，《破产法司法解释(一)》第4条明确了推定明显缺乏清偿能力的情形，即由于资金严重不足或者财产不能变现等原因，无法清偿债务；法定代表人下落不明且无其他人员负责管理财产，无法清偿债务；经人民法院强制执行，无法清偿债务；长期亏损且经营扭亏困难，无法清偿债务；导致债务人丧失清偿能力的其他情形。

需要说明的是，《企业破产法》已经明确将债务人具备破产原因作为个别清偿行为可撤销的条件之一。实务界对于“撤销个别清偿行为不考虑债权人是否善意”也有统一意见。但是对于是否需要考虑债务人的主观故意，即发生个别清偿时债务人是否已明知其处于破产临界状态，法律并未作明确规定，理论界与实务界存在一定的争议。对此，笔者认为，不需要考虑债务人的主观状态。从立法目的的角度看，《企业破产法》第32条规定个别清偿行为可撤销，是为了防止债务人在临界期间内的个别清偿行为导致其他破产债权人利益受损。只要债务人客观上处于不能清偿债务的破产临界状态，无论其是否知道将会进入破产清算程序，其对个别债务的清偿行为都会损害其他债权人的公平受偿权。所以，不需要考虑债务人的主观状态，行为符合《企业破产法》第32条规定的其他条件的，均可撤销。

3. 个别清偿行为未使债务人财产受益。如前文所述，《企业破产法》给予管理人撤销权是为了保全债权人的责任财产，保证已有财产没有减损，从而达到破产财产在债权人之间公平分配的目的。如果该行为没有造成现有财产的减损，甚至使债务人的财产有所增加，不但没有损害债权人利益，还保障了债权人获得清偿的权利，自然也不应该被撤销。所以，《企业破产法》

第32条的但书条款,将个别清偿行为使债务人财产受益的情况排除在外。

关键问题在于,如何认定“受益”与否?在司法实践中,大多着眼该个别清偿行为是否使债务人的财产增加或者增值。从这个角度看,类似案例如以减免债务为条件的个别清偿行为,并没有导致现有破产财产增值,也就不属于使债务人财产受益的情况,此种个别清偿行为是可撤销的。另外,在实践中通过考察债务人个别清偿的目的,从是否保障债务人的正常经营能力,是否使债务人现有破产财产减损等方面认定。就这个维度来说,能够促使特定债权人继续向债务人提供货物、开展业务,帮助债务人“起死回生”的个别清偿行为,在一定程度上保障了债务人的正常经营能力,则不能被撤销。[1] 同时,债务人仅是作为代收代付的中间人,并未导致其自有资金有所减损的清偿行为也不应该被撤销。综上所述,“受益”与否可以从行为对已有财产的影响、行为目的等角度出发进行判定。

(二)个别清偿行为不可撤销的情形

《破产法司法解释(二)》第14条、第15条、第16条列举了排除适用《企业破产法》第32条,个别清偿行为不能撤销的具体情形。

1. 债务人对以自有财产设定担保物权的债权进行的个别清偿。《破产法司法解释(二)》第14条规定,在此种情况下的个别清偿行为不能撤销,是因为根据《民法典》之规定,这些债权较其他债权享有优先受偿权,并且债务人可以通过对这些债务的清偿取回留置物,增加其本身对普通债权的清偿能力。需要注意的是,该条也有但书条款,“债务清偿时担保财产的价值低于债权额的除外”。当债务清偿时担保财产的价值低于债权额时,该清偿行为并不会增加债务人的清偿能力,反而使现有破产财产有所减损,此时的优先受偿也应该是破产重整后的优先受偿。

2. 债务人经诉讼、仲裁、执行程序对债权人进行的个别清偿。根据《破

---

〔1〕 参见李永军:《破产法——理论与规范研究》,中国政法大学出版社2013年版,第274页。

产法司法解释(二)》第 15 条的规定,在债务人和债权人没有恶意串通损害其他债权人利益的情况下,债务人经诉讼、仲裁、执行程序对债权人的个别清偿行为不可撤销。从上述条款可知,只要进入司法程序,经过人民法院判决、调解或强制执行而形成的个别清偿行为,并且不能证明行为存在恶意串通的,不可撤销。需要注意的是,案件虽进入司法程序,但通过私下和解达成协议的清偿行为不属于该条不可撤销的情形。

3.《破产法司法解释(二)》第 16 条对不可撤销的主要类型作出列举:债务人为维系基本生产需要而支付水电费的;为了保障职工基本生存权而支付劳动报酬、人身损害金的,以及使债务人财产受益的其他情形。由此可知,从个别清偿行为的目的出发,为了保障企业正常生产经营秩序和基本生存利益,保护劳动者生存权的个别清偿行为不可撤销。

三、延伸探讨

在笔者参与办理的破产案件中,发现请求撤销个别清偿行为纠纷与破产撤销权纠纷的联系与区别尚待厘清。

前文已述,《企业破产法》第 32 条规定了可撤销清偿行为的构成要件,此条也是请求撤销个别清偿行为纠纷的请求权基础。然而,《企业破产法》第 31 条也对人民法院受理破产申请前 1 年内,管理人行使破产撤销权的情形进行列举:无偿转让财产的;以明显不合理的价格进行交易的;对没有财产担保的债务提供财产担保的;对未到期的债务提前清偿的;放弃债权的。管理人依据此条提起的诉讼即为破产撤销权纠纷之诉。最高人民法院在 2020 年修订的《民事案件案由规定》中也明确规定,适用《企业破产法》第 32 条时的案由为“请求撤销个别清偿行为纠纷”,适用《企业破产法》第 31 条时的案由为“破产撤销权纠纷”。

事实上,请求撤销个别清偿行为纠纷是狭义上的破产债权纠纷。两者都是由管理人提起的,以维护债权人的整体利益、保护公平清偿为目的,力图撤销在先清偿行为的纠纷。两者既相互联系,又相互独立,实践中,需要根据不同情况选择适用不同的案由,笔者总结了以下区别点。

首先,撤销适用基本情形不同。《企业破产法》第32条仅针对债务人的个别清偿行为,而“破产撤销权纠纷”适用的是第31条,主要针对债务人具有主观恶意的欺诈性转让和偏颇性清偿行为。

其次,撤销适用的前提不同。请求撤销个别清偿行为纠纷的撤销前提是债务人在清偿债务时已经具备破产原因,不需要考虑所清偿的债权是否到期。与之相反的是,一般破产撤销权纠纷不要求具备破产原因,但要求清偿债权的性质为未到期债权,对于已到期的债权不予约束。

再次,撤销适用的期间不同。《企业破产法》第32条以概括的方式限定了可撤销个别清偿行为发生在人民法院受理破产申请前6个月内。而《企业破产法》第31条以列举方式规定了破产撤销权约束的行为发生在人民法院受理破产申请前一年内。同时,是否具有例外情形也不同。前者明确排除个别清偿行为使债务人财产受益的情形,而后者则无这一例外。

最后,撤销时的证明责任不同。管理人行使撤销权,提起撤销诉讼,具有证明责任,但适用不同案由,管理人所承担的证明责任不尽相同。“请求撤销个别清偿行为纠纷”案由下的证明责任明显重于“破产撤销权纠纷”。理由在于,适用《企业破产法》第32条时,管理人不仅要证明“拟撤销行为发生于破产申请前六个月内”的期限要件,还要证明“该行为发生时,债务人已经不能清偿到期债务,并且资产不足以清偿全部债务或者明显缺乏清偿能力”及“该个别清偿行为没有使债务人财产受益”。而适用第31条时,管理人只需要围绕“拟撤销的行为发生于破产申请前一年内”及拟撤销行为属于第31条规定的5种情形进行举证即可。

【类案推荐】

类案1

案例名称:“山东某股份有限公司管理人与山东省某信托股份有限公司请求撤销个别清偿行为纠纷案”

裁判要旨:票据在期限内兑付,如果该兑付行为被撤销,债券市场投资者的投资风险将被无限、不可预期地放大,该行为不属于《企业破产法》第32条规定的可撤销的个别清偿行为。

案　　号:(2020)鲁05民初112号

审理法院:山东省东营市中级人民法院

类案2

案例名称:“临沂某股份有限公司、某律师事务所请求撤销个别清偿行为纠纷案”

裁判要旨:该案债务人给予债权人10万元面值承兑汇票的行为,是正常的履约行为,而非《企业破产法》第32条规定的个别清偿行为。

案　　号:(2017)鲁11民终1936号

审理法院:山东省日照市中级人民法院

本案例作者:李军妍

案例5：企业破产重整期间，银行是否有权扣划重整企业于银行开设的保证金专户内的资金？

【要点提示】

请求确认债务人行为无效纠纷，是指债务人正式进入破产程序后，管理人或债权人对债务人实施的特定行为提起诉讼，请求法院确认该行为无效的民事纠纷。

债务人实施的有害于债权人整体利益而在法律上被认定为不发生法律效力的行为需要结合具体案例进行判断，如债权人对债务人特定财产享有优先受偿权的情况下，该优先受偿权在破产重整期间的行使受到限制，不允许债务人对个别债权人进行清偿。

【裁判要旨示例】

破产重整期间，债权人对债务人的特定财产行使优先受偿权的行为无效，但不影响债权人在符合约定条件下享有的优先受偿权，可待债务人处于非“破产重整”期间时再行使担保权。

【案件概况】

案件名称：“中国某银行股份有限公司固原分行与宁夏某房地产开发有限公司破产重整管理人请求确认债务人行为无效纠纷二审案”

案　　号：(2020)宁民终136号

审理法院：宁夏回族自治区高级人民法院

【案例评析与思考】

一、案情介绍

2015年4月10日，宁夏某房地产开发有限公司(以下简称某房产公司)与中国某银行股份有限公司固原分行(以下简称某银行固原分行)签订《商品房销售贷款合作协议书》，约定某银行固原分行为符合条件的购买某房产公司商品房的购房人提供贷款。同时，某房产公司为购房人的贷款行为提供保证，并在某银行固原分行开立保证金专户，按担保贷款金的10%或区分行批文规定的比例专户存储。

2015年4月，购房人谢某与某房产公司签订了《商品房买卖合同》；2015年11月，购房人李某与某房产公司签订了《商品房买卖合同》；2017年12月，购房人马某与某房产公司签订了《商品房买卖合同》，3位购房人分别在某银行固原分行办理了房屋贷款手续。2018年3位购房人多次未按时向银行还款，某银行固原分行在2019年1月24日扣除某房产公司的质保金751,318.18元，分别为马某的320,284.13元、谢某的220,494.52元、李某的210,539.53元。

另查，2018年12月19日宁夏回族自治区银川市中级人民法院裁定某房产公司进入破产重整程序，并指定北京某律师事务所、宁夏某律师事务所作为其重整管理人。

某房产公司管理人遂向法院起诉，要求确认某银行固原分行的扣划行为无效，并返还相应资金至“保证金专户”。一审法院认为，某房产公司与某银行固原分行签订《商品房销售贷款合作协议书》，虽没有单独订立带有“质押”字样的合同，但内容明确某房产公司在某银行固原分行开立“保证金专户”，某房产公司按照一定比例缴存保证金，某银行固原分行对保证金账户取得控制权，保证金进入该账户后，某房产公司不能通过支取或转账方式支配该账户内的资金。借款人不履行保证责任时，某银行固原分行有权对“保证金专户”扣划相应款项。该合同具备原《物权法》第210条规定的质押合同的一般条款，质押物“保证金专户”也实际在质权人某银行固原分行的控制下，质权人对该“保证金专户”内的资金（资金的具体金额取决于借款人未按期偿还的借款本息，浮动质押金额）在符合《商品房销售贷款合作协议书》的条件下享有优先受偿权。但该优先受偿权在破产重整期间的行使受到限制。根据《企业破产法》第75条“在重整期间，对债务人的特定财产享有的担保权暂停行使”的规定，2018年12月19日银川市中级人民法院裁定某房产公司进入破产重整，某银行固原分行扣划“保证金专户”751，318.18元，违反了《企业破产法》第75条的规定，某房产公司申请确认某银行固原分行扣除某房产公司751，318.18元保证金的行为无效，确认破产重整期间某银行固原分行扣划某房产公司开立在原告处“保证金专户”的行为无效，但并不改变某银行固原分行对“保证金专户”内的资金（资金的具体金额取决于借款人未按期偿还的借款本息）在符合《商品房销售贷款合作协议书》的条件下享有优先受偿权，某银行固原分行可待某房产公司处于非“破产重整”期间时再行使担保权。某房产公司管理人申请判令某银行固原分行向其退回保证金751，318.18元，因该“保证金专户”在质权人的控制下，符合质押条件，仅是质权人在破产重整期间不得行使担保权，仅支持某银行固原分行于判决生效之日起15日内将扣划的款项751，318.18元退回到涉案"保证金专户"，某银行固原分行在某房产公司处于破产重整期间对某房产公司的"保证金专户"的部分资金行使担保权，导致某房产公司管理人提起诉讼，且某房产公司管理人对该"保证金专户"要求返还的依据为《企业破产法》第16条，该条规定："人民法院受理破产申请后，债务人对个别债权人的债务清偿无效。"该案并非基于该条款作出某银行固原分行将扣划资金751，318.18元退回的处理，而是某银行固原分行在某房产公司破产重整期间行使了担保权，故该案的诉讼费应由某银行固原分行负担。一审法院支持了原告的诉讼请求。

上诉人某银行固原分行因不服一审法院的判决向宁夏回族自治区高级人民法院提起上诉。上诉人认为，其行使优先受偿权后相应的债权债务关系已灭失，属于债务人对以自有财产设定担保物权的债权进行个别清偿的情形，故而提出一审法院适用法律错误，请求撤销（2019）宁01民初2163号民事判决，改判驳回某房产公司管理人的诉讼请求。经审理上诉人的上诉请求不成立，宁夏回族自治区高级人民法院不予支持。

二、案件评析

破产程序是公平清偿程序，旨在实现对全体债权人的公平清偿和避免对部分债权人的个别清偿从而破坏全体债权人利益的平衡。请求确认债务人行为无效纠纷，是指债务人进入法院破产案件审理程序后，破产管理人主张债务人实施的行为无效而向人民法院提起诉讼所引起的纠纷。作为破产衍生诉讼的常见案由之一，请求确认债务人行为无效纠纷背后所代表的是破产无效行为制度，具体是指债务人在破产案件受理前的法定期间内，进行的损害债权人共同利益或破坏公平清偿的行为无效的制度。基于破产无效行为转让的财产或者权利，应收归破产财产，供全体债权人公平分配。

回归该案，《企业破产法》第 109 条对破产财产的优先受偿权作出明确规定："对破产人的特定财产享有担保权的权利人，对该特定财产享有优先受偿的权利。"上诉人基于此条规定认为，其行使优先受偿权的行为并不属于《企业破产法》第 16 条所规定的个别清偿行为，即"人民法院受理破产申请后，债务人对个别债权人的债务清偿无效"。

其实在《企业破产法》中已明确规定优先受偿权的行使方式。《企业破产法》第 113 条中详细列明了破产财产在优先清偿破产费用和共益债务后的清偿顺序，《企业破产法》第 75 条规定："在重整期间，对债务人的特定财产享有的担保权暂停行使……"即该案所涉及的优先受偿权不能超越所有债权而优先受偿，该优先受偿权的行使受到限制，即在破产重整期间需暂停行使。此外《企业破产法》亦细化了以下内容。

（一）请求确认债务人行为无效纠纷中的"债务人行为"

请求确认债务人行为无效纠纷中的无效行为所涉及的法条主要体现于《企业破产法》第 16 条与第 33 条，具体如下。

1. 人民法院受理破产申请后，债务人对个别债权人债务的清偿行为。《企业破产法》第 16 条明确规定："人民法院受理破产申请后，债务人对个别债权人的债务清偿无效。"这是因为，如果将债务人的破产财产视为一份"蛋糕"，所有债权人都希望在自己的合法债权内能最大地占有"蛋糕"的份额，若没有一套合适的分配规则，任由债权人自行实现债权获取额外的"蛋糕"，那么于破产程序中处于同一清偿地位的其他债权人的合法债权必定受到损害，对这种行为就应当予以否定。人民法院受理破产申请，标志着破产程序的开始，所有债权都必须通过破产程序获得清偿。在法院受理破产申请后，债务人的全部财产应作为破产财产，由人民法院指定的破产管理人接管并在破产程序中依法管理和处分。此时的债务人没有完全的清偿能力，债权人如何公平清偿是破产程序所追求的目标。

由于破产财产的个别清偿行为会有损全体债权人公平受偿的权益，因此，破产管理人可以向人民法院提起请求确认债务人个别清偿行为无效的诉讼，要求受偿方返还清偿款，并将款项归入债务人破产财产，于破产程序中进行统一分配，实现全部债权人的公平清偿和最大清偿。

2. 为逃避债务而隐匿、转移财产的行为。《企业破产法》第33条第1款规定，债务人为逃避债务而隐匿、转移财产的行为无效。从法条的字面含义理解，债务人隐匿、转移财产的行为并不当然导致行为无效，仅在债务人具有逃避债务的主观恶意情况下，隐匿、转移财产的行为才不具有法律效力。具体而言，是指债务人有意隐瞒债务人财产的真实情况，通过将财产置于隐蔽场所或改变财产位置的方式，影响管理人对债务人财产的实际控制和支配的行为，在客观上侵犯了债权人的合法债权。

其中，隐匿财产可以具体分为隐瞒、藏匿财产的行为。隐瞒财产是指不披露债务人财产的消极行为，主要体现为隐瞒企业财产的真实去向、在财务报表上不记载或不真实记载企业财产的收支情况、不配合回答有关财产相关情况询问等；藏匿财产，是指通过将债务人的财产置于未公开场所而阻碍破产程序的有效接管和处分的积极行为，如将收入现款存入以私人名义开设的银行账户的行为。转移财产也有转移和改变的双重含义。转移行为与藏匿行为存在一定重合，主要是指将财产进行空间上的位置移动的行为，以企业之间的银行支付为例，将资金从债务人的账户转出，进而通过多次转账的方式混淆资金去向使管理人无法控制相关财产；改变行为侧重改变财产的权利状态，主要表现为财产所有权人的改变。

由此可见，为逃避债务而隐匿、转移财产的行为本质是债务人基于逃避债务的主观故意，通过各种方式造成财产流失的假象，最终使相关财产流向债务人或债务人能够控制的关系人手中的行为。

3. 虚构债务或者承认不真实的债务的行为。《企业破产法》第 33 条第 2 款将此种行为规定为请求确认债务人行为无效纠纷中的"债务人行为"。虚构债务与承认不真实债务在属性上均属于法律行为，是指债务人实施的追求损害债权人利益的法律效果的发生且存在实现可能性而被认定为无效的行为。

虚构债务本质上是虚伪的意思表示，具体是指债务人申报债务时通过虚构事实，将未发生的债务进行申报，使他人误认为本不存在的债务真实存在的行为，该行为本身就隐含了债务人通过增加负债侵害债权人合法债权的恶意。实务中，经常出现债务人与相对人恶意串通的情形，由债务人提供虚假证据再由相对人于破产程序中进行债权申报，导致实际债权人的可得利益受损。承认不真实债务，是指债务人承认债权人虚构申报债务为真实并使他人误认的行为，主要包括承认债权人申报的本不存在的债务与承认虽然存在但谎报债权的债务。例如，对不真实债务凭据的承认、对他人申报的虚高债务的承认等行为。

（二）相关法律条文及其适用关系

1.《企业破产法》第 16 条属于概括列举。《企业破产法》第 16 条规定："人民法院受理破产申请后，债务人对个别债权人的债务清偿无效。"该条所规范的是法院受理破产申请后债务人的个别清偿行为，债务人实施的个别清偿行为符合《民法典》合同编的规定，但此时债务人已由法院受理破产申请并进入破产程序，明显属于《企业破产法》第 2 条第 1 款规定的企业法人不能清偿到期债务，并且资产不足以清偿全部债务或者明显缺乏清偿能力的情形，此时债务人的个别清偿行为将会损害全体债权人的公平受偿权益，为了保护全体债权人的利益，认定个别清偿的行为无效。

2.《企业破产法》第 33 条属于详尽列举。该条规定，债务人为逃避债务而隐匿、转移财产的、虚构债务或者承认不真实的债务的行为无效。该条通过对涉及债务人财产的无效行为进行明确规定以期达到保护债权人权益的目的，主要涵盖两类无效行为，实施这两类行为必然会导致债务人财产的不当减少，它们的共同特点是债务人都具有主观恶意，即使是债务人与相对人的交易行为，由于债务人存在主观恶意因而多与交易相对人构成恶意串通，造成债务人财产的实质性减少，相对人对债务人不享有合法权益。

3.《企业破产法》第16条在司法实践中往往被忽略。在查阅过往判例后笔者发现在“请求确认债务人行为无效纠纷”案由项下，存在《企业破产法》第16条与第33条的不同适用，但通过对专业文章的解读发现在实务中较认可破产无效行为的法律适用是第33条，而忽视第16条的存在或将第16条认为是第33条的特殊适用。笔者认为，《企业破产法》第16条与第33条作为破产无效制度的主要构成部分，其重要性不言而喻，二者在逃避债务而隐匿、转移财产的行为中存在一定范围的重合，但不代表第16条成为第33条的附庸。

三、延伸探讨

笔者阅读大量文献发现，请求确认债务人个别清偿行为无效纠纷与请求撤销个别清偿行为纠纷易于混淆，笔者就其联系和区别展开探讨。

（一）两种纠纷的联系——根本目的相同

两种纠纷的根本目的都是否认债务人的个别清偿行为，要求受偿方返还清偿款，并将款项归入债务人破产财产，于破产程序中进行统一分配，实现全部债权人的公平清偿和最大清偿。

如前所述，请求确认债务人个别清偿行为无效纠纷涉及的法条是《企业破产法》第16条。人民法院受理破产申请后，债务人对个别债权人的债务清偿无效。请求撤销个别清偿行为纠纷中可撤销清偿所涉及的法条主要集中于《企业破产法》第31条与第32条，体现为人民法院受理破产申请前1

年内,涉及债务人财产的特定行为,管理人有权请求人民法院予以撤销;人民法院受理破产申请前6个月内,债务人不能清偿到期债务,且资产不足以清偿全部债务或者明显缺乏清偿能力,仍对个别债权人进行清偿的,管理人有权请求人民法院予以撤销,但是,个别清偿使债务人财产受益的除外。

请求撤销个别清偿行为纠纷中的破产可撤销行为的相关法条均涉及时间要件,即破产申请受理之前。虽然二者涉及行为的可追溯时间不一致,但其目的都是通过撤销债务人在破产申请受理前的不当行为保护全体债权人经过破产程序所能获得的公平清偿权益,追溯时间的长短与行为的影响程度呈正相关,保证债务人的破产财产不会因债务人的行为造成额外负担或者不当减少。

(二)两种纠纷的主要区别——时间节点不同

请求确认债务人行为无效纠纷的清偿无效的时间节点为人民法院受理破产申请后,请求撤销个别清偿行为纠纷的涉及法条的时间节点则在人民法院受理破产申请之前,两者以破产申请受理前后为分界点各自覆盖职能范围内的不当行为。

若将涉及法条以一条时间纵轴呈现,抽象成平面上的线与点,则受理破产申请时间点为清偿无效与清偿可撤销之关键点:破产申请受理前1年内债务人若实施特定行为即有可能对全体债权人权益造成损害,破产申请受理前6个月若债务人进行个别清偿亦是同理,影响其他债权人的公平受偿权,管理人有权行使可撤销权请求撤销这些不当行为并返还财产;破产申请受理之后,债务人实施的个别清偿行为也可以请求人民法院确认无效,为什么在破产申请受理前是行为可撤销而受理之后是确认行为无效?

请求撤销个别清偿行为纠纷针对的是债务人在进入破产程序前一定时期内的个别清偿行为。破产申请受理之前,债务人尚未被确认为达到无法清偿债务的地步,一切都还有回旋的余地,此时若直接确认债务人行为无效很有可能影响债务人的正常生产经营活动，方式过于绝对，不利于稳定营商环境。虽然此类行为似与公平受偿的价值取向相违背，但此时债务人的行为不一定具有主观恶意，同时也不一定必然导致债务人财产的实质性减少。

在破产申请受理之后，债务人处于已被确定为不能清偿到期债务，且资产不足以清偿全部债务的情形，此时债务人的清偿能力并非处于不确定状态，所以其在该阶段实施的个别清偿行为的结果是导致债务人财产的必然性减少，影响债权人公平受偿的权利。为了保障在债务人被宣告破产后，所有的破产债权人都能够得到平等的清偿，有必要在受理破产申请后，禁止债务人对个别债权人的清偿，否认这种清偿的法律效力，防止债务人以个别清偿为名转移或转让企业的财产，故此类行为应当认定为无效。

在实务中，判断具体案件是否属于请求撤销个别清偿行为纠纷还是请求确认债务人行为无效纠纷不仅需要通过时间节点的区分还需要根据具体行为内容进行选择适用。

【类案推荐】

类案1

案例名称：“湖南某房地产开发有限公司管理人、中国某银行股份有限公司龙山县支行请求撤销个别清偿行为纠纷案”

裁判要旨：该案中，债权人就抵押房产享有优先受偿权，但是债务人在破产重整后直接划扣账户内款项的行为违反企业破产法的相关规定，构成个别清偿行为，依法应予确认无效。

案　　号：(2022)湘3130民初1442号

审理法院：湖南省龙山县人民法院

类案2

案例名称:“纪某、东营某建设投资集团有限公司等建设工程价款优先受偿权纠纷案”

裁判要旨:该案债权人享有建设工程价款优先受偿权,优于抵押权和其他债权,在债务人破产重整后,可以就该工程折价或者拍卖的价款优先受偿。

案　　号:(2021)鲁05民初131号

审理法院:山东省东营市中级人民法院

本案例作者:李军妍

案例6：商品房网签至让与担保权人名下但尚未办理过户登记的，让与担保权人可否依据其与债务人签订的以物抵债协议在破产程序中行使取回权？

【要点提示】

取回权是破产程序中的一项重要权利。取回权行使的主体应当限于所有权人。同时，商品房网签主体变更并不产生物权效力。债权人在没有办理不动产权登记的情况下，不能根据商品房网签主体变更以及以物抵债协议要求行使取回权。

【裁判要旨示例】

在签订以物抵债协议的债务人企业破产的情况下，管理人虽不能解除合同，但债权人也无权请求继续履行合同，若债权人基于合同继续履行而取得物权将不符合破产程序公平受偿的原则。

【案件概况】

案件名称：“董某、廊坊市某房地产开发有限公司取回权纠纷再审案”

案　　号：(2021)最高法民申9号

审理法院：最高人民法院

【案例评析与思考】

一、案情介绍

2014年6月14日，董某与廊坊市某房地产开发有限公司(以下简称某房地产公司)法定代表人矫某签订《借款合同》，约定董某向矫某出借2000万元，借款期限自2014年6月24日起至7月14日止。某房地产公司作为保证人之一对上述借款承担连带清偿责任。2014年6月20日，董某与某房地产公司、青岛某实业有限公司、矫某签订《协议书》，约定某房地产公司将盛都时代广场3号楼1-102号房屋网签至董某名下(已于2014年6月19日网签)，作为借款的保障。如果某房地产公司在此期间需要出售该房产，董某无条件配合某房地产公司办理退房手续，某房地产公司出售或抵押该房产获得的资金优先偿还董某的借款。

矫某在上述借款到期后未能偿还，董某向青岛市中级人民法院提起诉讼，该院于2014年8月4日作出(2014)青金初字第113号民事调解书，确认某房地产公司对上述2000万元借款本息承担连带清偿责任。2014年11月11日董某申请强制执行，青岛市中级人民法院于2014年12月19日、2015年12月7日作出裁定实施了执行措施，却未有执行结果。

2017年11月23日，一审法院受理某房地产公司的破产重整申请，并于2018年1月4日指定某房地产公司破产管理人。2018年2月2日，董某向破产管理人申报债权金额登记为3312.70万元(其中，本金2000万元、利息1312.70万元)，担保物为网签盛都时代广场底商3号楼102户房屋一处，基本事实为青岛市中级人民法院(2014)青金初字第113号民事调解书的内容。2018年3月8日，某房地产公司破产管理人向董某出具盛都破管审字第0022号债权审查意见，确认董某申报的有效债权为3312.70万元。董某不同意债权确认的结果，于2019年5月24日向破产管理人提交取回房屋使用权申请书，要求对网签的盛都时代广场3号楼1-102号房屋行使取回权。破产管理人于2019年7月10日出具书面通知，告知董某对盛都时代广场3号楼1-102号房屋不享有物权，其享有的仅为债权，不同意董某取回该房屋。后董某向一审法院起诉要求取回该房屋。诉讼期间，董某提交其于2014年9月10日与青岛某实业有限公司、某房地产公司签订的《抵顶协议书》一份，协议书记载2000万元借款本息转为购房款的内容。该协议的签订时间在青岛市中级人民法院作出（2014）青金初字第113号民事调解书之后、董某对调解书申请执行之前。

一审法院认为，取回权是权利人在破产程序中行使的特别请求权，取回权是依据物的所有权或所有权派生的其他物权产生物上返还请求权，仅限于原物取回，债权请求权不是取回权形成的依据。董某于2014年6月19日网签案涉房屋以及2014年6月20日与某房地产公司等其他主体签订《协议书》，均是为2014年6月14日董某与矫某签订的《借款合同》如期还款进行的担保，属于《借款合同》的从合同，网签的行为是借款担保的具体体现。董某以案涉房屋已经网签，其享有房屋所有权为由主张取回案涉房屋。对此，一审法院认为，（1）虽然案涉房屋已经通过网签登记在董某名下，但网签的房屋仍属于担保的性质，董某实质上是担保权人，并非房屋所有权人。（2）商品房网签登记是政府部门依托其建立的商品房网上签约备案平台规范房地产企业、房屋中介公司等相关主体进行商品房预售管理的网上备案行为，商品房网签登记并不具有物权变动性质，不直接产生不动产物权设立或者变动的效力。（3）董某的债权已经人民法院生效法律文书予以确认，并申请执行，且董某在某房地产公司破产程序中向破产管理人申报了债权。

故，董某主张取回权及某房地产公司履行协助义务没有事实和法律依据，一审法院对其主张不予支持。故驳回了原告的诉讼请求。

原告不服一审法院判决，上诉至二审法院。二审法院认为，《企业破产法》第38条规定，人民法院受理破产申请后，债务人占有的不属于债务人的财产，该财产的权利人可以通过管理人取回。但是，本法另有规定的除外。该案中，取回权的权利基础是所有权，董某对案涉房屋主张取回权，首先应证明其对案涉房屋拥有所有权。根据原《物权法》的相关规定，我国不动产物权的设立、变更、转移和消灭均应进行依法登记，登记后始能产生法律效力，未经依法登记不产生法律效力。某房地产公司提交的2014年6月20日的《协议书》签订于借款履行期届满前。该协议约定，某房地产公司将房屋网签至董某名下，作为借款的保障，如果该公司在此期间出售该房产，董某无条件配合办理退房手续，某房地产公司出售或抵押该房产获得的资金优先偿还董某的借款。从该约定看，将案涉房屋网签至董某名下，属于债的担保性质，虽然案涉房屋办理了网签，但该网签行为并非不动产过户登记，不产生物权变动效力。青岛市中级人民法院(2014)青金初字第113号民事调解书确认某房地产公司对2000万元借款本息承担连带清偿责任，进一步印证了该事实，否则就不存在某房地产公司仍对2000万元借款本息承担连带清偿责任的问题。从落款时间为2014年9月10日的《抵顶协议书》看，董某在向管理人申报债权及申请取回案涉房屋时，均未涉及并提交《抵顶协议书》，而是在诉讼中才提交给一审法院并提出相关主张。即使该《抵顶协议书》真实有效，在某房地产公司进入破产程序前，案涉房屋尚未办理过户登记手续且未向董某交付，不符合原《物权法》关于物权变动的规定，董某未取得案涉房屋所有权。在某房地产公司进入破产程序后，如果继续履行《抵顶协议书》，将有损某房地产公司其他债权人的合法权益，不符合破产程序公平受偿的原则。《抵顶协议书》签订后，董某继续申请执行青岛市中级人民法院(2014)青金初字第113号民事调解书,进一步说明双方并未终止借款合同关系,同时建立商品房买卖合同关系,董某未取得案涉房屋的所有权。这与最高人民法院公布的72号指导案例并不相同,该指导案例不适用于该案。董某对案涉房屋主张取回权缺乏权利基础,一审法院不予支持,并无不当。故而,二审法院维持一审法院的判决。

再审申请人董某因与被申请人某房地产公司取回权纠纷一案,不服河北省高级人民法院(2020)冀民终445号民事判决,向最高人民法院申请再审。再审申请人董某以原判决、裁定适用法律确有错误为由提起再审,主张其与某房地产公司签订的《抵顶协议书》有效,进而签订的《商品房买卖合同》以及办理的网签也有效,有权要求某房地产公司继续履行该协议。

经审理再审申请人董某的再审主张不能成立,最高人民法院裁定驳回董某的再审申请。

二、案件评析

在破产程序中,以物抵债常常与个别清偿存在紧密联系。《企业破产法》第16条规定:“人民法院受理破产申请后,债务人对个别债权人的债务清偿无效。”债务人被裁定进入破产程序后,通过签订以物抵债协议清偿个别债务的,属于个别清偿行为,应属无效。关于以物抵债协议本身,有更多值得思考的方面。

(一)有关以物抵债协议的性质

在理论研究领域,以物抵债协议属于诺成性合同还是实践性合同存在较大争议。二者根据合同的成立是否以交付标的物或完成其他给付为标准进行划分:诺成性合同是指只要行为人意思表示一致就能成立的合同,实践性合同是指除意思表示一致外,还需以物的交付为成立要件的合同。一部分学者认为,以物抵债协议系诺成性合同,该合同伴随双方意思表示一致而成立,债权人因此有权请求债务人履行以物抵债协议;另一部分学者认为,以物抵债协议系实践性合同,该合同成立或生效须以协议约定之标的物的现实交付为要件,在未交付标的物的情形下,债权人只能通过请求恢复原债务的履行主张权利。

在实务领域,最高人民法院对以物抵债协议性质的认定经历了从实践性合同到诺成性合同的变化。在 2012 年的公报案例"成都市国土资源局某分局与成都某房地产开发有限责任公司、成都某实业开发有限责任公司、海南某实业开发总公司债权人代位权纠纷案"中,最高人民法院认为代物清偿协议系实践性合同,明确了以债务人履行和债权人受领为代物清偿协议的生效要件,到 2017 年的公报案例"通州某集团有限公司与内蒙古某房地产有限责任公司建设工程施工合同纠纷案"中,最高人民法院认为对以物抵债协议的效力、履行等问题的认定,应以尊重当事人的意思自治为基本原则。一般而言,除当事人有明确约定外,当事人于债务清偿期届满后签订的以物抵债协议,并不以债权人现实地受领抵债物,或取得抵债物所有权、使用权等财产权利为成立或生效要件。只要双方当事人的意思表示真实,合同内容不违反法律、行政法规的强制性规定,合同即为有效。2019 年最高人民法院颁行的《九民纪要》第 44 条第 1 款对当事人在债务履行期限届满后达成的以物抵债协议的性质作出认定,将其定性为诺成性合同。

综合理论研究的学说观点及实务领域的适用变化,将以物抵债协议的性质认定为诺成性合同更符合法理原则和现实需要。主要原因如下:一是从法律适用来看,我国《民法典》并未对以物抵债协议加以规定,故以物抵债协议应当属于无名合同。根据《民法典》第 467 条的规定,无名合同适用《民法典》合同编通则的规定。因此,以物抵债协议在双方当事人意思表示真实,没有违反法律、行政法规的强制性规定的情况下,应当成立并生效。二是从民法价值取向来看,意思自治是民法的基本原则,即双方当事人意思表示一致就可以缔结合同；同时，民法应当保护交易安全及维护诚信。实践性的以物抵债协议在标的物交付并受领之前，合同不成立且无效力，因而不能对当事人形成约束，一旦当事人反悔，对另一方当事人将造成损失且难以救济，这不利于保护交易安全和维护诚信。三是从民法的发展趋势来看，实践性合同越来越少，诺成性合同逐渐成为合同领域的主流。因此，把以物抵债协议认定为诺成性合同更加符合当前市场交易需求和各国民法典的发展趋势。〔1〕

（二）破产程序中的相关问题

1. 案涉标的物是否属于破产财产

案涉标的物是否属于破产财产的法律适用问题，即在司法实践中适用《破产规定》第 71 条还是适用《破产法司法解释（二）》第 2 条。因破产程序中以物抵债协议中的标的物更多涉及房屋等特定不动产，以下将具体对《破产规定》第 71 条第 5 项的适用进行具体分析。

第一，2002 年施行的《破产规定》第 71 条第 5 项规定“特定物买卖中，尚未转移占有但相对人已完全支付对价的特定物”不属于破产财产，该规定是在当时《企业破产法（试行）》框架下对债务人的财产归属作出的实体认定。由于《企业破产法（试行）》已经废止，所以不能再当然地以该法对应的《破产规定》第 71 条第 5 项规定认定债务人的财产归属，而应当按照现行法律规范处理案涉标的物的归属。

第二，根据《民法典》第 209 条“不动产物权的设立、变更、转让和消灭，经依法登记，发生效力；未经登记，不发生效力，但是法律另有规定的除外”的规定和《企业破产法》第 30 条“破产申请受理时属于债务人的全部财产，以及破产申请受理后至破产程序终结前债务人取得的财产，为债务人财产”

〔1〕 参见袁文全、卢亚雄：《检视与规范：以物抵债的适用路径》，载《西南大学学报（社会科学版）》2022 年第 2 期。

的规定，债务人在签订以物抵债协议后、进入破产程序前未进行案涉标的物实际交付及登记的，在破产申请受理时案涉标的物的所有权仍归属于债务人，应当认定案涉标的物为债务人的破产财产。

2. 破产管理人能否解除以物抵债协议

关于破产管理人能否解除以物抵债协议的法律适用问题，《企业破产法》第18条明确规定管理人对破产申请受理前成立并且双方当事人均未履行完毕的合同享有解除权。换言之，一定条件下管理人具有解除以物抵债协议的权利。事实上，法律赋予管理人一定条件下的选择权和解除权，是对破产程序作的特殊调整，我国立法原理上为维护社会市场秩序，不允许轻易地解除合同。立法上之所以作出相应调整，赋予破产管理人选择权，使其可以选择继续履行以提高破产财产价值的合同，也可以选择解除使破产财产负担加重的合同，是为了实现和保障实质公平，这一调整也符合法理上价值追求。

3. 以物抵债协议能否继续履行

在确认案涉标的物属于债务人的破产财产后，案涉标的物在破产中应由谁享有或获得，则要从债权人与债务人之间的法律关系以及债权人之间的权利顺位等方面予以确定。

第一，从法律关系上分析，当事人所签合同的基础法律关系是以物抵债协议。《九民纪要》第44条第1款规定："当事人在债务履行期限届满后达成以物抵债协议，抵债物尚未交付债权人，债权人请求债务人交付的，人民法院要着重审查以物抵债协议是否存在恶意损害第三人合法权益等情形，避免虚假诉讼的发生。经审查，不存在以上情况，且无其他无效事由的，人民法院依法予以支持。"双方在债务履行期满后达成以物抵债协议，无证据证明该协议存在恶意损害第三人合法权益等情形，也不存在其他无效事由，此时，双方达成的以物抵债协议合法有效。

第二，双方在债务人进入破产程序前达成的以物抵债协议，在债务人进入破产程序后应如何履行应当按照破产程序的相关法律规定处理。在签订以物抵债协议的债务人企业破产的情况下，管理人虽不能解除合同，但并不意味着债权人就有权请求继续履行合同。因为一旦允许债权人请求债务人继续履行合同，并基于合同的履行享有物权，则无异于使该债权人享有了物权性质的权利，不符合破产程序公平受偿的原则。因此，即便债权人请求继续履行合同，人民法院也要将其请求转化为金钱之债，进而通过破产程序进行公平受偿。

【类案推荐】

类案1

案例名称：“殷某、重庆某置业有限公司与破产有关的纠纷民事申请再审案”

裁判要旨：若案涉标的物为房屋，当事人在超过个人居住之需的情况下不应再享有相应的商品房消费者物权期待权，即在破产程序中即便以物抵债协议合法有效，债权人对案涉标的物的债权仍不享有优先受偿权，仅享有普通债权。

案　　号：最高法民申7497号

审理法院：最高人民法院

类案2

案例名称：“通州某集团有限公司与内蒙古某房地产有限责任公司建设工程施工合同纠纷二审案”

裁判要旨：在债权人与债务人达成以物抵债协议、新债务与旧债务并存时,确定债权人应通过主张新债务抑或旧债务履行以实现债权,亦应以此作为出发点和立足点。若新债务届期不履行,致使以物抵债协议目的不能实现的,债权人有权请求债务人履行旧债务;而且,该请求权的行使,并不以以物抵债协议无效、被撤销或者被解除为前提。

案　　号:(2016)最高法民终484号

审理法院:最高人民法院

本案例作者:李军妍

案例7：债务人的诈欺行为与偏颇清偿行为应当如何区分？

【要点提示】

偏颇性清偿行为的出现会导致特定债权人获得比行为发生前更有利的受偿地位,损害了全体债权人依法定程序公平受偿的权利。由于该清偿行为破坏了全体债权人之间的利益平衡,应当被撤销以恢复清偿前的状态。

提前清偿未到期债务作为偏颇性清偿行为的具体表现形态之一,在破产申请受理前一年内债务人提前清偿未到期债务,但该债务在清偿后、破产申请受理前已经到期,则应将该债务视为到期债务,管理人对该清偿行为不享有撤销权。

【裁判要旨示例】

债务人涉案贷款清偿时虽未到期,根据《破产法司法解释(二)》第12条的规定,在破产申请受理时已经到期,不能适用《企业破产法》第31条予以撤销。

【案件概况】

案件名称:“上海市某律师事务所与中国某银行股份有限公司上海五角

场支行等请求撤销个别清偿行为纠纷案”

案　　号：(2016)沪民申2381号

审理法院：上海市高级人民法院

【案例评析与思考】

一、案情介绍

2010年9月7日，上海某国际货物运输代理有限公司(以下简称某运输代理公司)与中国某银行股份有限公司上海五角场支行(以下简称某行五角场支行)签订编号为甲的《中国某银行股份有限公司流动资金借款合同》，约定：某行五角场支行以一般流动资金借款方式向某运输代理公司发放金额为人民币2,700,000元的贷款，发放日期为2010年9月7日，到期日为2011年9月5日，借款用途为支付航空运费。

2010年9月15日，某银行提篮桥支行向某运输代理公司出具了3份借款凭证，载明了上述借款合同编号及担保合同编号。其中，编号为A的借款凭证项中，列明借款日期为2010年9月15日，到期日期为2011年3月4日，金额为200,000元。编号为B的借款凭证项中，列明借款日期为2010年9月15日，到期日期为2011年6月6日，金额为500,000元。编号为C的借款凭证项中，列明借款日期为2010年9月15日，到期日期为2011年9月5日，金额为2,000,000元。2011年3月4日，某运输代理公司向某行五角场支行、某行提篮桥支行偿还贷款本金200,000元。2011年4月6日，某行五角场支行向某运输代理公司发送《贷款提前到期通知书》，编号：(沪五)农银前通字〔2011〕第001号，载明因某运输代理公司违反合同第3.10.2条第(2)项，某行五角场支行宣布合同项下贷款于2011年4月6日提前到期。某运输代理公司于2011年4月13日偿还贷款本息500,000元、于2011年5

月19日偿还贷款本息1,600,000元、于2011年5月24日偿还贷款本息420,200元。某运输代理公司系2007年8月成立的一人有限责任公司,案外人肖某系某运输代理公司股东,同时担任法定代表人。2011年3月31日,肖某去世。2011年5月底起,某运输代理公司被多家公司起诉至原审法院,要求给付费用。2011年6月28日,某运输代理公司员工姜某等因未领取五六月工资提起劳动仲裁,要求某运输代理公司支付工资。同年11月,原审法院受理了某运输代理公司的破产清算申请,2011年11月15日原审法院作出(2011)浦民二(商)破字第8-3号民事决定书,指定上海市某律师事务所为某运输代理公司破产清算案的破产管理人。

上海市某律师事务所向法院提起诉讼,请求法院撤销某运输代理公司向某行五角场支行、某行提篮桥支行偿还贷款本息的行为,并要求某行五角场支行、某行提篮桥支行返还2,720,200元。

一审法院认为,首先,某运输代理公司于2011年3月4日归还的200,000元虽发生于本院受理某运输代理公司破产申请一年内,但该还款行为系按约还款,不存在撤销事由。其次,某运输代理公司与被告某行五角场支行签订的《中国农业银行股份有限公司流动资金借款合同》第5.2条、第5.3条约定了提前到期条款,现被告某行五角场支行以某运输代理公司违反该合同第3.10.2条为由,向某运输代理公司发送了《贷款提前到期通知书》并宣布剩余贷款提前到期,该行为系被告某行五角场支行根据合同行使的相应权利。自被告某行五角场支行2011年4月6日宣布贷款提前到期起,某运输代理公司将两名被告的剩余贷款加速到期,故某运输代理公司于2011年4月13日、5月19日、5月24日的还款行为,系对到期债务的归还,不属于提前还款,原告无法依据《企业破产法》第31条的规定予以撤销。

同时,一审法院还认为,某运输代理公司于2011年5月19日、5月24日的还款发生于某运输代理公司申请破产 6 个月之内,对此,若原告主张依据《企业破产法》第 32 条予以撤销,则原告需证明某运输代理公司在还款时已经出现破产原因,即"不能清偿到期债务并且资产不足以清偿全部债务"或者"不能清偿到期债务并且明显缺乏清偿能力",并且某运输代理公司的这种清偿不能使其受益。原告提供的相关证据显示,某运输代理公司于 2011 年 5 月开始拖欠员工工资,而且其他债权人自 2011 年 5 月底开始起诉要求某运输代理公司归还债务,审理中本院委托的审计报告显示,截至 2011 年 5 月 17 日,某运输代理公司的账面净资产为 10,613,753.08 元,据此可以推断,2011 年 5 月 19 日、5 月 24 日某运输代理公司并非处于资不抵债的状态。原告认为,尽管某运输代理公司的账面净资产达 10,613,753.08 元,但账面金额记载不准确,应扣除以下几笔款项:(1)扣除某运输代理公司对案外人环某(上海)国际货运公司应收款 9,271,653.20 元,但环某(上海)国际货运公司已经停止营业多年,实际为肖某以某运输代理公司的资金偿还其个人欠环某(上海)国际货运公司的债务,并虚开相应发票,发票未开全部分记载为应收款,实际该应收款并不存在;(2)扣除某运输代理公司向上海某信息技术有限公司应收款 100 万元,原告曾就上海某信息技术有限公司债务向法院起诉,但上海某信息技术有限公司出示的证据显示已经归还债务;(3)扣除某运输代理公司 2011 年 4~5 月的经营成本 10,883,421 元,审计报告显示某运输代理公司 2011 年 4~5 月的成本收入比率大幅低于历年来的比率,说明某运输代理公司存在未列或者少列成本的现象;(4)扣除对肖某的预付款和应收款分别为 125 万元、50 万元,因肖某系某运输代理公司的实际控制人和唯一股东,且肖某已经过世,遗产价值有限,无法收回。法院认为,原告认为某运输代理公司对环某(上海)国际货运公司的应收款实际不存在,但并无证据证明,法院不予采信;某运输代理公司 4~5 月的成本收入比虽然较低,可能存在部分费用支付尚未在月底前列支的情况,但具体未列支数额并无法证明,更无法证明扣除可能存在的开支后某运输代理公司处于资不抵债状态；肖某对某运输代理公司的债务，原告可向其遗产继承人追索，不能成为扣除的理由；上海某信息技术有限公司的应收款100万元即便不属实，但扣除该金额，某运输代理公司仍未处于资不抵债的状态。此外，截至2011年5月，某运输代理公司尚未进入破产程序，尽管某运输代理公司因肖某过世业务存在一定的混乱，但公司总体处于运营状态，故原告陈述的各种扣除理由于法无据，法院不予采信。此外，原告认为，某运输代理公司自2011年5月起拖欠员工工资、合同款，被债权人纷纷起诉，故其向两名被告还款时已经处于"不能清偿到期债务并且明显缺乏清偿能力"状态。一审法院注意到，原告提供的证据显示，某运输代理公司员工催讨工资发生于2011年6月，其他债务人催讨货款主要发生于2011年6月以后，所主张的债权主要针对2011年4~5月形成的债务，由此可见，某运输代理公司的债务到期主要集中于5月下旬或6月，某运输代理公司向两名被告归还贷款的最晚一次时间为2011年5月24日，故难以推断某运输代理公司在该时间点已经处于"明显缺乏清偿能力"。此外，根据审计报告，截至2011年5月17日某运输代理公司的账面仍有10,613,753.08元净资产，归还两名被告2,020,200元后，某运输代理公司的账面净值仍为正数，由此亦印证了某运输代理公司在2011年5月24日前并不"明显缺乏清偿能力"。综上，原告认为某运输代理公司在归还两名被告贷款时已经出现破产原因的主张，一审法院难以采信。所以，一审法院认为，上述清偿行为存在《企业破产法》第31条、第32条的情况，故驳回原告的诉讼请求。原告不服，向二审法院提起上诉。二审法院驳回上诉，维持原判。

再审申请人上海市某律师事务所与被申请人某行五角场支行、被申请人某行提篮桥支行破产撤销权及请求撤销个别清偿行为纠纷一案，不服一审判决向上海市高级人民法院申请再审。再审申请人上海市某律师事务所认为,涉案清偿行为系对未到期债务的提前清偿,应适用《企业破产法》第 31 条予以撤销,故向上海市高级人民法院申请再审。

经审查上海市高级人民法院最终驳回上海市某律师事务所的再审申请。

二、案件评析

该案中,债务人在实际清偿时债务并未到期,其提前清偿行为在形式上符合《企业破产法》第 31 条第 4 项之规定“对未到期的债务提前清偿”的情形,但是对于破产受理时已经到期的债务是否可予撤销,《破产法司法解释(二)》第 12 条进一步明确,若满足 3 个要件:一是清偿行为发生在破产申请受理前一年内;二是清偿时债务尚未到期;三是在破产申请受理时该债务仍未到期,即涉案贷款在破产申请受理时已经到期,则不能适用《企业破产法》第 31 条予以撤销。

在一般情况下,对未到期的债务提前进行清偿系双方之间的私法自由,在法律允许的范围内不会予以过多干涉。但是债务人无法清偿到期债务,并且资产不足以清偿全部债务或者明显缺乏清偿能力时,债务人的财产即已达到由法律介入并按特定程序清理债务的临界点,若此时允许对个别未到期的债务进行清偿则会导致债务人整体财产的不当减少,损害全体债权人依法定程序公平受偿的整体利益。这与法律介入所制定的规则相违背,故法律赋予管理人撤销权以对抗与提前清偿未到期的债务所导致同等效果的相关行为,使债务人的整体财产恢复至未受不当减少的状态,其中涉及的就是与《企业破产法》有密切联系的撤销权制度。

在我国,根据行为造成的损害后果,破产撤销权制度项下的行为通常可以分为两类：欺诈性清偿行为和偏颇性清偿行为。[1] 法院受理破产申请前一年内提前清偿未到期债务的行为，是偏颇性清偿行为的一种具体表现，本节主要侧重探讨偏颇性清偿行为。

偏颇性清偿行为又称优惠性清偿，是指债务人在法律规定的破产临界期间内所实施的破坏全体债权人利益平衡的行为，使特定债权人在破产财产的地位得到优先于其他债权人的改善。在偏颇性清偿行为中，当事人依照私法取得的利益在程序上虽然合法，但优先清偿特定债权人的行为在破产程序上违反公平原则与有序清偿原则，使债务人的破产财产不当减少，损害了全体债权人的公平受偿权。故在立法上通过将偏颇性清偿行为规定为可撤销行为，进而否定该种行为在我国破产法下的合法性，同时赋予管理人撤销权以期通过撤销权的行使恢复债务人破产财产至符合全体债权人利益平衡的状态。在我国的破产法体系中，《企业破产法》第 32 条所规定的“破产临界期内的个别清偿”与第 31 条中“对没有财产担保的债务提供财产担保”“对未到期债务提前清偿”共同构成了我国对偏颇性清偿行为撤销的现行法律规范，同时也是偏颇性清偿行为在司法实践中的3 种具体表现。以下对 3 种表现展开具体论述。

（一）偏颇性清偿行为的具体体现

1. 对没有财产担保的债务提供财产担保

《企业破产法》第 31 条第 3 项所规定的对没有财产担保的债务提供财产担保，具体是指的债务人对原先没有财产担保的现存债务提供担保，使特定债权人取得原先没有的优先受偿地位，进而获得更多的清偿，侵犯全体债权人依法公平受偿的权利，故应当被撤销。法条在规定上较宽泛，在行为认定上需要明确以下内容。

---

〔1〕 参见韩长印主编：《破产疑难案例研习报告（2021 年卷）》，法律出版社 2021 年版，第 290 页。

（1）“没有财产担保”的定义。财产担保是以确保债务清偿为目的，在债务人或者第三人的特定财产上为债权人设定定限物权。对担保财产所享有的权利被称为担保物权，若债务人不履行到期债务或者发生当事人约定的使定限权利得以实现的情形时，债权人依法享有就担保财产优先受偿的权利，但在破产程序中会导致全体债权人的利益失衡，其他类型的担保无法使债权人获得优于其他债权人的优势地位，不违反破产法集体清偿、公平清偿的原则。因此，财产担保主要指的是担保物权而非其他类型担保。

没有财产担保并不局限于现存债务没有任何财产担保的情形，现存债务虽有财产担保但并未足额也应当认定是没有财产担保的情形。因为在破产程序的不足额担保情况下，特定债权人未受担保的部分债权只能归入普通债权进行公平清偿。若债权人与债务人恶意勾结，由债务人于破产临界期间对上述债权追加财产担保，则会使债权人基于该部分债权享有优先受偿的权利，本质上会损害全体债权人的公平受偿利益。因此，也需要将未足额担保纳入没有财产担保的认定范畴中，由管理人向人民法院申请撤销。

（2）“债务”的认定范围。《企业破产法》第 31 条所规定的“没有财产担保的债务”中的“债务”并未直接明确是否包括他人债务，在认定范围上存在一定争议。笔者认为，“没有财产担保的债务”中的“债务”并不包括他人债务，仅限于债务人的自身债务。

虽然目前对“债务”的认定未有明确解释，但是在多地法院的司法实践中，认为该规定所涉债务应仅限于债务人的自身债务，以下援引湖南省高级人民法院所作（2018）湘民终 848 号判决书中对“债务”的详细论证：“当破产债务人为他人债务提供担保时，不适用该项规定予以撤销。因为破产债务人为自身债务提供担保，其在承担担保责任后，无法再进行追偿，实际上造成了自身破产财产减少；而当破产债务人系为他人债务提供担保时，债务的终极承担者是主债务人而非破产债务人，破产债务人在承担担保责任后即从法律上取得了对主债务人的追偿权，并将追偿的财产纳入破产财产，所以并不影响自己的破产债权人之间的公平清偿。如果适用该项规定，将与破产撤销权的立法目的相冲突。”〔1〕

从破产法的立法目的出发，如果以债务人的破产财产为原本没有财产担保的自身债务设定物权担保，会使特定债权人获得原本没有的就该破产财产的优先受偿权，本质在于特定债权人的受偿地位是否因某项偏颇性清偿行为得到个别的改善。就债务人自身债务来说确实会导致特定债权人受偿地位的改善，但他人债务在实质上并没有影响全体债权人的公平清偿，故应将“债务”的认定范围限缩于债务人自身债务的范畴。

2. 对未到期的债务提前清偿

此处未到期的债务，是指债务人在作出清偿行为时未到期的、债务人未提供财产担保的债务。在一般的债权债务关系中，债务人具备清偿债务的能力且行为当时不具备破产原因时，债务人决定提前清偿未到期债务的行为属于自愿放弃期限利益，如果债权人同意债务人提前清偿债务且双方意思表示真实，则该提前清偿行为合法有效，双方之间的债权债务关系归于消灭。但在破产程序中，债务人本身具备破产原因，破产申请受理前一定期间的行为可能会导致后续债权人公平清偿时的利益受损，此时若允许债务人对未到期债务进行提前清偿，除了出现放弃期限利益的后果外，更会使受偿之债权人在破产程序之外获得了全额清偿，造成债务人破产财产的不当减少，进而对其他债权人的利益造成损害。

依据《企业破产法》第31条之规定，立法上规定以破产申请受理前一年为时间要件，在该期间内债务人提前清偿尚无清偿义务的未到期债务，使特定债权人在破产程序外获得债务人的破产财产，损害了其他债权人的利益，故应予撤销。但该规定的时间要件跨度较大，在破产原因真正出现前对提

〔1〕 参见湖南省高级人民法院(2018)湘民终848号民事判决书。

前清偿行为的全部撤销会对债务人正常的生产经营活动造成较大影响。故《破产法司法解释(二)》第12条对“未到期债务”的界定进一步进行细化，指的是法院受理破产申请时尚未到期的债务,认定时间从先前的进行提前清偿行为时延伸至法院受理破产申请时。即使债务人确实提前清偿了某项债务,只要债务在人民法院受理破产申请之前到期,则将该债务视为到期,债权人有权随时要求债务人履行清偿义务,进而将清偿行为排除在“对未到期的债务提前清偿”的范围之外,有利于维护市场经济秩序。

3. 破产临界期内的个别清偿

对个别清偿的撤销并不等同撤销偏颇性清偿行为,仅是撤销偏颇性清偿行为的一种具体表现形态。涉及破产临界期内的个别清偿的纠纷其案由一般为请求确认债务人行为无效纠纷,而涉及偏颇性清偿行为的纠纷其案由主要是破产撤销权纠纷。

(二)偏颇性清偿行为的可撤销制度

撤销权的设立,是为防止债务人在丧失清偿能力、对破产财产无实际利益的情况下,通过无偿转让、以明显不合理的价格交易,或者偏颇性清偿债务等方法损害全体或多数债权人的利益,破坏破产法的公平清偿原则。[1]基于偏颇性清偿行为所设立的可撤销权,下文将从撤销权的行使期间与行使的法律后果进行具体分析。

1. 撤销权的行使期间

破产管理人行使撤销权的基础源于法律规定,是基于公平、有序受偿原则对损害全体债权人利益或者妨碍多数债权人公平受偿行为的纠正,向法院提起破产撤销权之诉是管理人根据《企业破产法》第25条的规定应当履行的法定职责之一。

按照《民法典》第152条对撤销权的规定,其行使期间是从知道或者应

〔1〕 参见王欣新:《破产撤销权研究》,载《中国法学》2007年第5期。

当知道撤销事由之日起计算，一年内若没有行使撤销权则会导致撤销权的消灭。破产撤销权本身属于形成权，关于其是否适用除斥期间存在争议。我国破产法上并未对撤销权的行使期间作出明确规定，结合法条进行理解：撤销权贯穿于管理人的履职期间，在法院受理破产申请到破产程序终结的整个期间内，无论管理人何时发现均可撤销。根据《企业破产法》第123条的规定，即使破产程序终结后管理人的职责已经履行完毕，债权人在发现符合相关法条规定的行为后也能在两年内行使撤销权。加之最高人民法院通过林明翠、四川元丰化工股份有限公司管理人等破产撤销权纠纷一案就破产撤销权行使期限所作相关回复可以明晰破产撤销权行使期限不受一年除斥期间的限制。[1] 综上所述，破产撤销权目前虽无最长行使期限的规定，但其不适用于一年除斥期间，只要符合条件在破产程序前后均能行使。

2. 行使撤销权产生的法律后果

破产撤销权的行使所带来的法律后果主要有两点：一是使债务人所实施的造成债务人破产财产不当减少的行为因撤销而失去效力；二是撤销权人行使撤销权会使被处分的财产重新归入债务人的破产财产用于全体债权人的分配或被处分的权利得以恢复。以上法律后果虽然未在破产法中明确规定，但在《破产法司法解释（二）》第9条均得以明晰，管理人在发现债务人的行为构成偏颇性清偿后能够通过行使撤销权达到撤销涉及债务人财产的相关行为并要求相对人返还债务人财产的法律效果。

三、延伸探讨

关于债权人主观意思能否作为偏颇性清偿行为的构成要件，各国立法的规定不尽相同。在美国破产法上，规定破产撤销权的成立无须债权人的主观意思，债权人的主观意思如何并不影响破产撤销权的构成与行使，即债

---

〔1〕 参见最高人民法院（2021）最高法民申2574号民事裁定书。

权人的主观意思并非偏颇性清偿行为的构成要件。尽管在美国破产法上并没有将债权人的主观意思规定为构成要件，但通过规定大量的例外情形，以立法制度之例外反向为可能的善意债权人提供间接保护，这种立法模式在具体应用上还是将债权人的主观意思进行了一定考量。[1]

德国[2]、日本[3]则将债权人的主观意思纳入偏颇性清偿行为的构成要件，从而使善意债权人的交易利益得到保护。因此，在德国、日本的这种立法模式下，债权人的主观意思是否具有恶意对构成破产撤销权具有直接影响。[4]

我国目前在理论研究上主要分为纯主观主义、纯客观主义和折中的缓和主观主义。纯主观主义承认债权人的主观意思为偏颇性清偿行为之构成要件，认定偏颇性清偿行为需要将债权人行为时的主观意思纳入考察范围，要求管理人在主张破产撤销权时对债权人的主观恶意承担举证责任并证明其主观恶意确系存在，进而对债务人的清偿行为予以撤销；纯客观主义对偏颇性清偿的构成要件采用客观标准，不考虑债权人清偿行为中债权人的主观恶意，只要符合客观要件管理人即可申请撤销债务人的清偿行为；缓和主观主义采取客观推定的方法推定特定债务人的清偿行为存在主观恶意，需要依据不同行为的性质进行区分，即对债务人已陷入支付不能的状态或财务状况欠佳的情境下将债权人的主观意思纳入考量范围，其所为受领行为即推定为有恶意，对其行为可予以撤销。[5]

---

〔1〕 参见许德风：《论偏颇清偿撤销的例外》，载《政治与法律》2013 年第 2 期。

〔2〕 根据德国《企业破产法》第 130 条第 1 款的规定，要求在“应为清偿行为”发生时，债务人已无支付能力且债权人知晓债务人已无支付能力。

〔3〕 根据日本《企业破产法》第 162 条第 1 款第 1 项的规定，当个别清偿为债务人的义务时，对其进行撤销要求债权人在行为时应当知晓破产人已无法支付或已提出破产申请。

〔4〕 参见王欣新：《破产撤销权研究》，载《中国法学》2007 年第 5 期。

〔5〕 参见崔艳峰、房绍坤：《论主观意思在破产撤销权中的地位》，载《贵州社会科学》2015 年第 4 期。

我国破产法对撤销权构成要件统一采用客观标准，为现实中管理人撤销权的行使减少阻力，但这最终可能会导致破产撤销权的滥用，管理人为了扩大对破产财产行使撤销权可能会使某些正当合法的交易面临被撤销的危险或结果，不利于经济秩序的稳定。虽然将主观意思纳入偏颇性清偿行为的构成要件也存在一定弊端，如债权人的主观恶意难以判断，管理人对主观状态举证困难，进而导致法律适用的不确定性，从而可能造成同案不同判的情况，但是为了更好地应对复杂多变的营商环境，在立法上需要对主观因素设置一定的最低标准。

【类案推荐】

类案1

案例名称："某银行股份有限公司深圳分行、深圳市某通信有限公司管理人破产撤销权纠纷二审案"

裁判要旨：债务人实施提前清偿行为所涉及部分债权于被裁定受理破产清算之日仍未到期，管理人有权通过行使撤销权对未到期债务及时追偿，但对破产申请受理时已到期债务不享有撤销权。

案　　号：(2019)粤民终639号

审理法院：广东省高级人民法院

类案2

案例名称："江苏某律师事务所与苏州某绿化工程有限公司破产撤销权纠纷二审案"

裁判要旨：案涉债权转让已通知债务人且各方当事人已经按此协议履行，同时已履行部分在破产受理前已经到期，因此债务人与债权人之间签订的案涉债权转让协议并未直接导致债务人的财产减少进而损害其他债权人的整体利益，因此管理人主张撤销欠缺相应依据。

案　　号：（2019）苏05民终4249号

审理法院：江苏省苏州市中级人民法院

本案例作者：李军妍

案例 8：债权人认为债权人会议决议违法时，是应当向法院提起撤销之诉还是申请撤销债权人会议决议？

【要点提示】

债权人会议决议，是指债权人会议对职权范围内的破产事宜以表决形式作出的书面决定文件。债权人认为，债权人会议通过的决议违法时，应向破产法院提出申请撤销债权人会议决议，而非直接提起撤销债权人会议决议之诉。

【裁判要旨示例】

在重整期间，对于债权人会议已经通过并报经人民法院裁定批准的重整计划草案，《企业破产法》及其他法律并未赋予债权人以诉讼的形式请求撤销的权利。

【案件概况】

案件名称："王某某、河南某膜材料股份有限公司管理人等与公司有关的纠纷民事申请再审案”

案　　号:(2021)最高法民申1477号

审理法院:最高人民法院

【案例评析与思考】

一、案情介绍

河南省焦作市中级人民法院于2019年8月12日立案受理了原告王某某与被告河南某膜材料股份有限公司管理人、第三人张某某、江苏某彩塑新材料股份有限公司、厦门某股权投资合伙企业、某会计师事务所河南分所、新疆某股权投资有限公司债权人撤销权纠纷一案。

王某某向一审法院提出诉讼请求:(1)依法判定河南某膜材料股份有限公司2019年6月12日第四次债权人会议关于《河南某膜材料股份有限公司重整计划变更草案》(以下简称《重整计划变更草案》)第三项变更内容违法并予以撤销;(2)判令被告向涉及违法股权回购的第三人提起侵权和刑事诉讼。事实和理由:第一,《重整计划变更草案》中第三项变更涉及的股权回购协议内容违法。(1)张某某借用河南某膜材料股份有限公司8509万元回购股份,违反了2018年《公司法》第115条、第148条的规定,[1]张某某个人涉嫌构成挪用公款罪和洗钱罪;(2)重整期间进行股权回购和向债权人让渡,违反了《企业破产法》第77条的规定;(3)张某某用回购股权冲抵其所欠河南某膜材料股份有限公司的债务8509元,侵占了公司利润,侵害了债权人的权益;(4)张某某的股份仍被法院冻结,将法院冻结的债权让渡给债权人,属于非法转移财产,恶意对抗执行法院的强制执行和侵害申请执行人的合法

〔1〕 2024年施行的《公司法》删除了2018年法中的第115条规定,并将2018年法中的第148条调整为第181条与第186条。

权益，管理人和张某某涉嫌构成拒执罪；（5）股权回购是河南某膜材料股份有限公司管理人等与江苏某彩塑新材料股份有限公司合谋欺诈债权人的私下交换条件之一；（6）股权回购事项发生在河南某膜材料股份有限公司宣布破产前的说法系隐瞒事实真相，涉嫌犯罪。第二，《重整计划变更草案》由管理人指定，完全不受债权人和第三人监督，表决结果违法无效。2019年6月12日召开的第四次债权人会议表决的其他两项内容均于会后不久作出了债权人会议决议并印发债权人，唯独《关于重整计划变更草案的议案》至今未作出决议。根据最高人民法院《关于适用〈中华人民共和国企业破产法〉若干问题的规定（三）》（以下简称《破产法司法解释（三）》）第12条第3项"债权人会议的决议内容违法的""损害债权人利益，债权人申请撤销的，人民法院应予支持"之规定，请求人民法院判处所请。

一审法院经审查认为，对债权人申请撤销的债权人会议决议，应当是债权人会议决议内容不需要人民法院裁定批准后才生效的会议决议，对于决议内容需要人民法院裁定批准后生效的会议决议，如重整计划草案、和解协议草案等，因债权人会议决议作出后，人民法院在裁定批准前，已对相关债权人会议的召开、决议作出的程序、会议决议内容的合法性作出审查，故债权人对该类债权人会议决议不可以申请撤销。该案中，原告王某某申请撤销的河南某膜材料股份有限公司2019年6月12日第四次债权人会议关于《重整计划变更草案》第三项变更内容，法院已于2019年7月15日对《重整计划变更草案》的内容及债权人会议各表决组的表决程序的合法性进行了审查，并作出（2015）焦民二破字第00001－16号民事裁定，批准《重整计划变化草案》，终止重整程序。综上，原告王某某对已经过法院裁定批准的《重整计划变更草案》提起诉讼，不属于人民法院的受案范围，遂驳回了原告的起诉。原告不服，向河南省高级人民法院提起上诉。河南高院驳回上诉，维持了原裁定。

再审申请人王某某因不服一审、二审法院的裁定向最高人民法院提出再审申请。再审申请人认为，债务人企业河南某膜材料股份有限公司在破产重整期间所做的《重整计划变更草案》中的第三项内容没有形成书面的债权人会议决议，应当予以撤销，故其向法院提出的撤销债权人会议决议属于人民法院的受案范围，一审、二审法院驳回其起诉属于法律适用错误。

最高人民法院最终驳回了再审申请人的申请。

二、案件评析

近年来，全国法院受理的破产案件数量增加，破产程序所发挥的价值功能得以彰显。在破产程序中，尽管存在“法院中心主义”或“管理人中心主义”等观点之争，然而其核心问题仍然是围绕债务人财产处置以及债权人利益进行的。因此，如何处理好、平衡好债权人与债务人之间的利益关系就显得尤为重要。

作为一种集体清偿程序，在通常情况下，债权人以债权人会议这个整体的形式进行活动，且《企业破产法》第 61 条赋予了债权人会议广泛的职权。由于债权人会议的职权较广泛，且均涉及债权人的直接利益，因此，如果债权人会议被人操控而作出不利于债权人利益的决议，那么个别债权人就有权撤销该决议。为此，《企业破产法》第 64 条第 2 款明确规定：“债权人认为债权人会议的决议违反法律规定，损害其利益的，可以自债权人会议作出决议之日起十五日内，请求人民法院裁定撤销该决议，责令债权人会议依法重新作出决议。”

然而，若债权人不服债权人会议作出的决议，究竟应当提起撤销之诉抑或是向法院申请撤销决议，《企业破产法》对此未有明确的规定。该案给出了明确的答案，即债权人只能向破产法院提出申请撤销债权人会议决议，而不能以诉讼的方式撤销债权人会议决议。事实上，《破产法司法解释(三)》

第12条已经明确了债权人对不服债权人会议所作决议时的救济方式，此外，该条还明确了如下内容。

(一)关于可撤销的事由

《破产法司法解释(三)》第12条第1款明确规定了可申请撤销的具体事由，具体如下。

1. 债权人会议的召开违反法定程序。《企业破产法》对债权人会议的召开、表决、职权等事项均作出了明确规定。如果债权人会议的召开程序违反了法律规定，那么该会议所作决议是可以被撤销的。债权人会议的召集程序是否合法，应当着重考量如下因素。

(1)召集权人是否合法。《企业破产法》第62条作出关于召集权人的规定——第一次债权人会议(以下简称一债会)由法院担任召集权人，以后的债权人会议，则由债权人会议主席或者法院负责召集。需要说明的是，一债会以后的债权人会议召集权由债权人会议主席独有，还是法院与债权人会议主席均有，法律没有明确规定，理论界与实务界也存在一定的争议。[1] 为此，笔者认为，从文义解释的角度来说，法院与债权人会议主席均应享有一债会以后的债权人会议的召集权。

需要注意的是，在一债会之后，管理人、债权人委员会、占债权总额1/4以上的债权人享有召集提议权，即上述人员不能直接召集债权人会议，但可以向债权人会议主席提议召集债权人会议。

因此，一债会若非法院召集，以及后续债权人会议若非法院或者债权人会议主席召集会议，又或者有非法定要求的人提议召集会议，则属于可申请撤销的事由。

---

〔1〕 参见最高人民法院民事审判第二庭编著：《最高人民法院关于企业破产法司法解释(三)理解与适用》，人民法院出版社2019年版，第232页；王欣新：《破产法》，中国人民大学出版社2019年版，第255页；陈夏红：《企业破产法注释》，北京大学出版社2021年版，第334页。

(2)召集时间是否合法。《企业破产法》第62条第1款规定了一债会的召集时间，即"自债权申报期限届满之日起十五日内召开"。如果一债会在债权申报期限届满之前或者期限届满15日以后召开的，则属于违反召集时间，债权人可以申请撤销。此外，《企业破产法》第84条第1款也规定了债权人会议对重整计划草案的召集时间，该条内容为："人民法院应当自收到重整计划草案之日起三十日内召开债权人会议，对重整计划草案进行表决。"

(3)通知程序是否合法。《企业破产法》第63条规定："召开债权人会议，管理人应当提前十五日通知已知的债权人。"根据该条规定，需要明确如下问题：首先，管理人仅是负责通知已知的债权人，并无权召集债权人会议；其次，管理人应当于债权人会议召开之前的15日提前通知已知的债权人，此期限不能随意变更、延长或者缩短；再次，为了保障债权人的知情权与参与权，同样为了降低管理人的履职风险，管理人应当采取书面的方式通知已知债权人；[1]最后，关于通知内容方面，管理人应当将债权人会议的召开时间、召开地点、召集提议人、召集人以及所表决事项等内容进行通知。

2. 债权人会议的表决违反法定程序。作出有效的债权人会议决议有赖于债权人会议对相应的草案进行有效表决，因此若表决程序违反法律规定，则所作出的决议是可被撤销的。具体情况如下。

(1)无表决权人进行了表决。《企业破产法》第59条第1款规定："依法申报债权的债权人为债权人会议的成员，有权参加债权人会议，享有表决权。"因此，未申报债权的人，即便是债务人的债权人，也不能参加债权人会议并进行表决。另外，对于附条件或附期限的债权人，由于他们所持债权处于不确定的状态，因而通常情况下也不享有表决权，但是如果法院临时确定了此类债权人所持债权，则他们可以行使表决权。此外，担保债权人对通过

---

[1] 参见孙创前主编：《破产管理人实务操作指引》，法律出版社2017年版，第124页。

和解协议以及通过破产财产的分配方案不享有表决权，除非他们放弃了优先受偿权。

(2)表决规则违法。根据《企业破产法》之规定，我国债权人会议存在 3 种表决规则。具体如下：第一种是一般表决规则，即根据《企业破产法》第 64 条之规定，债权人会议的决议，由出席会议的有表决权的债权人过半数通过，并且其所代表的债权额占无财产担保债权总额的 1/2 以上。第二种是重整计划草案的表决规则，即《企业破产法》第 84 条第 2 款规定："出席会议的同一表决组的债权人过半数同意重整计划草案，并且其所代表的债权额占该组债权总额的三分之二以上的，即为该组通过重整计划草案。"第三种是关于和解协议的表决规则，即《企业破产法》第 97 条规定："债权人会议通过和解协议的决议，由出席会议的有表决权的债权人过半数同意，并且其所代表的债权额占无财产担保债权总额的三分之二以上。"因此，如果债权人会议的表决规则违反了上述规定，则债权人可以申请撤销。

应当注意的是，在我国个人破产的实践中，各地关于个人破产案件中的债权人会议表决规则作出了不同的规定，例如，《深圳经济特区个人破产条例》第 71 条第 2 款就限制了权益未受重整计划草案影响的债权人在重整程序中的表决权。另外，《浙江法院个人债务集中清理(类个人破产)工作指引(试行)》第 40 条亦对债权人会议的表决规则进行了灵活处理，该条规定："债权人会议可以探索采用双重表决规则等方式，即首先由全体债权人一致同意通过一项表决规则，然后再根据通过的表决规则对财产分配方案等事项进行表决，以有效推进清理程序。"因此，在个人破产案件中，如果债权人想要申请撤销债权人会议决议，应当按照试点地区所颁布的条例、规范性法律文件中规定的内容进行。

3. 债权人会议决议内容违法。此处的违法事由指的是债权人会议决议违反实体性法律规范，而非程序性法律规范，主要的情形包括违反法律、行政法规或者违背社会公共利益、公序良俗等情形。[1]

4. 表决事项超出债权人会议职权范围。《企业破产法》第 61 条规定了债权人会议的具体职权,包括:“(一)核查债权;(二)申请人民法院更换管理人,审查管理人的费用和报酬;(三)监督管理人;(四)选任和更换债权人委员会成员;(五)决定继续或者停止债务人的营业;(六)通过重整计划;(七)通过和解协议;(八)通过债务人财产的管理方案;(九)通过破产财产的变价方案;(十)通过破产财产的分配方案;(十一)人民法院认为应当由债权人会议行使的其他职权。债权人会议应当对所议事项的决议作成会议记录。”因此,如果债权人会议表决内容超出以上范围,则亦属于可撤销事由。

(二)关于可撤销的范围

根据《破产法司法解释(三)》第 12 条第 2 款之规定,债权人申请撤销债权人会议决议时,可以申请撤销全部决议,也可以申请撤销部分决议。所作决议被撤销时,法院应责令债权人会议重新作出相关决议。

(三)关于债权人申请撤销的主体资格、形式与时间

1. 关于申请撤销的主体资格问题。通常来说,债权人会议成员均享有申请撤销债权人会议的权利。然而,尚需关注担保债权人以及附条件、附期限的债权人是否享有撤销权的问题。最高人民法院认为,此类债权人在对瑕疵决议存在法益的情况下,享有申请撤销债权人会议的权利。[2] 换言之,如果债权人会议作出的决议违法且对此类债权人的权益有损,那么此类债权人可以申请撤销债权人会议决议。另外,缺席债权人会议的债权人,他们虽未参加会议,然而债权人会议决议对全体债权人有效,因此这类债权人也

---

[1] 参见最高人民法院民事审判第二庭编著:《最高人民法院关于企业破产法司法解释(三)理解与适用》,人民法院出版社 2019 年版,第 237 页。

[2] 参见最高人民法院民事审判第二庭编著:《最高人民法院关于企业破产法司法解释(三)理解与适用》,人民法院出版社 2019 年版,第 246 页。

享有申请撤销债权人会议决议的权利。[1]

2. 关于撤销的形式。根据《破产法司法解释(三)》第 12 条第 3 款之规定,债权人若要撤销债权人会议决议,应当提出书面申请。因此,口头提出申请是无效的。同时,债权人会议决议一经作出即对全体债权人生效。所以,若债权人对债权人会议所作决议有异议,但不主动、明确提出撤销申请的,只能接受债权人会议决议的约束。

3. 关于撤销权的起算时间。《企业破产法》第 64 条第 2 款规定的撤销权行使时间为自债权人会议作出决议之日起 15 日内。然而,随着信息网络的发展,债权人会议的表决形式多种多样,因此在采取通信、网络等非现场形式进行表决时,债权人行使撤销权的起算时间为收到通知之日起的 15 日之内。例如,2022 年 1 月3 日,进行网络债权人会议表决,债权人于 1 月5 日收到本次债权人会议决议。若债权人欲撤销此次决议,则应于 1 月 5 日起的 15 日内,向法院递交撤销申请。

三、延伸探讨

关于债权人会议决议的撤销问题,尚有如下问题有待讨论与完善。

(一) 关于申请撤销债权人会议决议与撤销之诉的区别

尽管《破产法司法解释(三)》第 12 条已经明确了债权人只能向受理破产案件的合议庭提出申请撤销,而非提起撤销之诉,然而实践中债权人提起撤销之诉的案例并不在少数。为此,有必要说明申请撤销债权人会议决议与撤销之诉的区别。

笔者认为,二者的主要区别在于性质不同。撤销之诉的本质是一种诉,其对应的程序为民事诉讼程序,并且受《民事诉讼法》的调整。常见的撤销

---

[1] 参见最高人民法院民事审判第二庭编著:《最高人民法院关于企业破产法司法解释(三)理解与适用》,人民法院出版社 2019 年版,第 247 页。

之诉如第三人撤销之诉、撤销民事法律行为之诉等。因此,对撤销之诉的审理要严格按照《民事诉讼法》中的规定进行,如要根据《民事诉讼法》第 122 条对撤销之诉的合法性进行审查,审判组织要根据规定采取合议制或独任制,当事人之间要根据规定进行举证与质证,对裁判结果当事人可以采取上诉乃至申请再审等救济手段。然而,申请撤销债权人会议所对应的程序并非诉讼程序,而是非讼程序,因此无法采取《民事诉讼法》中的对抗制、当事人主义的模式。法院是审理案件的主导,因此尽管从结果上二者均起到了撤销某种法律行为的效果,然而在破产程序中采取申请撤销的形式有利于程序的有序推进,节约了时间成本。

(二)撤销债权人会议决议是针对破产程序自身的过程性行为

破产案件的审理过程中会涉及大量的衍生诉讼,如债权确认之诉、管理人提起撤销权之诉、抵销权之诉等。产生这些衍生诉讼的原因在于破产程序的本质是非讼程序,不具备诉讼程序争议解决、定分止争的功能。所以,破产程序中的法律文书多以“裁定”的形式出现,而非以“判决”的形式出现。

以债权人申报债权为例,债权人申报债权之后需要经过管理人审查、债权人会议核查,法院据此出具裁定加以确认。然而,法院所出具的债权确认裁定并不具有终局效力。如果债权人或管理人、债务人对申报债权有异议的,当事人之间必须经过诉讼程序进行解决,因为经过诉讼程序作出的判决具有确定力、执行力和形成力,而破产程序对此则无能为力。

对于撤销债权人会议的问题,看似存在争议需要经过诉讼程序予以解决,然而该争议实际上是仅针对破产程序中的自身过程性行为。这种过程性行为的争议不具有独立性,是在破产程序推进的过程中产生的。另言之,以债权确认之诉为例,该争议并非在破产程序推进过程中产生的,而是独立于破产程序存在的。所以,有无破产程序,均不影响当事人之间对债权所持的争议,故而这种争议只能通过另诉解决。因此,针对破产程序自身过程性行为发生的争议，无须另外通过诉讼程序加以解决，仅需要内部消化即可。

(三)关于申请撤销债权人会议决议的其他问题

尽管《破产法司法解释(三)》第12条规定了撤销债权人会议的方式，然而该条规定比较原则，有诸多问题尚待解决。例如，审理该案件的形式、审限以及能否提出复议等救济措施问题均没有明确的答案。笔者认为，就救济措施来说，参照《民事诉讼法》的条文规定，应当允许在破产法院作出裁定后，向上级法院申请复议一次。

【类案推荐】

类案1

案例名称：“长沙某装饰工程有限公司、长沙某置业有限公司与破产有关的纠纷案”

裁判要旨：对债权人会议决议，债权人有异议的，破产法及司法解释仅设置了申请法院裁定撤销决议之权利，而没有赋予当事人对决议通过诉讼撤销之诉权，这是由破产程序为非诉讼程序的特点决定的。

案　　号：(2020)湘民终936号

审理法院：湖南省高级人民法院

类案2

案例名称：“毕某、夏某等与破产有关的纠纷案”

裁判要旨：《企业破产法》及其他民事法律制度均未赋予其起诉要求撤销债权人会议决议的权利。如果债权人认为，债权人会议决议损害了其利益，可以申请人民法院撤销该决议或者申请人民法院责令债权人会议依法重新作出决议，债权人会议决议在未被人民法院撤销之前，对所有债权人有约束力。

案　　号：(2022)鲁10民终949号

审理法院：山东省威海市中级人民法院

本案例作者：胡守鑫

案例9：债务人进入破产程序后，次债务人是否可以通过提起诉讼的方式行使破产抵销权？

【要点提示】

企业破产后对外追收债权的诉讼中，次债务人或者财产持有人主张抵销的，应当按照《企业破产法》及有关司法解释规定的法定程序行使权利，而非直接提起反诉。

【裁判要旨示例】

《企业破产法》及有关司法解释明确规定了企业进入破产程序后债权人如何行使权利以及如何行使抵销权等问题。债权人在债务人进入破产程序后提起反诉要求债务人清偿，其反诉不符合起诉条件，其应当按照《企业破产法》及有关司法解释规定的法定程序行使权利。

【案件概况】

案件名称："武汉甲工程科技有限公司与沈阳乙新材料有限公司对外追

收债权纠纷案"

案　　号：(2021)最高法民申3284号

审理法院：最高人民法院

【案例评析与思考】

一、案情介绍

2016年11月25日，中国铁路某公司(以下简称丁公司)、某铁路客运专线有限责任公司(以下简称戊公司)作为买方与武汉甲工程科技有限公司(以下简称甲公司)、沈阳乙新材料有限公司(以下简称乙公司)、中铁建电气局集团某新材料有限公司(以下简称丙公司)组成的联合体作为卖方签订的《利用世行贷款新建A—B铁路项目合同》约定，由联合体向买方提供承力电缆。2016年12月30日，乙公司与甲公司签订了《世行贷款AB铁路项目承力电缆代理合同》，约定甲公司代理乙公司与丙公司在世行贷款A—B铁路项目承力电缆国际招标中中标，甲公司作为牵头方以甲公司、乙公司以及丙公司组成的联合体的名义，与丁公司签订了供货合同。根据项目及中标合同的实际，甲公司与乙公司签订了上述代理合同。该合同对供货数量、付款方式、退税款等事项进行了明确约定。

2016年8月23日，乙公司与甲公司为投标上述项目签订的《联合投标协议书》约定，甲公司作为世行贷款新建A—B铁路项目的代理商，与作为该项目的设备生产商乙公司组成联合体共同参与该项目的投标，甲公司作为联合体牵头方，乙公司作为联合体参加方。同时，该协议书对代理费、付款方式等均进行了约定。

上述合同签订后，乙公司在完成供货149.697吨后停止供货，乙公司向甲公司开具了辽宁增值税专用发票。甲公司累计向乙公司付款3,856,747.00

元，尚有部分货款未支付。

2018年8月2日，一审法院裁定受理乙公司的破产重整申请，指定北京某律师事务所沈阳分所担任乙公司管理人。

乙公司向一审法院提出诉讼请求：(1)请求判令甲公司支付乙公司货款人民币2,148,138.51元，并以此为基数，按照中国人民银行同期贷款利率计算从2018年7月12日起至实际给付之日止的利息；(2)请求判令甲公司支付乙公司退税款1,073,866.40元；(3)由甲公司承担本案的诉讼费用。与此同时，被告甲公司向法院提起反诉，要求乙公司支付相关违约金。但其反诉被一审驳回。

甲公司不服，向二审法院提起上诉。二审法院认为，最高人民法院《关于适用〈中华人民共和国民法典〉时间效力的若干规定》第1条第2款规定："民法典施行前的法律事实引起的民事纠纷案件，适用当时的法律、司法解释的规定，但是法律、司法解释另有规定的除外。"由于该案系《民法典》施行前的法律事实所引起的民事纠纷，故应依据《民法典》施行前、民事行为发生时的法律、司法解释裁判该案。《企业破产法》第44条规定："人民法院受理破产申请时对债务人享有债权的债权人，依照本法规定的程序行使权利。"关于企业进入破产程序后债权人如何行使权利以及如何行使抵销权，《企业破产法》及其司法解释均有明确规定，故债权人应当按照《企业破产法》及其司法解释规定的程序行使权利。该案中，尽管上诉人甲公司是在被上诉人乙公司对其提起对外追收债权之诉后提起该案诉讼，但个案中的反诉与单独的起诉具有相同的法律效力，亦应当遵守《企业破产法》关于债权人应按照法定程序行使权利等方面的规定，故一审法院裁定驳回反诉人的起诉并无不当，二审法院予以维持。

再审申请人甲公司因不服一审、二审法院的裁定向最高人民法院提出再审申请。再审申请人认为其在人民法院受理乙公司的诉讼后，在答辩期内提出反诉符合法律规定，是行使诉权的行为，《民事诉讼法》和《企业破产法》均未规定在受理企业破产后以管理人身份提起对外追收债权诉讼时，禁止甲公司向破产企业提起反诉。故而，其向法院提出反诉属于人民法院的受案范围，一审、二审法院驳回其起诉属于法律适用错误。最高人民法院最终驳回了再审申请人的申请。

二、案件评析

对外追收债权是破产案件中不可避免的追收程序，企业因资不抵债而破产后，为了清偿债权人的债权，对债务人外部债权的催收至关重要，追回的财产属于债务人财产的组成部分。

《企业破产法》第 25 条规定，管理人履行接管债务人的财产、印章和账簿、文书等资料，调查债务人的财产状况，制作财产状况报告的职责。在指定管理人后，管理人全面接管债务人的经营管理，并在法律授权下履行职责，债务人除在重整程序中经法院许可自行管理财产和营业事务的情形外，被依法剥夺了管理和处分财产的权利，即管理人成为债务人财产的实际控制者，依法管理和处分债务人的财产。此时管理人的角色相当于公司的股东会，次债务人或者财产持有人应当向管理人清偿债务或者交付财产。

债务人正常经营时，次债务人或者财产持有人拒绝向债务人清偿或者交付的，债务人可以提起诉讼主张权利，若次债务人或者财产持有人以对债务人存在债权为由进行抗辩或者提起反诉主张抵销的，人民法院应当根据《民法典》第 568 条、第 569 条的规定审查是否符合抵销的条件进而作出处理。但是在债务人破产的情况下，对次债务人或者财产持有人提起的反诉，人民法院是否应当审理？对此《企业破产法》未有明确规定，实务中对此也颇有争议。该案最高人民法院给出的结论是不予受理。这一观点虽与以往案件的裁判观点不同，但细究之后不难发现《民法典》《企业破产法》及其司法解释对向次债务人或财产持有人主张权利以及次债务人或财产持有人以存在债权为由主张抵销的权利行使已建立相关规则。具体如下。

(一)破产申请受理前债权人代位提起诉讼

1. 诉讼基础为代位权

在破产申请受理前，外部债权人提起的向次债务人或财产持有人追收债务人财产的诉讼，其本质是行使代位权，也即在债权人的债权到期前，通过代位权的行使消除因债务人怠于行使权利而影响债权实现的行为。对此，《民法典》第 535 条第 1 款和第 536 条已有明确规定，因债务人怠于行使其债权或者与该债权有关的从权利，影响债权人到期债权实现的；债权人的债权到期前，债务人的债权或者与该债权有关的从权利存在诉讼时效期间即将届满或者未及时申报破产债权等情形，影响债权人债权实现的，债权人可以向人民法院请求以自己的名义代位行使债务人对相对人的权利。

2. 代位诉讼的审理

根据《民法典》第 537 条的规定，人民法院认定代位权成立的，由债务人的相对人向债权人履行义务，债权人接受履行后，债权人与债务人、债务人与相对人之间相应的权利义务终止。已经审结的案件，人民法院已经作出生效民事判决书或者调解书但尚未执行完毕的，破产申请受理后，根据《破产法司法解释(二)》第 22 条的规定，相关执行行为应当依据《企业破产法》第 19 条的规定中止，债权人应当依法向管理人申报相关债权。若债务人的破产申请受理时，案件尚未审结的，人民法院应当中止审理。在债务人宣告破产后，根据《企业破产法》第 21 第 2 款的规定，判决驳回债权人的诉讼请求，债权人在一审程序中变更其诉讼请求为追收的相关财产归入债务人财产的除外。第 3 款规定，债务人破产宣告前，人民法院依据《企业破产法》第 12 条或者第 108 条的规定裁定驳回破产申请或者终结破产程序的，依据《破产法司法解释(二)》第 21 条第 3 款的规定，中止审理的案件应当依法恢复审理。可见,除在债务人破产受理前已经审结的债权追收诉讼外,尚未审结的案件在债务人破产后未变更诉求为将财产归于债务人的,其诉讼请求仍将被驳回,这是由管理人对债务人财产的归集职能决定的。

(二)破产申请受理后管理人对外追收债权

进入破产程序后,管理人对外追收债权应当及时通知次债务人或财产持有人交付,拒不履行的,管理人有权提起诉讼。

1. 通知次债务人或财产持有人清偿或交付

根据《企业破产法》第14条的规定,人民法院应当自裁定受理破产申请之日起25日内发布受理公告,要求次债务人或者财产持有人向管理人清偿债务或者交付财产。在实务中,人民法院受理破产申请后,管理人应当及时向次债务人或财产持有人发出催收通知。次债务人或财产持有人在接到通知后,应当按照通知中的债务数额、时间或交付财产的种类、数量、时间等,向管理人清偿债务或交付财产。次债务人拒绝清偿,或者财产持有人拒绝交付财产的,此时,管理人有权向人民法院提起诉讼,请求人民法院强制次债务人清偿或财产持有人交付。这也是破产程序效率原则的要求,通常诉讼程序具有周期长、回款慢的特点,若管理人可以通过诉讼以外的程序实现债务人或财产持有人清偿或交付的目的,对债务人的财产最大化具有重大意义。

2. 提起对外追收债权诉讼

(1)对外追收债权诉讼的启动。关于诉讼启动主体,原则上由管理人启动,在必要时债权人可以启动诉讼。企业进入破产程序并指定管理人后,管理人负有代表债务人参加诉讼、仲裁或者其他法律程序的职责,应当由管理人代表债务人提起有关债务人财产追收诉讼。破产申请受理后,债权人就债务人财产向人民法院提起向次债务人或财产持有人追收债务人财产的诉讼,根据《破产法司法解释(二)》第23条第1款的规定,人民法院不予受理。

债权人应当督促管理人行使追收权利，如果经督促，管理人依然不作为，怠于行使职权的，此时管理人违背了忠实勤勉履职的义务，债权人可以申请人民法院更换管理人。《破产法司法解释(二)》第23条第2款规定，债权人通过债权人会议或者债权人委员会，要求管理人依法向次债务人、债务人的出资人等追收债务人财产，管理人无正当理由拒绝追收，债权人会议依据《企业破产法》第22条的规定，申请人民法院更换管理人的，人民法院应予支持。在一定情况下，个别债权人也可以代表全体债权人提起相关诉讼，根据《破产法司法解释(二)》第23条第3款的规定，人民法院应予受理。具体指的是管理人经督促后仍不作为，更换管理人又将影响债务人财产追回的，此时不宜更换管理人，赋予债权人启动诉讼的权利。

(2)对外追收债权纠纷案件的管辖。在《民事诉讼法》中，关于管辖的类型有一般地域管辖、特殊地域管辖、专属管辖、应诉管辖和协议管辖，但是在债务人企业进入破产程序之后，对于债务人的诉讼、仲裁案件，根据《企业破产法》第21条的规定，人民法院受理破产申请后，有关债务人的民事诉讼，只能向受理破产申请的人民法院提起。《破产法司法解释(二)》第47条进一步明确，包含向次债务人或财产持有人追收债务人财产在内的诉讼案件，只能向受理破产申请的人民法院提起。这是对有关债务人的民事诉讼案件集中管辖的规定，债务人企业破产后，当事人提起的有关债务人的民事诉讼称为衍生诉讼，衍生诉讼的审理结果可能导致债务人资产负债的变化，还对债权人的债权性质、金额及其优先顺位产生影响，衍生诉讼不仅与个体债权人的利益休戚相关，更是关系全体债权人利益的有序平衡。衍生诉讼案件集中管辖，有助于统筹协调处理债务人的破产事务，“一揽子”化解与债务人相关当事人的利益冲突，实现债务人财产价值的最大化，进而更好地保障全体债权人的利益。同时，破产案件与衍生诉讼由同一法院审理，有利于统一裁判尺度，提高破产案件的办理质效，更好地实现债权债务的公平清理。

(3)次债务人或财产持有人以抵销为目的提起反诉的处理。《民诉法司法解释》第233条对反诉的提起条件以及受理要求作了明确规定,除反诉应由其他人民法院专属管辖,或者与本诉的诉讼标的及诉讼请求所依据的事实、理由无关联而裁定不予受理外,通常反诉作为《民事诉讼法》赋予当事人的诉讼权利,人民法院应当受理。但最高人民法院《关于审理环境民事公益诉讼案件适用法律若干问题的解释》以及最高人民法院《关于审理消费民事公益诉讼案件适用法律若干问题的解释》规定被告反诉的人民法院不予受理。研究其法理发现,与管理人对外追收债权纠纷之诉,在一定程度上具有相通之处。公益诉讼与管理人对外追收债权之诉分别对应社会公益和债务人的所有债权人利益,公益诉讼的诉讼利益体现在个人利益与社会公益之间,对外追收债权纠纷的利益体现在单个债权人和所有债权人之间,两者的对抗均为个体与集体。单个债权人提起的主张债务人抵销债务的反诉,仅限于个人债权债务的清偿,而管理人代表债务人提起的主张单个债权人清偿债务或者交付财产的诉求,其目的在于破产财产的归集,用于对全体债权人债权债务的清偿。虽然与公益诉讼所代表的社会公共利益存在较大差异,但其诉求依旧不宜通过反诉的形式解决。而且从法律后果上来看,管理人代表的债务人败诉时承担的责任是用集体债权人的权益抵销单个债权人的权益,表现为对单个债权人的个别清偿,违背了公平受偿原则。故而,进入破产程序后,次债务人或者财产持有人提出的以抵销为目的的反诉请求,本质上是请求对其个别清偿,其主张抵销的债权应当依据《企业破产法》的规定进行申报,在破产程序中统一处理。对其反诉请求人民法院应不予受理。

(三)次债务人或者财产持有人权利的行使

关于次债务人或者财产持有人权利的救济,《企业破产法》作了明确规定。

1. 向管理人申报债权

次债务人或者财产持有人对债务人的抵销主张基于对债务人享有的债权，根据《企业破产法》第 44 条的规定，人民法院受理破产申请时对债务人享有债权的债权人，依照本法规定的程序行使权利。除劳动债权外，次债务人或者财产持有人应当按照《企业破产法》第 48 条的规定，在人民法院确定的债权申报期限内向管理人申报债权。管理人通过债权申报，确定债务人的负债情况，并根据不同债权人的债权性质确定受偿顺位，进而实现债权人的公平有序清偿。债权人未向管理人申报债权的，根据《企业破产法》第 56 条第 2 款的规定，债权人不得依照本法规定的程序行使权利；也即向管理人申报债权是其在破产程序中获得清偿的必要途径。

2. 向管理人主张行使抵销权

除申报债权外，次债务人或财产持有人还可以向管理人提出抵销的主张。在对外追收债权纠纷之诉中，次债务人或财产持有人以抵销为目的的反诉实际上是在行使抵销权。《九民纪要》第 43 条规定，抵销权既可以通知的方式行使，也可以提出抗辩或者提起反诉的方式行使。权利人主张抵销的，根据《民法典》第 537 条的规定，债务人对相对人的债权或者与该债权有关的从权利被采取保全、执行措施，或者债务人破产的，依照相关法律的规定处理。债务人被裁定受理破产申请的，次债务人或财产持有人主张抵销的，应当依照《企业破产法》的规定行使。《企业破产法》第 40 条、《破产法司法解释（二）》第 41 条对次债务人或财产持有人向管理人主张抵销作了明确的规定。

（1）抵销权的行使。原则上管理人不得主动抵销债务人与债权人的互负债务，但抵销使债务人财产受益的情形除外。次债务人或财产持有人行使抵销权的，应当根据《破产法司法解释（二）》第 41 条规定向管理人提出抵销主张。根据《破产法司法解释（二）》第 42 条的规定，管理人收到债权人提出的主张债务抵销的通知后,经审查无异议的,抵销自管理人收到通知之日起生效。管理人对抵销主张有异议的,应当在约定的异议期限内或者自收到主张债务抵销的通知之日起3个月内向人民法院提起诉讼。与《民法典》规定不同的是,即使是种类不同的债权或者附期限和附条件的债权也可以抵销。《破产法司法解释(二)》第43条规定,管理人以破产申请受理时债务人对债权人负有的债务尚未到期,或者债权人对债务人负有的债务尚未到期,双方互负债务标的物种类、品质不同为由提起异议的,人民法院不予支持。主要有两个原因:一是因为破产程序的本质是概括执行程序,在破产程序中债权人的受偿分配额是可转换为以金钱的价值衡量的,即使标的物种类、品质不同,在根据约定价格、评估、询价等方式确定价格后,均可折算为金钱,在对等范围内予以抵销。二是即使债权尚未到期,但裁定受理破产后视为加速到期,即使是附条件和附期限的债权也可以进行申报,并根据申报的债权享有表决、分配权利。

(2)不得抵销的限制。由于破产抵销权的行使,实际上会导致行使抵销权的债权人的受偿比例高于其他同类型债权人的受偿比例,故而存在部分债权人"以小博大"获取抵销权的情形。为了规范抵销权的行使,《企业破产法》第40条规定了3种不得抵销的情形,一是次债务人在破产案件受理后取得他人对债务人的债权的,这种情形下次债务人存在明知的故意,故而不得抵销;二是债权人恶意对债务人负担债务的;三是次债务人恶意取得对债务人的债权的。这3种是基于债权追溯期以及破产程序兼顾公平效率的考量,对因法律规定或者有破产申请一年前所发生的原因而负担债务或者取得债权予以例外。

三、延伸探讨

关于对外追收债权纠纷的诉讼,破产程序还存在以下相关问题有待探讨。

（一）债务人下落不明时对外债权的追收

在对“僵尸企业”的清理中，债务人大多下落不明，债务人的法定代表人、公司财务人员等无法联系，再加上债务人经营管理不规范，与之相伴随的是管理人无法接管债务人的账簿、文书等资料，或者管理人接管的部分账簿等资料无法核实，或者财务账表不实、不符导致管理人无法判断对外债权的真实性，管理人对次债务人提出的抗辩难以核实、举证证明，此时将大幅降低对外追收的功效。此外，还存在债务人的现有资产不足以清偿破产费用，实务中考虑对外追收债权的诉讼成本和胜诉率，管理人往往设定选择权并提请债权人会议作出决议，如债权人愿意垫付费用，则管理人提起对外追收债权之诉；如无人垫付，则视为放弃追收对外债权，或者由债权人在程序终结后自行提起诉讼。管理和处分债务人的财产是管理人的职责，通过债权人决议的形式将管理人的职责免除是否妥当，这一问题有待进一步研究。

（二）对外追收债权诉讼费用的减免

在此基础上进一步探讨，诉讼费用作为破产费用，在债务人财产中随时清偿，对于现有财产不足以支付诉讼费用，但存在大额对外债权，此时是否可以简单地根据《企业破产法》第 43 条第 4 款的规定，以债务人财产不足以清偿破产费用为由，提请人民法院终结破产程序。有观点认为，在破产情况下破产衍生诉讼的诉讼费将影响债务人财产的追回，建议按照非财产案件收取破产费用，或者由人民法院给予减免缓的优惠。对此，笔者认为，诉讼费用作为国家的财政收入，其减免不具有可行性，但是可以借鉴《民诉法司法解释》第 194 条对共同诉讼案件受理费的规定，不预交案件受理费，待诉讼案件结案后按照诉讼标的额由败诉方交纳。一方面，便于管理人行使权利，降低诉讼门槛；另一方面，督促管理人审慎判断诉讼风险。

【类案推荐】

类案1

案例名称："大连某机器制造有限公司、丹东某造纸机械有限公司对外追收债权纠纷案"

裁判要旨：上诉人反诉请求被上诉人赔偿产品损失及利息损失，其应当首先证明该51万元产品损失客观存在，否则应承担举证不能的法律后果。在被上诉人不认可该库存设备即为上诉人为其定制设备的情况下，一审、二审法院无法通过前述方式确认上诉人的前述诉讼主张，上诉人自应承担举证不能的法律后果，一审法院驳回上诉人的反诉请求并无不当。

案　　号：(2020)辽民终1221号

审理法院：辽宁省高级人民法院

类案2

案例名称："咸阳某化肥有限公司对外追收债权纠纷案"

裁判要旨：《民事诉讼法》第13条第2款规定："当事人有权在法律规定的范围内处分自己的民事权利和诉讼权利。"诉讼请求是由当事人确定的，次债务人的反诉请求具体明确，一审法院围绕次债务人确定的反诉请求进行审理，不存在漏审漏判问题。

案　　号：(2019)最高法民申2253号

审理法院：最高人民法院

本案例作者：刘向伊

案例10：当事人对债权人会议核查债权结果不满的，能否在债权人会议核查结束15日之后，提起破产债权确认之诉？

【要点提示】

破产程序无权限制当事人的诉权，若当事人对债权人会议核查结果不满，未在债权人会议核查结束后的15日内提出债权人确认之诉的，不影响当事人的诉权。

【裁判要旨示例】

《破产法司法解释(三)》第8条规定的15日期间系附不利后果的引导性规定，目的是督促异议人及时主张权利、提高破产程序的效率，并非起诉期限、诉讼时效或除斥期间。该15日期间届满后，破产程序按债权人会议核查并经人民法院裁定确认的结果继续进行，由此给异议人行使表决权和财产分配等带来的不利后果，由其自行承担，但并不导致异议人实体权利或诉权消灭的法律后果。

【案件概况】

案件名称:“沙某某与甲公司等破产债权确认纠纷案”

案　　号:(2022)最高法民再233号

审理法院:最高人民法院

【案例评析与思考】

一、案情介绍

一审法院于2020年6月10日裁定受理“甲公司、乙公司合并破产重整案”,并指定河南某律师事务所与北京市某律师事务所共同担任上述两公司破产重整管理人。2020年11月20日召开第一次债权人会议,在第一次债权人会议上管理人告知沙某某其申报的11,655,787.2元债权及涉案土地使用权、房屋及设备的取回权未被确认。沙某某于2020年11月25日向甲公司、乙公司的管理人提交债权异议申请书,甲公司、乙公司的管理人于2020年12月2日12时11分向沙某某通过EMS中国邮政速递物流送达了异议答复函,沙某某收到甲公司、乙公司管理人的异议答复函后,在其债权未被确认的情况下,其未按异议答复函的意见于2020年12月5日之前向一审法院提起诉讼,亦未根据《破产法司法解释(三)》第8条之规定在债权人会议核查结束后15日内向人民法院提起债权确认的诉讼。沙某某辩称异议答复函并非司法文书,其规定于2020年12月5日之前起诉明显违反法理,且《破产法司法解释(三)》第8条规定的15日不是诉讼时效和除斥期间,仅是引导性规定,起算点应从法院裁定送达后开始起算,管理人制作的答复函没有任何约束力。一审法院认为,沙某某未按异议答复函的意见于2020年12月

5日之前向一审法院提起诉讼，亦未根据《破产法司法解释（三）》第8条之规定在债权人会议核查结束后15日内向人民法院提起债权确认的诉讼，沙某某于2021年3月29日向一审法院提起债权确认的诉讼，由于已经超过破产债权确认起诉期限，遂裁定驳回沙某某的起诉。

沙某某不服一审法院的裁定，遂上诉至二审法院。二审法院审理后认为，《破产法司法解释（三）》规定的15日起诉期间是当事人参加民事诉讼活动应当遵守的期间，其约束的客体是当事人的程序权利及义务，主要目的均为就当事人应为的诉讼行为规定一定的期限，强制当事人严格遵守以保障诉讼程序的顺利进行，并且此期间一旦经过，当事人就不能再进行该诉讼行为，由此承受程序上的不利后果。故驳回上诉，维持原判。

沙某某又向最高人民法院提出再审申请，最高人民法院认为《破产法司法解释（三）》第8条之规定虽然意在敦促当事人行使诉讼权利，但是该期间经过后并不影响实体权利或诉权消灭的法律后果。故而撤销一审、二审裁定，并将案件发回一审法院进行审理。

二、案件评析

该案的争议焦点，是如何正确理解《破产法司法解释（三）》第8条中规定的期限之定性问题。事实上，《企业破产法》并未对破产债权确认之诉的"起诉期间"予以规定。在实践中，若不规定破产债权确认之诉的起诉期间，则会使债权人会议的核查结果一直处于不安定的状态。这必然影响后续破产程序的进展。为此，在《破产法司法解释（三）》出台之前，各地法院对此有着不同的规定。如此不仅引起了操作上的混乱，还不利于权利人之权利保护。故而，为了统一裁判规则，增强司法解释的可操作性，最高人民法院在制定《破产法司法解释（三）》时参照《企业破产法》第64条第2款之规定，该条规定："债务人、债权人对债权表记载的债权有异议的，应当说明理由和法律依据。经管理人解释或调整后，异议人仍然不服的，或者管理人不予解释或调整的，异议人应当在债权人会议核查结束后十五日内向人民法院提起债权确认的诉讼。当事人之间在破产申请受理前订立有仲裁条款或仲裁协议的，应当向选定的仲裁机构申请确认债权债务关系。”

然而，如何理解《破产法司法解释（三）》第 8 条中规定的 15 日的期间性质，在理论与实践中产生了争议。如同该案当中一审、二审法院与再审法院之间的相反裁判观点一样，理论界与实务界对上述条文中期间的性质亦存在两种对立观点：一种观点认为，权利人在债权人会议对破产债权核查完毕后 15 日内，未提起破产债权确认之诉的，则丧失提起破产债权确认之诉的权利；另一种观点认为，条文中规定的期间仅是引导性规定，目的在于促进权利人主动行使权利，但并不能因期间经过而剥夺权利人的程序权利与实体权利。[1] 实际上，后者的观点是科学的，但仍有必要解释为何前者的观点不具有合理性。后者的观点在法律规范上试图将诉讼时效制度、除斥期间制度以及起诉期间制度作为其证成基础，然而，这三者均无法作为相关案件的“大前提”。

首先，对诉讼时效制度作为大前提的驳斥。“诉讼时效是指权利人在法定期间内不行使请求法院保护其权利的请求权，义务人即有权提出拒绝履行抗辩的时效。”[2]《民法典》第 188 条第 1 款规定：“向人民法院请求保护民事权利的诉讼时效期间为三年。法律另有规定的，依照其规定。”由此可知：一是诉讼时效制度仅针对请求权，但诉讼时效经过并不影响当事人的诉权，只是导致原告丧失胜诉权；二是诉讼时效原则上是 3 年；三是如果其他法律有专门针对诉讼时效的规定，那么根据特殊法优于一般法的原则，从其规

---

〔1〕 参见王欣新：《〈破产法司法解释三〉第八条之解读》，载《人民法院报》2019 年 8 月 15 日，第 7 版。

〔2〕《民法学》编写组：《民法学》（第 2 版），高等教育出版社 2022 年版，第 128 页。

定。然而，该案所涉及的15日期间并非法律设定的，仅是司法解释中的条文规定。司法解释不是法律，无权设定诉讼时效，故而《破产法司法解释（三）》第8条涉及的期间也并非诉讼时效。

其次，对除斥期间作为大前提的驳斥。《民法典》第199条规定："法律规定或者当事人约定的撤销权、解除权等权利的存续期间，除法律另有规定外，自权利人知道或者应当知道权利产生之日起计算，不适用有关诉讼时效中止、中断和延长的规定。存续期间届满，撤销权、解除权等权利消灭。"除斥期间虽然会产生权利消灭的法律，然而其适用的对象是解除权。解除权又是一种实体权利。所以权利人提起撤销之诉时，其本质上是在行使实体上的解除权或撤销权。[1] 除斥期间经过会导致形成权的消灭，造成形成权人不能在法律上提起形成之诉的后果。所以除斥期间的经过并非消灭权利人的程序权利，而是因为该项实体权利已经不存在，故而权利人不具有适格的当事人地位。就该案来说，破产债权确认之诉的诉讼性质属于确认之诉，而非形成之诉，其本意在于追求法院对争议破产债权性质或数额的裁判。当事人无意也无法行使撤销权，故不能适用除斥期间的相关规定。

最后，对起诉期间作为大前提的驳斥。从以上分析可知，诉讼时效制度和除斥期间制度均针对的是当事人的实体性权利，并不直接关联当事人的诉权。然而，在行政诉讼当中，行政相对人针对行政主体所提起的行政诉讼是有明确的起诉期间制度加以规制的。例如，《行政诉讼法》第46条第1款规定："公民、法人或者其他组织直接向人民法院提起诉讼的，应当自知道或者应当知道作出行政行为之日起六个月内提出。法律另有规定的除外。"如果相对人超过起诉期间且没有法定理由的，那么该行政诉讼不会被法院受理。[2] 然而破产债权确认之诉属于平等主体之间的关于权利义务确认之纠

---

〔1〕 程序上的第三人撤销之诉除外。

〔2〕 参见最高人民法院《关于适用〈中华人民共和国行政诉讼法〉的解释》第69条之规定。

纷,属于民事诉讼的范畴,而非行政诉讼的范围。故不能援引行政诉讼法中的起诉期间制度解释民事诉讼中的相关问题。

从该案一审、二审法院的裁判观点来看,一审、二审法院均未对该案的实体争议进行审理,但均否认原告享有诉权。因此,应当进一步分析。权利人超过《破产法司法解释(三)》第 8 条规定的期间后,是否仍享有提起破产债权确认之诉的诉权?从《企业破产法》与《民事诉讼法》的关系来说,《民事诉讼法》是规定民事司法程序的一般法,《企业破产法》是专门规定企业破产程序的特别法。诉权作为一项基本权利,在民事司法程序一般法即《民事诉讼法》没有特殊规定的情况下,《企业破产法》对此不能加以限制。因此,作为司法解释的《破产法司法解释(三)》也不能、更无权剥夺当事人的诉权。所以权利人提起破产债权确认之诉时,只要该诉符合《民事诉讼法》规定中的受理条件,那么法院应当依法立案并受理。所以,该案中一审、二审法院裁定驳回原告起诉的裁判是错误的,再审法院对此予以纠正是正确的。

三、延伸探讨

在学说观点上,多将《企业破产法》划归在经济法或商法的部门法范畴中,但实际上破产法亦属于诉讼法的范畴。为此,笔者下义简要论述破产法与诉讼法之关系。

对于破产程序的法律性质,至今尚未有定论。主要存在如下两种观点。

其一,“诉讼事件说”。持该说的学者主要认为:以债权申报为例,债权人进行债权申报类似于通常诉讼的提起,如果对其申报债权没有异议,则债权得以确定,并记入债权人名册,这与生效判决具有同等的法律效力;破产程序中多个债权人的关系也与诉讼程序中的共同诉讼制度相类似;通常民事诉讼在确定债权后,可以通过执行程序强制执行,在破产程序中,申报的债权无异议并被确定后,即可依照破产程序(一般执行)而受偿;执行程序是各个债权人申请查封债务人的财产而分别执行的，破产程序则是对债务人的全部财产进行概括保全并在处置后向全体债权人进行分配，所以就强制执行的性质来说，其与执行程序并无明显区别。此外，在破产法没有明确规定的情况下，可以准用民事诉讼法中的相关程序规则，也被认为破产程序具备诉讼事件的理由之一，因此破产程序相当于整个民事诉讼程序的结合，虽然存在细节上的差别，但是程序目的是一致的。[1]

其二，"非讼事件说"。主张该观点的学者主要从破产程序与诉讼程序的区别展开相应的论证。他们认为在破产程序中，债务人会丧失对财产的管理权与处分权，同时其人身自由和社会任职资格等也会被限制，但是在民事诉讼中并没有这样的规定；破产程序中设有管理人以及债权人会议等程序机关，而诉讼程序中并无此类设置；破产程序中债务人可以自己申请破产，并产生财产被保全等效力，而民事诉讼中债务人不能申请查封、执行自己的财产等。因此，破产程序应是在法院的主持监督下，由全体债权人与债务人共同进行财产的特别清算程序，性质应当属于非讼事件。另外，"非讼事件说"又可以分为清算说与行政行为说，其中，"清算说"认为，破产程序的性质与公司企业业务终止时的清算活动相似，而行政行为说则认为破产程序是一种行政清算活动，如选任管理人、召集债权人会议等均属于行政行为。[2]

实际上，日本学者对此问题也未达成共识，主要存在执行程序与清算程序、诉讼事件与非讼事件等学术争论。日本学者认为，清算是指对债务人的全部责任财产进行估价以充分满足债权人的全部债权，而强制执行则是通过国家权力满足债权的程序，故清算与强制执行的区别就在于是否包含国家强制力；就破产程序来说，其是将破产人的全部财产满足全体债权人的程

[1] 参见王欣新：《破产法》，中国人民大学出版社2019年版，第7页。
[2] 参见王欣新：《破产法》，中国人民大学出版社2019年版，第7页。

序,同时还包含了诸多强制性因素,因此破产程序应当是同时具备强制执行与清算两种属性的法律程序。除此之外,将破产程序视作清算程序的同时也将其视为非讼事件,但将破产视为强制执行的观点,则产生了一定的分歧,其中部分观点将之视为非讼事件,部分观点将之视为民事诉讼,在将之视为民事诉讼的观点上,又分化为破产是特别民事诉讼以及破产是强制执行的特别程序两种观点。[1]

我国亦有学者认为,从债务清偿的角度来说,破产程序具有概括执行的特点,但破产程序中设有独特的程序机关和各项制度,且将破产扩充至和解和重整时,执行程序的特点不能概括破产程序的性质,因此破产程序应当属于一种特别程序。[2]

笔者认为,关于破产程序的性质,无论是"诉讼事件说""非讼事件说""特别程序说",都体现出破产程序与民事诉讼程序、民事非讼程序以及民事执行程序相互之间的如下关系。

其一,程序外观的相似性。解剖"诉讼事件说"和"非讼事件说"的观点之后即可发现,以上两种观点的立论基础是将破产程序中的各个步骤、各个环节以及各个阶段与民事诉讼程序或民事非讼程序以及民事执行程序中的具体制度构成或程序构造进行类比而得出的结论。虽然上述学说在理论上有待商榷,但是至少可以证实一点,即破产程序与其他民事程序在程序的外观表现形式上确实存在一定的相似性与共通性。这意味着,有关于民事诉讼程序、民事非讼程序以及民事执行程序的程序法理在破产程序中也可能存在一定的适用空间。

其二,程序内涵的差异性。尽管破产程序与民事诉讼程序、民事非讼程

---

〔1〕 参见[日]石川明:《日本破产法》,何勤华、周桂秋译,中国法制出版社 2000 年版,第 19 页。

〔2〕 参见王欣新:《破产法》,中国人民大学出版社 2019 年版,第 7 页。

序以及民事执行程序在程序外观上存在一定的相似性,但它们毕竟是完全不同的民事程序,存在程序内涵的差异。详言之,民事诉讼程序是用以解决平等主体之间人身关系纠纷和财产关系纠纷的民事程序,民事非讼程序是用以确认某些法律事实的程序,民事执行程序是通过国家强制力保障执行名义中记载的权利义务关系能够强制实现的程序,而破产程序则是主要用于实现债权人公平清偿的程序。故而,程序内涵的不同直接决定了程序功能的不同,也决定了它们各自的法理基础不尽相同。这意味着,破产程序虽然可能会借助或参照其他民事程序的法理完善自身的理论体系,但也应当注重破产程序本身的特性。所以,无论是"诉讼事件说"还是"非讼事件说"都不能很好地描述破产程序的法律性质,但是若要完全脱离民事程序的基本理论另起炉灶界定破产程序的法律性质与价值内涵也不现实。

因此,笔者认为,以民事程序的传统分类即"诉讼事件说"或"非讼事件说"定义破产程序的性质是不周延的,而"特别程序说"的观点是较合理的。

【类案推荐】

类案1

案例名称:"张某某、河南某置业有限公司等破产债权确认纠纷案"

裁判要旨:债权申报和确认是债权人在破产程序中行使权利的前提基础,《企业破产法》第45条所规定的债权申报期限,以及《破产法司法解释(三)》第8条所规定的向人民法院提起债权确认诉讼的期限,目的均是督促债权人、债务人及时行使权利,尽快明确债权债务关系,由此促进破产程序的推进效率,避免对全体债权人的公平、及时清偿利益造成损害。如异议人未在《破产法司法解释(三)》第8条所规定的15日内提起债权确认诉讼,应视为其同意债权人会议核查及管理人解释、调整的结论,并在人民法院裁定确认后按此在破产程序中行使权利，由此对异议人的表决权行使和破产财产分配等带来的不利后果，由其自行承担。但前述15日的期限届满并不产生异议人诉权或实体权利消灭的法律后果。

案　　号：(2023)最高法民再170号

审理法院：最高人民法院

类案2

案例名称：“宣城甲公司、宣城乙公司破产债权确认纠纷案”

裁判要旨：宣城甲公司于2021年5月19日起诉要求确认其对宣城乙公司享有的2,094,918.67元债权中有工程款优先权1,516,420.76元，该起诉日期距离2020年6月22日第二次债权人会议对案涉债权进行核查认定日期虽已超过了《破产法司法解释(三)》第8条所规定的15日，但从《破产法司法解释(三)》第8条所规定的“债务人、债权人对债权表记载的债权有异议的，应当说明理由和法律依据。经管理人解释或调整后，异议人仍然不服的，或者管理人不予解释或调整的，异议人应当在债权人会议核查结束后十五日内向人民法院提起债权确认的诉讼。当事人之间在破产申请受理前订立有仲裁条款或仲裁协议的，应当向选定的仲裁机构申请确认债权债务关系”的内容看，该条款并非作出债务人超出15日不得提起诉讼的规定，一审、二审认定宣城甲公司提起该案诉讼已超过法定期限，不符合案件受理条件，适用法律错误。

案　　号：(2022)最高法民再95号

审理法院：最高人民法院

本案例作者：胡守鑫

案例11：债权人要求管理人更正有关行为的，是否可以提起管理人责任纠纷之诉？

【要点提示】

管理人责任纠纷属于侵权之诉，债权人以管理人责任纠纷提起诉讼，要具有明确的诉讼请求，仅对管理人债权审核认定结果有异议的，并未起诉要求管理人承担赔偿责任的，不符合管理人责任纠纷的起诉条件。

【裁判要旨示例】

从甲公司的诉讼请求来看，其请求的主要内容是确认案涉债务不属于共益债务，属于普通破产债权。管理人责任纠纷属于侵权之诉，甲公司虽然称该案应属管理人责任纠纷，并将以上述规定作为请求权的基础，但并未起诉请求管理人承担赔偿责任，原审裁定认定其起诉不符合法律规定，并无不当，甲公司的主张应当在破产重整程序当中提出和解决。

【案件概况】

案件名称：“甲公司、乙公司等二十九家企业管理人等普通破产债权确认纠纷一案民事申请再审案”

案　　号:(2021)最高法民申6397号

审理法院:最高人民法院

【案例评析与思考】

一、案情介绍

甲公司向一审法院起诉的诉讼请求为:(1)确认截至2018年9月28日甲公司欠付丙公司111,007,442.36元债务不属于共益债务,属于普通破产债权;(2)该案的诉讼费用由管理人和丙公司承担;(3)责令管理人纠正错误决定,将丙公司破产重整期间,按重整计划和重整投资协议从重整投资人提供的偿债资金中支付;(4)责令管理人纠正继续履行甲公司与丙公司签订的《甲公司蒸汽压回收再利用项目EMC能源管理合同》《甲公司24.9MW汽机改造余热回收再利用项目EMC能源管理合同》《某锅炉改造与蒸汽销售协议》的决定。

一审法院认为,原告起诉不符合法律规定,驳回其起诉,原告不服上诉至二审法院。二审法院维持一审裁判。

再审申请人甲公司因不服一审、二审法院的裁定向最高人民法院提出再审申请。再审申请人认为,管理人认定其结欠丁公司的债务不属于共益债务,属于普通破产债权,其作为破产程序中的债务人,系管理人不当履职行为的直接受害者,与该案有直接利害关系,有权要求法院纠正管理人的行为。最高人民法院认定原告仅对管理人债权审核认定有异议,应当在破产重整程序中解决,不属于管理人责任纠纷,驳回了再审申请人的申请。

二、案件评析

近年来,随着社会经济的发展,破产案件数量逐年增多,追究管理人责任的案件呈现增长态势。破产管理人，是指破产案件受理时指定的，在法院及相关主体的监督之下接管债务人企业并负责调查、管理、处分债务人的财产，决定债务人内部管理、日常开支，代表债务人参加诉讼、仲裁，提议召开债权人会议等法定职责的专门机构。[1] 管理人的履职直接关系到破产案件办理的效果。因此，强化对管理人的监督，建立管理人不依法履职的责任追究机制，显得尤为必要。为此，《民事案件案由规定》在“与破产有关的纠纷”项下规定了“管理人责任纠纷”。

根据《企业破产法》的规定，管理人的责任形式包括民事责任、刑事责任和司法行政责任。管理人责任纠纷为民事责任纠纷，即管理人违反勤勉忠实义务不当履行职责的行为，给债权人、债务人或者第三人造成损失时，受害人要求管理人承担民事赔偿责任所引发的纠纷。通过检索中国裁判文书网的公开判例，发现涉及管理人责任纠纷的案件较少，其中因管理人未勤勉尽职判决管理人承担赔偿责任的案件更少。司法实践中管理人承担赔偿责任难以获得支持的重要原因之一是案件不符合管理人责任纠纷的起诉条件。本案例将在分析现行法律规定的基础上，依据管理人的基本义务，分析管理人责任纠纷的起诉条件，并重点探讨管理人责任纠纷的起诉要件。

（一）管理人责任纠纷的法律依据

《企业破产法》第25条对管理人的9项职责作出具体规定，赋予了管理人充分的权利，给管理人履职以充分的保障。与权利相对的是义务，管理人履职过程中需要承担的责任。《企业破产法》第27条规定了管理人的勤勉义务和忠实义务，这是管理人履行职责时应遵循的基本准则。《企业破产法》第130条规定了管理人未勤勉忠诚履职给债权人、债务人或者第三人造成损失时应承担的民事赔偿责任，明确了管理人违反法定义务而承担民事

[1] 参见王欣新主编：《破产法原理与案例教程》（第2版），中国人民大学出版社2015年版，第67页。

赔偿责任的基础。此责任,就是破产管理人的民事赔偿责任。《破产法司法解释(二)》第33条规定了管理人或者相关人员在因故意或者重大过失不当转让他人财产或者造成他人财产毁损、灭失时应当承担的法律责任。以上就是管理人责任纠纷的基本法律规定。

(二)管理人的基本义务

管理人的基本义务包括勤勉义务和忠实义务。

1. 勤勉义务。勤勉义务,是指管理人恪尽职守,以一个善良管理人的标准要求自己,尽到一般注意义务,保护债权人和债务人的合法权益。管理人的注意义务本质上是一种管理性的义务,是破产管理人在管理破产财产活动时应当依法运用自己的才能、技能、知识、判断和经验并达到某种标准的义务。[1] 勤勉义务首先要求管理人具有一定的履职能力,能够胜任破产管理人接管、处分财产,处置衍生诉讼等工作;其次要求管理人具有责任意识,对于应由管理人承担的职责不能以任何方式转嫁他人;最后要求管理人审慎履职,慎重决定债务人的内部事务,充分考虑履职行为带来的后果。

2. 忠实义务。忠实义务,是指管理人应当承担的首要义务和最重要的义务。破产管理人的忠实义务要求破产管理人不得以损害债权人和其他利害关系人利益的方式行为,不得将自己或与自己有关联的人的个人利益置于债权人利益和其他利害关系人利益之上。[2] 忠实义务强调管理人不得利用自身地位为自己或某一方利害关系人谋取不当利益,违反忠实义务通常表现为利益冲突、自我交易等。[3] 在某种程度上,不利用职权谋取私利,仅以管理人报酬作为收入来源,就不容易违反忠实义务的要求。

---

〔1〕 参见最高人民法院民事审判第二庭编:《最高人民法院关于企业破产法司法解释理解与适用——破产法解释(一)·破产法解释(二)》(第2版),人民法院出版社2017年版,第383页。

〔2〕 参见最高人民法院民事审判第二庭编:《最高人民法院关于企业破产法司法解释理解与适用——破产法解释(一)·破产法解释(二)》(第2版),人民法院出版社2017年版,第382页。

〔3〕 参见最高人民法院民事案件案由规定课题组编:《最高人民法院民事案件案由规定理解与适用》(2011年修订版),人民法院出版社2011年版,第425页。

（三）管理人承担民事责任的构成要件

《最高人民法院民事案件案由规定理解与适用》一书认为，管理人民事赔偿责任在性质上属于侵权责任。[1] 按照侵权责任的构成要件，管理人承担民事责任须同时具备4个要件，即行为要件、损害要件、因果关系要件、过错要件。

1. 管理人实施了违反勤勉尽责义务和忠实义务的客观行为。管理人承担民事赔偿责任的前提是管理人违反了勤勉和忠实义务。

2. 管理人的不当行为对债权人、债务人或第三人造成损失。管理人实施的行为造成了损害，损害应以实际损失发生或者财产性利益损失发生为准。破产过程中破产财产的自然贬损和外界变化造成的破产财产贬值损失不应归因于管理人。

3. 管理人的不当行为与债权人、债务人或第三人所遭受的损失之间存在一定范围的因果关系。管理人的行为与损失结果之间应当存在决定与被决定，引起与被引起之间的关系。此外，这种因果关系应当排除不可抗力等介入因素的影响。

4. 管理人在主观上存在故意或重大过失。在实践中，存在管理人责任为无过错责任的观点，对管理人未勤勉尽责、忠实执行职务的判断标准不加限定。但更多的观点认为，管理人的侵权责任为过错责任。在最高人民法院的裁定书中有精彩的论述：管理人对谨慎、忠实、信用、注意等基本义务的违反，是其承担民事责任的前提和依据。管理人未勤勉尽责、忠实执行职务的判断标准应当限定于管理人有故意或者重大过失的范围内，即必须有充分证据证明管理人在履行职务过程中因故意或重大过失造成破产财产损失

---

〔1〕 参见最高人民法院民事案件案由规定课题组编：《最高人民法院民事案件案由规定理解与适用》（2011年修订版），人民法院出版社2011年版，第425页。

时,才可追究管理人的民事赔偿责任。[1]

(四)管理人责任纠纷的起诉要件

《民事诉讼法》第122条规定了起诉必须符合的4个要件。管理人责任纠纷的起诉条件也是一样的,现围绕4个要件展开分析。

1.原告具有直接利害关系。原告作为诉讼发起者必须与案件有直接利害关系,即诉的利益。管理人的主要职责包括债权确认、财产变价处置和分配等,其行为将直接影响债权人的利益,债权人可以作为管理人责任纠纷的适格原告。因管理人的行为而受到损失的债务人和第三人也可以成为管理人责任纠纷的原告。那么,债权人会议或者债权人委员会能否直接作为管理人责任纠纷的原告?《民事诉讼法》第51条规定,公民、法人和其他组织可以作为民事诉讼的当事人;第122条第1项规定,原告是与该案有直接利害关系的公民、法人和其他组织。《民诉法司法解释》第52条规定,其他组织是指合法成立、有一定的组织机构和财产,但又不具备法人资格的组织。债权人会议或债权人委员会不是独立的民事主体,无独立的财产,无法独立承担民事责任,不属于其他组织,不具备诉讼主体资格。

2.被告具体明确。《企业破产法》规定了管理人独立的诉讼主体资格,管理人责任纠纷的被告应列明具体的管理人。《人民法院破产程序法律文书样式(试行)》中对管理人责任纠纷的被告列法予以明确:管理人为个人的,被告应列为担任管理人的律师或者注册会计师;管理人为中介机构的,被告应列为担任管理人的律师事务所、会计师事务所或者破产清算事务所;管理人为清算组的,被告应列为清算组各成员。[2]《云南省高级人民法院破产案件审判指引(试行)》第160条第1款规定,在破产衍生诉讼中,管理人

---

〔1〕 参见最高人民法院(2014)民申字第827号民事裁定书。

〔2〕 参见最高人民法院民事审判第二庭编:《〈人民法院破产程序法律文书样式(试行)〉和〈管理人破产程序工作文书样式(试行)〉适用与解读》,法律出版社2012年版,第176页。

作为当事人的，如管理人责任纠纷，应直接列管理人为当事人，并注明其为债务人管理人。管理人作为临时机构，不应列为被告。对此，最高人民法院认为："管理人系破产程序中为接管破产财产并负责破产财产的保管、清理、估价、处理和分配等事务而临时设立的专门职能机构，并非独立的民事主体。戊公司基于管理人履职不当提起诉讼，应当将担任管理人的某律师事务所列为被告。戊公司将管理人列为被告不当，对此本院予以指出。"〔1〕

3. 有具体的诉讼请求。单纯请求确认管理人未尽勤勉义务，而无具体损失的诉讼请求，不具有诉讼利益。根据《企业破产法》第130条的规定，管理人责任纠纷责任的承担方式是赔偿损失，属于侵权之诉。如以管理人责任纠纷为案由提起诉讼，但是不要求管理人承担何种责任，或者仅起诉要求确认管理人行为不当，抑或者提出债权确认请求，均不属于管理人责任纠纷的起诉范围，属于诉讼请求不明确，应驳回诉请。对此，最高人民法院的裁定书中有这样的表述："破产管理人根据法律规定对债权人申报的债权进行审查，作出不予确认债权的审查结论，并在《不确认申报债权告知书》中说明了不予确认的理由以及法律救济途径，系正常履行管理人职责的行为。若债权人对管理人审查结果有异议的，可以依据相关规定进行救济，但不能因管理人对其债权不予确认而主张管理人违反法定职责并要求其赔偿损失。"〔2〕

4. 属于受案范围且法院有管辖权。(1)属于受案范围。受案范围是法院行使纠纷主管权的前提。管理人责任纠纷的受案范围应以管理人勤勉义务和重视义务的履行为基础，严格依照《企业破产法》第130条的规定，参照《企业破产法》第25条中管理人职责的范围，对管理人的责任予以明确。破产案件中，债权人和债务人对抗激烈，在管理人接管了债务人的财产后，债务人的矛头就指向了管理人。追究管理人的民事责任，是债权人和管理人

---

〔1〕 参见最高人民法院(2014)民申字第827号民事裁定书。

〔2〕 参见最高人民法院(2016)最高法民申1467号民事裁定书。

矛盾爆发最激烈之处。因此，要对管理人的正当履职行为予以保护，避免管理人在工作中束手束脚，影响破产案件的正常办理。具体来说，对管理人实施的法院决定和债权人会议表决通过的事项（如管理人的指定和更换），管理人依法履行的职责（如对破产财产的评估拍卖），债权人的破产程序参与权、知情权，不属于管理人责任纠纷的受案范围。破产程序中已经赋予了当事人救济的途径，不应再通过管理人责任纠纷另行主张。(2)具有管辖权。管理人责任纠纷的管辖，我国法律暂无明确规定。《企业破产法》第21条规定，有关债务人的民事诉讼由受理破产法院专属管辖。但管理人责任纠纷是要求管理人或者相关人员承担赔偿责任的案件，独立于债权人。因此，管理人责任纠纷原则上不适用专属管辖的规定。但是，最高人民法院在《关于破产清算组在履行职责过程中违约或侵权等民事纠纷案件诉讼管辖问题的批复》（法释〔2004〕5号，已废止）中规定清算组履职的纠纷由受理破产法院专属管辖。[1] 实践中，更多观点认为应当参照适用上述批复对管理人责任纠纷案件专属管辖。2021年，该批复被废止，参照援引的基础不复存在。笔者认为，对管理人责任纠纷应由受理破产法院专属管辖，一方面能避免拖延破产案件的办理进程，另一方面管理人责任纠纷案件在审理中不可避免地需要对管理人履职情况进行审查，由受理破产法院管辖更有利于查明案件事实。

需要注意的是，《九民纪要》规定了重整计划监督期间新发生的有关债务人的民事诉讼，并无与破产重整案件审理相协调的必要，不应适用《企业破产法》第21条的规定，无须由受理破产法院专属管辖。

---

〔1〕 该批复指出："企业被宣告破产后，清算组因履行清算职责对他人违约或者侵权引起的民事诉讼，发生在破产程序终结之前的，由受理破产案件的人民法院管辖，在破产程序中一并处理。"

【类案推荐】

类案1

案例名称：“某银行嘉峪关市分行、甘肃某律师事务所管理人责任纠纷案”

裁判要旨：破产程序属于特别程序，有别于一般的民事诉讼程序。对于人民法院在破产程序中已认定的事项，《企业破产法》并未赋予债权人通过提起民事诉讼获得救济的权利。债权人如认为管理人存在未保障其知情权的情况，可以通过向人民法院请求作出决定的方式获得相应救济，而不是提起民事诉讼。

案　　号：（2021）最高法民申1207号

审理法院：最高人民法院

类案2

案例名称：“李某、张某管理人责任纠纷案”

裁判要旨：原告提起的管理人责任纠纷中未列管理人为被告的，不具有诉讼主体资格。

案　　号：（2020）川民终114号

审理法院：四川省高级人民法院

本案例作者：于子洋

案例12：股东在出资期限届满前转让股份的，公司破产时，其是否仍应承担出资义务？

【要点提示】

股东未履行出资义务即转让股权，企业进入破产程序后，除受让人外，管理人有权要求该转让股东缴纳所认缴的出资，且不受出资期限的限制。

【裁判要旨示例】

虽然公司章程载明股东为认缴出资，公司股东享有出资期限利益，但是在公司财产不足以清偿债务时，认缴出资的股东应当向公司履行出资义务。股东在未届出资期限届满前转让股权是否仍应承担出资义务，可以从以下三个方面考量：一是有限责任公司股东未足额缴纳出资是否具有法定事由；二是股权变更事项是否及时在工商资料中备案供查；三是有限责任公司股东在转让股权时是否善意。

【案件概况】

案件名称：“绍兴某装饰有限公司与应某甲、黄某某、应某乙追收未缴出资纠纷案”

案　　号：(2021)浙0602民初7828号

审理法院：浙江省绍兴市越城区人民法院

【案例评析与思考】

一、案情介绍

绍兴某装饰有限公司(以下简称某公司)因未能清偿到期债务，且明显缺乏清偿能力，被绍兴市越城区人民法院依法裁定受理破产清算申请，并指定了破产管理人。管理人接受指定后，调查发现股东应某甲、黄某某未履行出资义务，某公司认为股东应当缴付未履行的出资金额，应某甲在未履行出资义务的情况下将股权转让，作为受让人的应某乙应当承担连带责任。具体案情如下。

浙江省绍兴市越城区人民法院于2021年7月29日立案受理了原告某公司诉被告应某甲、黄某某、应某乙追收未缴出资纠纷一案。

原告向法院提出诉讼请求：(1)判令被告应某甲缴付未履行的出资金额255万元；(2)判令被告黄某某缴付未履行的出资金额245万元；(3)判令被告应某乙在被告应某甲履行的责任范围内承担连带责任；(4)该案诉讼费用由被告承担。事实与理由：某公司成立于2018年1月15日，系有限责任公司，由应某甲和黄某某共同投资设立，注册资本为500万元，其中应某甲占51%，黄某某占49%，双方承诺在2030年12月30日前以货币方式按比例认缴出资。2020年9月25日，应某甲将自己在某公司的51%股权转让给应某乙。2021年4月28日，某公司因未能清偿到期债务，且明显缺乏清偿能力，被绍兴市越城区人民法院依法裁定立案受理申请人潘某某对某公司的破产清算申请，并指定浙江某律师事务所为破产管理人。管理人接受指定后，依法调取了某公司的工商信息，在工商信息中管理人并未发现某公司的验资报告，且管理人接管的其他资料没有证明应某甲、黄某某履行了出资义务，为此，管理人认为，应某甲、黄某某未履行出资义务。管理人调查发现，应某乙与应某甲系父子关系，2020 年 9 月 25 日应某甲将自己在某公司的 51% 股权转让给应某乙时，应某乙应当知道应某甲是在未履行出资义务的情况下将股权转让。综上，管理人认为应某甲、黄某某未履行出资义务，根据最高人民法院《关于适用〈中华人民共和国公司法〉若干问题的规定（三）》（以下简称《公司法司法解释（三）》）第 13 条、《企业破产法》第 35 条之规定，应当缴付未履行的出资金额；根据《公司法司法解释（三）》第 18 条之规定，应某乙知道应某甲是在未履行出资义务的情况下将股权转让，作为受让人应某乙应当承担连带责任。原告为此诉至法院。

法院认为，该案的争议焦点为被告应某甲在未届出资期限届满前转让股份，其是否仍应承担出资义务，被告应某乙是否负连带责任。《公司法司法解释（三）》第 18 条规定，有限责任公司的股东未履行或者未全面履行出资义务即转让股权，受让人对此知道或者应当知道，公司请求该股东履行出资义务、受让人对此承担连带责任的，人民法院应予支持。根据上述法律规定，原股东在出资期限届满未履行或未全面履行出资义务的，其理应在未依法出资的范围内承担责任。但原股东在未届出资期限届满前转让股权是否仍应承担出资义务，可以从以下三个方面考量：一是有限责任公司股东未足额缴纳出资是否具有法定事由；二是股权变更事项是否及时在工商资料中备案供查；三是有限责任公司股东在转让股权时是否善意。

关于第一点，某公司的公司章程和工商登记载明，被告应某甲认缴出资期限为 2030 年 12 月 31 日前，即其未缴纳出资额具有法定事由。关于第二点，被告应某甲将股权转让给被告应某乙，双方签订了股权转让协议并在工商部门办理了股权变更登记，即从商事外观主义角度股权转让行为已达到公司重大变更事项公示的效力。关于第三点，法院认为，首先，法院受理的某公司涉诉案件显示，原告所涉债务均形成于 2020 年 7 月之前，被告应某甲将股权转让时间为 2020 年 9 月，即债务形成时间在股权转让之前。其次，从法院受理并审结涉原告的案件情况看，虽然大量案件通过调解或司法确认结案，但是原告均未积极履行，且原告在 2020 年已出现经营异常状况，故原告在被告应某甲转让股权前实际已处于清偿不能的状态。最后，被告应某甲作为股东，应当了解公司的对外负债情况，然而其在明知公司存在大量债务未能清偿且公司的注册资本始终为零的情形下，仍以零元价款将其股权转让给年龄已超 80 岁不具有出资能力的被告应某乙，其具有主观恶意。综上，法院认为，虽然某公司的公司章程载明股东为认缴出资，被告应某甲作为公司股东享有出资期限利益，但是在公司财产不足以清偿债务时，认缴出资的股东应当向公司履行出资义务，且该出资义务被触发后不因股权转让而消灭，故对原告要求被告应某甲缴付未履行出资金额 255 万元的诉请，法院予以支持，对被告应某甲就此提出的辩称意见，不予采纳。被告应某甲另辩称其系代持股东，实际控制人为应某丙，其无须承担出资义务的意见，现有证据不足以证明，法院亦不予采纳。根据股权转让协议，被告应某乙明知被告应某甲未履行出资义务即转让股权，其依法应当承担连带责任，对原告要求其对被告应某甲履行出资义务范围内承担连带责任的诉请，法院予以支持。

二、案件评析

我国在实施公司注册资本认缴制之前，公司股东均应实缴出资。为了鼓励投资与发展经济，我国在 2015 年进行了公司注册资本认缴制改革，规定股东认缴出资份额后可以在将来一定期限内缴纳。[1] 这为股东投资提供了极大的便利。但同时也衍生出公司濒临破产而股东的出资期限尚未届至，以及公司股权几经转让而出资期限仍未届满等问题。

公司的注册资本是其得以营运发展和对外独立承担责任的基础，公司不能清偿债务而股东仍未履行或者未全面履行出资义务时，也即股东存在瑕疵出资，外部债权人对股东的认缴出资享有合理期待。《企业破产法》第35条明确规定，人民法院受理破产申请后，债务人的出资人尚未完全履行出资义务的，管理人应当要求该出资人缴纳所认缴的出资，而不受出资期限的限制。那么，股东在认缴期限届满前转让股权，转让股东是否仍应承担出资义务？责任承担主体是谁？《公司法司法解释(三)》第18条、第13条以及2024年实施的《公司法》第88条分别规定了瑕疵出资股权转让后出资责任的承担以及责任承担的主体。

(一)瑕疵出资责任的承担

《公司法司法解释(三)》第18条规定了公司或债权人申请瑕疵出资的股东履行出资义务的法律后果，具体内容如下。

1. 公司请求股东履行出资义务

根据《公司法司法解释(三)》第13条第1款的规定，股东未履行或者未全面履行出资义务，公司或者其他股东请求其向公司依法全面履行出资义务的，人民法院应予支持。可见，公司有权请求瑕疵出资的股东履行出资义务，那么在该股权转让后，瑕疵出资股东身份是否发生变化？根据《公司法司法解释(三)》第18条第1款的规定，受让人知道或者应当知道转让股东未履行或者未全面履行出资义务的，公司可以请求受让人与股东承担连带

[1] 2024年施行的《公司法》第47条第1款规定："有限责任公司的注册资本为在公司登记机关登记的全体股东认缴的出资额。全体股东认缴的出资额由股东按照公司章程的规定自公司成立之日起五年内缴足。"

责任。2024 年实施的《公司法》第 88 条区分了未履行和未全面履行出资义务的情形，第 1 款明确规定受让股东承担缴纳出资的义务，同时明确了转让人的补充责任；第 2 款规定未全面履行出资义务的，转让人与受让人在出资不足的范围内承担连带责任，并规定了受让人善意不承担责任的情况。[1]

公司破产后，人民法院指定的管理人应当及时完成对公司的接管，对于未缴出资的追收，管理人应当以公司的名义代表公司提起诉讼。根据《破产法司法解释（二）》第 20 条第 1 款的规定，管理人代表债务人提起诉讼，有权主张出资人向债务人依法缴付未履行的出资或者返还抽逃的出资本息，出资人不得以认缴出资尚未届至公司章程规定的缴纳期限或者违反出资义务已经超过诉讼时效为由进行抗辩。2024 年实施的《公司法》第 54 条规定，公司不能清偿到期债务的，公司或者已到期债权的债权人有权要求已认缴出资但未届出资期限的股东提前缴纳出资。可见，无论是公司还是管理人代表公司提起诉讼，瑕疵出资股东均应当在未履行出资本息的范围内向公司承担履行全面出资的义务。同时，鉴于人民法院受理破产案件属于股东出资加速到期的法定事由，即使出资期限尚未届满，出资人也有义务将出资缴纳到位，管理人有权要求债务人的出资人（瑕疵出资股东）及股权受让人立即缴纳所认缴的全部出资，而不受出资期限是否已到的限制。[2]

2. 债权人请求股东履行出资义务

根据《公司法司法解释（三）》第 18 条第 1 款的规定，公司债权人有权基于《公司法司法解释（三）》第 13 条第 2 款请求受让人和转让股东对出资义

---

〔1〕 2024 年施行的《公司法》第 88 条规定，股东转让已认缴出资但未届出资期限的股权的，由受让人承担缴纳该出资的义务；受让人未按期足额缴纳出资的，转让人对受让人未按期缴纳的出资承担补充责任。未按照公司章程规定的出资日期缴纳出资或者作为出资的非货币财产的实际价额显著低于所认缴的出资额的股东转让股权的，转让人与受让人在出资不足的范围内承担连带责任；受让人不知道且不应当知道存在上述情形的，由转让人承担责任。

〔2〕 参见最高人民法院民事审判第二庭编：《最高人民法院关于企业破产法司法解释理解与适用：破产法解释（一）·破产法解释（二）》（第 2 版），人民法院出版社 2017 年版，第 268 页。

务承担连带责任。《公司法司法解释(三)》第13条第2款规定,公司债权人请求未履行或者未全面履行出资义务的股东在未出资本息范围内对公司债务不能清偿的部分承担补充赔偿责任的,人民法院应予支持。该条规定强调,公司债权人享有诉权的条件是因股东未履行或未全面履行出资义务损害公司债权人的债权,在公司不能清偿到期公司债务时,此时符合前述条件,公司债权人享有诉权。需要注意的是,瑕疵股东的责任承担应当区分公司和公司债权人请求主体两种情形:公司有权要求瑕疵股东全面履行出资义务;但公司债权人则以债权受偿为限,瑕疵股东仅对公司债务不能清偿的部分在未出资本息的范围内承担补充赔偿责任。

(二)瑕疵出资责任承担的法律基础

《公司法司法解释(三)》第18条第1款以及2024年实施的《公司法》第88条第1款明确规定瑕疵出资的责任承担主体为转让股东和受让人,但不同主体责任承担瑕疵出资责任的法律基础不同。

1. 转让股东承担瑕疵出资责任的法律基础。转让股权是股东退出公司的重要方式之一,公司章程若无股权转让的相关规定,股东应当按照2024年实施的《公司法》第84条的规定进行股权转让。股东转让股权后即退出公司,不再享有股东权利、承担股东义务。但《公司法司法解释(三)》第18条第1款以及2024年实施的《公司法》第88条第1款并未豁免转让股东的出资义务。前款法律规定设置了股东通过转让股权退出公司的前提条件,即股东出资义务履行完毕或者保障受让股东履行出资义务。因此,转让股东的出资义务不因股权转让而消灭,这也符合资本充实原则的要求,进一步说明股东出资不仅是合同义务,更是法定义务。

2. 受让人承担瑕疵出资责任的法律基础。从商事外观的角度观察,股东转让股权后,公司变更工商登记,受让人成为公司的股东,受让人在权利外观上负有到期履行出资的义务。从权利义务转让的角度审视,股东将股权转让后，受让人实际概括受让了基于该股权所享有的权利和义务。出资作为股权产生的基础，是股东对公司负有的义务，转让股东在认缴期限届满前转让股权，股权对应的出资义务也应随之转让，由受让人承担履行出资义务的责任并无不当。《公司法司法解释（三）》第18条第1款考虑受让人与转让股东对公司经营情况的掌握程度不同，在保护程度上略微向受让人倾斜。受让人存在受胁迫或者欺诈的情形，还可以依据《民法典》第148条和第150条的规定请求人民法院或者仲裁机构予以撤销。个案中如果存在因转让股东的行为导致的受让人意思表示不真实，受让人申请撤销合同，则受让人无须就出资义务的履行问题承担责任。《公司法司法解释（三）》第18条第2款进一步规定，受让人承担瑕疵出资责任后，可以向该未履行或者未全面履行出资义务的股东进行追偿，除非双方另有约定。

本书认为，股权转让作为一种商事交易行为，与传统民事行为存在明显不同之处。受让人在接受转让的股权前，应当对公司的包括出资在内的资产负债情况尽到高度注意义务，特别是转让股东的出资情况，属于受让人在受让股权时应当尽职调查的内容。即使受让人系基于欺诈受让股权，也可以通过撤销获得法律救济，当前我国立法规定对受让人过于倾斜保护，应当予以适度平衡。

（三）关于案件的管辖

需要明确的是，要以公司破产申请受理前后为区分点。破产申请受理前，债权人就债务人的财产提起《破产法司法解释（二）》第21条第1款规定的诉讼，在破产申请受理后，人民法院中止审理，待管理人完成接管后，根据《企业破产法》第20条的规定，人民法院受理破产申请后，已经开始且尚未终结的有关债务人的民事诉讼或者仲裁应当中止；在管理人接管债务人的财产后，该诉讼或者仲裁继续进行。人民法院受理破产申请后，《企业破产法》第21条明确，有关债务人的民事诉讼，只能向受理破产申请的人民法院提起。《破产法司法解释(二)》第47条第1款规定,人民法院受理破产申请后,当事人提起的有关债务人的民事诉讼案件,应当依据《企业破产法》第21条的规定,由受理破产申请的人民法院管辖。

(四)关于追缴财产归属

根据《公司法司法解释(三)》第13条第2款的规定,在破产申请受理前,债权人提起股东出资类诉讼并审结的,遵循"先到先得"原则,这与《破产法司法解释(二)》第21条的规定一致。公司破产申请受理后,债权人基于此提起诉讼主张就追回股东出资受偿的,驳回债权人的诉讼请求,债权人在一审中变更其诉讼请求为追收的相关财产归入债务人财产的除外。该条规定遵循了《企业破产法》"公平清理债权债务"的宗旨,破产受理后提起的前述诉讼主张追回的财产应当归入公司财产,各债权人根据清偿顺序受偿。破产申请受理前尚未审结的中止审理,进入破产程序后,管理人全面接管公司,代表公司参加诉讼,追收的财产也归入债务人财产。

三、延伸探讨

关于破产程序中未缴出资的追收问题,尚有如下问题有待讨论与完善。

(一)瑕疵股权出资,债务人股东能否以其对债务人所负的出资义务与债务人对其负有的债务主张抵销

根据《破产法司法解释(二)》第46条的规定,债务人的股东主张就债务人股东因欠缴债务人的出资与债务人所负的债务进行抵销,债务人管理人有权提出异议。这是因为企业法人以其全部法人财产对企业的债务承担责任,股东欠缴公司的出资系公司财产的重要来源,也是公司债权人的债权得以清偿的重要依据。根据公司资本充实基本原则,股东欠缴公司的出资应当归属于公司财产。公司欠付股东的债务,其实质是股东对公司享有的债权,应根据《企业破产法》第44条的规定,依法向管理人申报债权,按照《企

业破产法》第 143 条的规定归入对应债权类型，并按照法定清偿顺序受偿。

（二）瑕疵股权存在多次转让的情形时，公司或者债权人向谁主张权利

瑕疵股权存在多手转让的情形时，多个受让人对股权瑕疵出资知道或者应当知道的，公司或者债权人有权请求受让人与瑕疵股权转让股东承担连带责任。对于多手转让，首个受让人受让后再次转让瑕疵股权，成为第二个瑕疵股权转让股东，如此类推，转让人与受让人以及之后的全部受让人之间均为连带责任。根据《民法典》第 178 条第 1 款的规定，二人以上依法承担连带责任的，权利人有权请求部分或者全部连带责任人承担责任。故公司或者债权人既可以请求知道或者应当知道转让股东未尽出资义务的全部受让人承担连带责任，也可以向其中的部分受让人请求承担连带责任。当然，受让人承担责任后，有权按照《公司法司法解释（三）》第 18 条第 2 款的规定，向该未履行或者未全面履行出资义务的股东追偿。但是，受让人之间或者受让人与转让股东之间关于出资义务的承担另有约定的，从其约定。这一规定与票据的追索权与再追索权颇有异曲同工之妙。

【类案推荐】

类案 1

案例名称：“王某某、哈密某房地产开发有限公司追收未缴出资纠纷案”

裁判要旨：公司章程中规定了股东未履行或未全面履行出资义务即转让股权的，受让人应当承继转让人的出资义务。转让股东取得股权后，又将所持股权转让给该公司其他股东的，公司在每次股权变更后均修改了公司章程，并办理了股权变更登记。转让股东的出资义务已由新股东承继。

案　　号：（2021）最高法民申 2810 号

审理法院：最高人民法院

类案 2

案例名称:“黄某某、江西某地产有限公司追收未缴出资纠纷案”

裁判要旨:公司增资过程中,股东签订股权转让协议,并在股东会决议、新的公司章程上签字,公司据此变更工商登记,产生了公示效力,即使股东意思表示虚假,也不能对抗公司的其他债权人,仍应补交出资款项。

案　　号:(2019)赣民终 171 号

审理法院:江西省高级人民法院

本案例作者:刘向伊

案例 13：公司破产时，股东抽逃出资的行为如何认定，责任如何承担？

【要点提示】

股东抽回出资是否损害公司的财产权益是认定股东抽逃出资的实质条件，股东抗辩该抽回出资行为系用于公司日常经营的应当举证证明。

【裁判要旨示例】

股东是否构成抽逃出资，是以股东是否损害了公司的财产权益为认定标准，而与其他股东对抽逃出资行为是否知晓无关。因此，无论王某某是否知晓或同意方某某从某公司账户中取出 100 万元，只要方某某不能证明取出的款项用于公司的生产经营，就不影响方某某构成抽逃出资的认定。其他股东知晓并协助抽逃出资的，将产生承担连带责任的法律后果。

【案件概况】

案件名称：“方某某、深圳市某汽车电子科技有限公司等追收抽逃出资纠纷案”

案　　号：(2015)民申字第1467号

审理法院：最高人民法院

【案例评析与思考】

一、案情介绍

深圳市某汽车电子科技有限公司(以下简称某公司)成立于2004年6月1日，系有限责任公司。公司成立时股东为两人，即方某某和王某某，公司的注册资本为100万元，方某某和王某某各出资50万元，法定代表人为方某某，王某某为总经理。深圳市亚太会计师事务所有限公司出具的深亚会验字〔2004〕485号《验资报告》显示某公司的注册资本全部到位。某公司章程记载公司股东会是公司的最高权力机构，股东会的职权包括审批公司预算、决算方案等。2004年12月27日，某公司的股权发生变化，王某某将其全部出资转让给了傅某。

2004年9月30日、10月8日、10月9日、10月11日，方某某分4次以现金支票的形式从某公司的账户取走现金共计80万元，其中2004年9月30日的取款名目是差旅费，10月8日、9日、11日的取款名目是备用金。另外，2004年9月28日某公司支出备用金20万元，取款人为方某，方某系方某某的父亲。上述款项共计100万元，方某某称系为了推广电动汽车的出差和推广费用，但并没有附上报账核销的财务单据，也没有举证证明公司决议同意支出这些费用，更没有提供推广合同等其他证据。

另查，方某某在庭审中诉称支出的费用中有60万元交给了王某某，用于推广电动汽车，对此王某某的代理人当庭否认。方某某在庭审中还诉称取出的100万元都以现金方式交给了王某某，但没有举证证明王某某收到了上述款项，王某某的代理人当庭否认存在收取款项的行为。王某某一方还当庭否认备用金的差旅费用途。方某某在举证期限内提交了机票、住宿费等作为证据，但大部分不是发生在取款的期限内，也没有证据显示公司决议同意这些费用的支出以及这些票据经过公司的审核、报销和入账。方某某在庭审中诉称支付给某香港有限公司100万元，系王某某用于代收款项，但方某某没有举证证实某香港有限公司与王某某的关系。王某某在庭审中诉称，王某某没有实际出资，出资款实系方某某代为支付。

2012年11月9日，深圳市中级人民法院依法作出（2012）深中法破字第31号《民事裁定书》，裁定受理王某某对某公司的破产清算申请，并指定广东某律师事务所为某公司管理人。管理人接管后发现上述情况，遂向法院提起诉讼，要求抽逃股东承担相应责任。一审、二审法院均支持了管理人的诉讼请求。其中，二审法院认为，公司成立后，股东不得抽逃出资，是维护公司正常的经营活动、保障公司享有偿债能力、维护债权人利益的需要。该案中，某公司股东方某某及其父方某于某公司成立后不久的2004年9～10月，从某公司共提取100万元。对此，各方当事人均无争议。对提取该款项的目的、用途及其正当性，方某某应予举证证明。方某某未能就上列款项的支取作出合理解释，亦未提交证据证明该款系用于公司业务，依法应承担举证不能的法律后果。一审法院据此认定方某某的行为属抽逃出资，应承担返还出资款及相应利息的责任，适用法律并无不当。方某某上诉认为其不存在抽逃出资行为，与该案事实不符，且缺乏证据支持，不予采信。

再审申请人方某某因不服一审、二审法院的裁定，向最高人民法院提出再审申请。再审申请人认为其从公司账户中支取款项，是出于经营需要，属于正常的公司行为，且并无证据显示款项被方某某用于了个人消费、进入方某某的个人账户或被挪作他用。其他股东和监事理应知晓方某某的取款情况，且2011年前从未提出异议，故不构成抽逃出资。一审、二审法院驳回其诉讼请求缺乏事实依据，属于法律适用错误。

最高人民法院最终驳回再审申请人的申请。

二、案件评析

当前我国立法并未严格定义股东抽逃出资的内涵和外延，而是通过列举与界定相结合的方式，尽量全面地涵盖各种抽逃出资的行为。有观点认为，股东抽逃出资的认定比较复杂，很难通过列举方式予以穷尽。除《公司法司法解释(三)》第12条明确列举的4种情形外，凡是在公司成立后，股东未经法定程序而将其出资抽回并且损害公司权益的，人民法院都可认定为股东抽逃出资行为。笔者认为，股东抽逃出资是一种严重侵蚀公司资本的行为，股东履行出资义务后，股东获得以出资为限的有限责任保护，再利用股东身份通过一定手段将出资抽回，本质上属于滥用股东权利转移公司资产，损害公司独立法人人格、其他股东以及债权人权益的行为。但因其往往具有股东出资后在较短的时间内抽回的外观，故对股东抽逃出资的认定和股东其他滥用股东权利损害公司权益的行为应当有所区别，不宜将股东从公司不当获得财产的所有行为都笼统认定为抽逃出资。

股东抽逃出资应具有主观上的抽逃故意，且客观实施抽逃出资行为损害了公司的权益，进而损害公司其他股东和债权人的合法权益。通常认为，抽逃出资的股东往往是控股股东，抽逃出资的时间与出资时间接近，抽逃出资往往与公司无对价、担保、偿还期限的约定，程序上未经公司内部决策，且抽逃手段往往具有复杂性、模糊性、隐蔽性。[1] 该案中，在成立不到半年的时间内，股东分多次将公司的注册资本全部取出，取款的行为没有经过公司股东会的授权，取款后也无证据显示其将款项用于公司业务，亦没有向公司入账、报销等相关凭证足以认定股东存在抽逃出资行为，股东抗辩系正常经

〔1〕 参见最高人民法院民事审判第二庭编：《最高人民法院关于公司法解释(三)、清算纪要理解与适用》，人民法院出版社2011年版，第119页。

营行为的应当就其抗辩提供证据证明，否则应当承担举证不能的后果。

同时，认定股东抽逃出资应当注意把握该行为是对公司资本的侵蚀这一要素，并从行为人的主观目的、过错程度以及行为对公司造成的影响等角度进行综合分析。《公司法司法解释(三)》第 12 条明确股东抽逃出资承担责任的必要条件是这一行为对公司的权益造成损害，并规定了股东抽逃出资的常见形式。

(一)关于股东抽逃出资的形式

在实践中，股东可能利用各种形式抽逃出资，侵蚀公司资本，但又囿于举证困难难以被认定。为此，《公司法司法解释(三)》第 12 条对抽逃出资的表现形式进行了列举性规定。

1. 制作虚假财务会计报表虚增利润进行分配。财务会计报表作为向投资人和债权人决策的重要依据，应当全面客观地反映公司的资本结构、盈利能力和利润分配情况。《会计法》第 13 条第 3 款明确规定，任何单位和个人不得伪造、变造会计凭证、会计账簿及其他会计资料，不得提供虚假的财务会计报告。[1] 同时，2024 年实施的《公司法》第 211 条明确规定，公司违反本法规定向股东分配利润的，股东应当将违反规定分配的利润退还公司；给公司造成损失的，股东及负有责任的董事、监事、高级管理人员应当承担赔偿责任。遗憾的是，实务中财务会计报告虚假陈述时有发生，通过虚假财务会计报表虚增利润进行分配更是屡见不鲜。

在实务中，通过虚假财务会计报表虚增利润的手段主要体现为违反会计准则对收入和费用进行处理，具体来说主要包括挂账处理、收入确认以及会计政策变更等手段。[2] 挂账处理表现为公司不规范处理会计科目、虚增

---

〔1〕 财务会计报告一般由三部分组成，即财务会计报表、附注和其他需要披露的资料。

〔2〕 参见李美云、刘亚天：《有限责任公司股东利润分配请求权法律问题研究》，中国政法大学出版社 2019 年版，第 120 页。

预付账款、假提坏账降低预收账款、滥用其他应付款等;收入确认表现为违反会计准则提前确认收入、延迟确认收入、增加收入计算和减少收入计算;会计政策变更表现为通过变更存货计价方式、变更应收账款坏账计提比例以及变更固定资产折旧等方式虚增利润。此外,还有收益性支出资本化或资本性支出费用化[1]及关联交易等方式,此处不再逐一论述。

2. 通过虚构债权债务关系将出资转出。《会计法》中虚构债权债务关系主要体现为:以虚假的经济业务事项或者资料进行会计核算,虚构的手段通常为伪造借条、合同等各种证据佐证虚假债务,伪造虚假债权主体,与第三人恶意串通伪造虚假合同或者侵权等产生债权的证据,甚至是虚假诉讼、仲裁等。事实上不经调查、审计,仅从财务记录上很难发现抽逃出资的行为。尽管《会计法》第 17 条要求各单位应当定期将会计账簿记录与实物、款项及有关资料相互核对,保证会计账簿记录与实物及款项的实有数额相符、会计账簿记录与会计凭证的有关内容相符、会计账簿之间相对应的记录相符、会计账簿记录与会计报表的有关内容相符。但仅靠公司“自觉”核对并不现实,公司制定财务会计报告后,按照 2024 年实施的《公司法》第 208 条的规定还应当聘请会计师事务所进行审计。有趣的是,2024 年实施的《公司法》第 215 条规定公司聘用、解聘承办公司审计业务的会计师事务所,按照公司章程的规定,由股东会、董事会或者监事会决定。如此公司“攻守一体”兼具被审计人和委托人两种身份,让人难免对会计师事务所审计工作的独立性有所怀疑。

3. 利用关联交易将出资转出。通过关联交易转出出资并非当然被认定为抽逃出资,根据 2024 年实施的《公司法》第 22 条的规定,公司的控股股东、实际控制人、董事、监事、高级管理人员不得利用其关联关系损害公司利

---

[1] 将本来应当计入当期成本的支出,暂时挂列为待摊费用、长期待摊费用、开办费等,予以资本化,或者将本来能够计提为债权性质等科目的支出,不予计提,以增加当期成本。

益，给公司造成损失的，应当承担赔偿责任。可见法律并不是禁止一切关联交易，而是禁止损害公司权益的关联交易。故对利用关联交易抽逃出资的认定应当把握利用关联交易将出资转出与公司权益之间的关系。另外，实践中利用关联交易转出出资往往与虚构债权债务结合使用，通常在与关联方以与市场价值相差较大的价格销售商品、接受服务进行交易，进而通过“差价”抽逃，或者巧设名目以费用支出、其他应付款项的名义转出。

4. 其他未经法定程序将出资抽回的行为。为了维持公司资本充足，我国立法规定了将出资抽回的几种合法途径，如股权转让、股权回购、公司解散、破产清算等。此外，2024 年实施的《公司法》第 224 条还规定了股东可以通过减资程序抽回出资。鉴于股东抽逃出资的隐蔽性、欺诈性以及立法的滞后性，现有立法技术难以通过一一列举穷尽抽逃出资的手段，故除《公司法司法解释（三）》第 12 条列举的前 3 项抽逃出资情形之外，凡是在公司成立后，股东未经法定程序而将其出资抽回并且损害公司权益的，都可以认定该股东构成抽逃出资行为，这也是保护公司、其他股东和债权人合法权益的现实需要。

（二）抽逃出资股东的责任

关于抽逃出资股东的责任，理论上存在违约责任和侵权责任两种学说。违约责任说认为，公司的设立本身是一种契约行为，发起人基于设立公司的合意共同制定公司章程，发起人应当按约履行出资义务。因公司章程对公司所有股东均有约束力，抽逃出资的股东应当向守约股东承担违约责任。[1] 侵权责任说认为，股东和公司作为独立的法律主体，股东抽逃出资是对公司法人财产权的侵害。[2] 笔者更倾向后者，根据 2024 年实施的《公司法》第 4

〔1〕 参见杨心忠编：《最高人民法院商事裁判规则详解》，人民法院出版社 2015 年版，第 40 页。

〔2〕 参见最高人民法院民事审判第二庭编：《最高人民法院关于公司法解释（三）、清算纪要理解与适用》，人民法院出版社 2011 年版，第 237 页。

条第 1 款的规定,有限责任公司的股东以其认缴的出资额为限对公司承担责任;股份有限公司的股东以其认购的股份为限对公司承担责任。股东按照认缴份额向公司履行出资义务后,股东不再对公司的债务承担责任,同时该笔出资款的所有权归属公司。公司作为独立的法人,是法律上拟制的"人",股东采取一定手段从公司抽逃出资,看似是抽回自己向公司出资的资金,实际上是侵害了公司这一拟制"人"的财产权益,根据《民法典》第 120 条的规定,民事权益受到侵害的,被侵权人有权请求侵权人承担侵权责任。故笔者认为股东抽逃出资实际上是侵犯了公司的财产权。

通常情况下,股东利益与公司利益具有一致性,但当股东与公司利益发生冲突时,若抽逃出资为股东的共同合意,股东会作为公司的权力机关,在某种程度上公司起诉股东无异于要求"自己起诉自己",只有债权人在公司财产不足以清偿债务时可以主张抽逃出资股东承担责任。若是个别股东抽逃出资,其抽逃出资的行为还损害了其他股东对公司利润的分配权,此时公司或者股东均可主张抽逃出资股东承担责任。故而守约股东基于公司利润的分配、债权人基于债务的清偿,在维护公司权益方面具有天然内生动力,《公司法司法解释(三)》第 12 条明确赋予股东和债权人直接起诉的权利,股东实施抽逃出资行为损害公司权益的,公司、股东或者公司债权人均可请求认定该股东构成抽逃出资。进入破产程序后,管理人应当代表公司追收抽逃出资,管理人怠于追收的,《破产法司法解释二》第 23 条规定,个别债权人可以提起追收抽逃出资之诉。

在具体责任承担上,根据《公司法司法解释(三)》第 14 条的规定,股东抽逃出资,公司或者其他股东有权请求其向公司返还出资本息、协助抽逃出资的其他股东、董事、高级管理人员或者实际控制人对此承担连带责任。公司债权人有权请求抽逃出资的股东在抽逃出资本息范围内对公司债务不能清偿的部分承担补充赔偿责任,协助抽逃出资的其他股东、董事、高级管理人员或者实际控制人对此承担连带责任。2024 年实施的《公司法》第 53 条对此进一步明确，股东抽逃出资给公司造成损失的，负有责任的董事、监事、高级管理人员应当与该股东承担连带赔偿责任。另外，市场监督管理部门对股东抽逃出资行为也可以进行行政处罚。2024 年实施的《公司法》第 253 条规定："公司的发起人、股东在公司成立后，抽逃其出资的，由公司登记机关责令改正，处以所抽逃出资金额百分之五以上百分之十五以下的罚款；对直接负责的主管人员和其他直接责任人员处以三万元以上三十万元以下的罚款。"

（三）抽逃出资纠纷的管辖

与追收未缴出资纠纷相同，《企业破产法》第 21 条规定，人民法院受理破产申请后，有关债务人的民事诉讼，只能向受理破产申请的人民法院提起。因此，股东抽逃出资纠纷的诉讼，由受理公司破产申请的人民法院集中管辖。

（四）管理人追收抽逃出资的归属

从股东抽逃出资侵害的法益对象来看，股东抽逃出资导致公司财产权益受损，根据《公司法司法解释（三）》第 14 条的规定，股东应当在抽逃出资本息范围内向公司承担责任，也即股东抽逃的出资本息均属于公司财产。根据《企业破产法》第 30 条的规定，破产申请受理时属于债务人的全部财产，以及破产申请受理后至破产程序终结前债务人取得的财产，为债务人财产。管理人接管公司后应当追回公司财产，提起追收抽逃出资纠纷诉讼的，根据《破产法司法解释（二）》第 20 条的规定，出资人不得以认缴出资尚未届至公司章程规定的缴纳期限或者违反出资义务已经超过诉讼时效为由抗辩。

三、延伸探讨

关于股东抽逃出资的认定，尚有如下问题有待讨论与完善。

(一)出资款项转入公司账户验资后又转出行为的性质

2011年《公司法司法解释(三)》(法释〔2011〕3号)第12条第1项将其明确规定为抽逃出资的主要形式之一,本不应对其性质产生争议。但2014年《公司法司法解释(三)》将公司注册制改为认缴制,同时将前述条款删除。学界对这一行为性质的认识产生了分歧。一种意见认为,《公司法司法解释(三)》删除该项规定后,股东将出资款项转入公司账户验资后又转出的行为不再属于抽逃出资的行为;更有观点认为,股东进行该行为时主观上存在虚假出资的故意,该行为属于虚假出资,股东未履行或者未完全履行出资义务。另一种意见认为,鉴于认缴制改革后公司法不再要求实缴出资,故无须明确验资后抽逃的情形,2020年《公司法司法解释(三)》(法释〔2020〕18号)第12条第4项"其他未经法定程序将出资抽回的行为"足以涵盖该行为,仍处于抽逃出资。[1]

笔者认为,可以借鉴我国现行《刑法》对抽逃出资及虚假出资行为的规定,[2]虽然抽逃出资罪不再适用实施注册资本认缴登记制的公司,但该罪的构成要件对于民商事法律范畴中对抽逃出资行为的认定仍具有一定借鉴意义。虚假出资和抽逃出资均是违反资本维持原则的行为,二者的主要区别在于:抽逃出资侧重于出资到位后的抽逃行为,股东已经完全履行出资义务;而虚假出资侧重股东未履行或者未完全履行出资义务的瑕疵出资行为。虽然股东在将出资款项转入公司的账户验资后又转出时,存在欺诈公司的

---

〔1〕 参见张小洁:《股东将出资款转入公司账户验资后即转出是否构成抽逃出资的司法认定——解读〈关于李建成、常振敬与河北鼎利房地产开发有限公司等权属及侵权纠纷一案适用法律问题的请示的答复〉》,载人民法院出版社编:《解读最高人民法院司法复函》,人民法院出版社2019年版,第590页。

〔2〕 一是为达到设立公司的目的,通过向其他企业借款或者向银行贷款等手段取得资金,作为自己的出资,待公司登记成立后,又抽回这些资金的行为;二是在公司设立时,依法缴纳了自己的出资,但是在公司成立后,又将其出资撤回。参见郎胜主编:《〈中华人民共和国刑法〉理解与适用》,中国民主法制出版社2015年版,第277页。

主观因素，[1]但从客观上来看，基于公司法人人格的独立性和股东权利义务的一致性，在股东将出资款转入公司的账户后，该出资款项已经归入公司财产，此时应当认为股东出资义务已经履行完毕，而此后股东又将出资款抽出的，应当予以退回，而非继续履行出资义务。故而，该行为的性质仍属典型的抽逃出资，立法设计上仍可作为抽逃出资的典型情形加以规定。

（二）股东在公司经营期间支付的相关费用能否抵销出资款的问题

《民法典》第568条第1款规定，当事人互负债务，该债务的标的物种类、品质相同的，任何一方可以将自己的债务与对方的到期债务抵销；但是，根据债务性质、按照当事人约定或者依照法律规定不得抵销的除外。关于股东是否可以主张将自己的债务与公司的到期债务抵销，根据《破产法司法解释（二）》第46条的规定，债务人的股东主张以抽逃出资对债务人所负的债务与债务人对其负有的债务抵销，债务人管理人提出异议的不得抵销。该条为法定不得抵销的情形，根据上文的观点，股东抽逃出资所负债务的本质为侵权之债，因侵权而产生的债务在性质上不得抵销，如果允许债务人主张对因故意侵权而产生的债务进行抵销，可能会诱发侵权行为，[2]而且禁止侵权之债抵销，有助于受害人的损害得到迅速的填补。[3]

（三）其他股东、董事、高级管理人员、实际控制人协助股东抽逃出资的责任及追偿权问题

如果其他股东、董事、高级管理人员或实际控制人协助股东抽逃出资，按照《民法典》第1169条第1款的规定，教唆、帮助他人实施侵权行为的，应当与行为人承担连带责任。若前述人员构成共同侵权，应当与侵权股东一起承担连带责任。但承担侵权责任后，是否可以向侵权股东追偿？该条并

---

〔1〕 参见最高人民法院民事审判第二庭编：《最高人民法院关于公司法解释（三）、清算纪要理解与适用》，人民法院出版社2011年版，第210页。

〔2〕 参见王利明：《债法总则研究》，中国人民大学出版社2015年版，第706～712页。

〔3〕 参见韩世远：《合同法总论》（第4版），法律出版社2018年版，第705～706页。

未明确规定，对此，有观点认为，如果允许连带责任人向抽逃出资股东进行追偿，不能起到预防此类行为的效果。[1] 笔者认为，从连带责任的制度安排上，法律强调责任承担的对象，其他股东、董事、高级管理人员或实际控制人和抽逃出资股东对外承担连带责任，并不影响内部对责任进行划分，进而进行追偿。

【类案推荐】

类案 1

案例名称："深圳市某科技有限公司、李某某等追收抽逃出资纠纷案"

裁判要旨：股东向公司银行账户转账完成增资，会计师事务所出具验资报告后，次日出资款以往来款的形式被转入其他公司账户，用途摘要载明"往来"。该转出行为未经任何法定程序，亦非基于正常的交易关系。属于《公司法司法解释（三）》第 12 条规定的其他未经法定程序将出资抽回的行为。股东以获取验资为目的，短暂地将资金转入并转出的行为，构成抽逃出资，应当承担返还义务。

案　　号：（2021）最高法民申 4683 号

审理法院：最高人民法院

类案 2

案例名称："杨某某等与北京某文化传媒有限公司追收抽逃出资纠纷案"

裁判要旨：股东在公司完成验资后以往来款的名义通过第三方转出资金，未能提供证据证明和公司与第三方订立有相关书面合同及存在商业往

---

〔1〕 参见徐强胜：《公司纠纷裁判依据新释新解》，人民法院出版社 2014 年版，第 90 ~ 92 页。

来活动的事实，且股东自述该款项用于偿还个人借款，并称取得了公司的同意，应当认定为股东抽逃出资。股东主张在公司经营期间支付的相关费用用于抵销出资款，管理人提出异议的，人民法院应当支持管理人的主张。

案　　号：（2021）京民终649号

审理法院：北京市高级人民法院

本案例作者：刘向伊

案例 14：企业破产时，管理人应当如何追收董监高的非正常收入？

【要点提示】

公司的董监高即便对公司享有债权，也不能从公司账户直接支取款项，否则该款项将被认定为非正常收入。

【裁判要旨示例】

吴某某作为公司的法定代表人，在明知公司已进入破产清算程序的情况下，即使其存在对公司的债权，也应通过申报债权的方式进行清偿，而非直接向公司账户支取款项，一审认定该笔费用属于吴某某应向公司返还的非正常收入是正确的。

【案件概况】

案件名称：“吴某某、广东某人才交流服务有限公司追收非正常收入纠纷案”

案　　号：(2021)粤01民终21246号

审理法院：广东省广州市中级人民法院

【案例评析与思考】

一、案情介绍

2019年9月10日，申请人广东某人才交流服务有限公司（以下简称某公司）以不能清偿到期债务并且资产不足以清偿全部债务为由，向广东省广州市中级人民法院申请对某公司进行破产清算。广东省广州市中级人民法院于2019年9月24日作出（2019）粤01破180－1号民事裁定书，裁定受理某公司的破产清算申请。2019年10月10日，广东省广州市中级人民法院作出（2019）粤01破180－1号指定管理人决定书，指定广东某律师事务所担任某公司管理人，

某公司名下的平安银行账户流水显示：某公司于2019年9月17日向吴某某转账60,000元，于2019年10月21日向吴某某转账26,730元，两笔转账均备注为“往来款”，合计86,730元。

2020年7月17日，某公司管理人向吴某某送达（2019）某人才破管字第38号通知书一份及其附件，要求其向某公司返还包括上述某公司向吴某某转账的86,730元在内的破产财产共计93,421.61元。吴某某签署了相应的送达回执，确认已收到文件并知悉文件内容。某公司向一审法院起诉请求：（1）判令吴某某返还某公司款项共计86,730元及利息2993.13元（利息自侵占之日起至实际返还之日止，利息暂计至2020年7月30日，详见出资金额利息计算表）；（2）判令吴某某承担该案的受理费。一审法院经审理后认为，吴某某不能举证证明所支取款项86,730元用于与某公司有关的事项，更不能提出该款项支取合法的事实和法律依据，故该笔86,730元款项应在公司破产清算时作为非正常收入予以返还。吴某某未及时向某公司返

还款项86,730元造成某公司的资金孳息损失,故某公司主张吴某某从侵占款项之日起按全国银行间同业拆借中心公布的一年期贷款市场报价利率计付利息,合情合理,于法不悖,一审法院予以支持,故结合某公司实际向吴某某转账款项的时间,利息应分段计算,即从2019年9月17日起至2019年10月20日止以所欠款项60,000元为基数计算,从2019年10月21日起至实际清偿之日止以所欠款项86,730元为基数计算,并支持了原告的诉讼请求。

上诉人吴某某因不服一审法院的民事判决,向广东省广州市中级人民法院提起上诉。上诉人认为其从某公司支取的86,730元是用于支付某公司款项,含某公司拖欠的房租及记账费,吴某某没有侵占某公司财产,不应退还某公司,一审法院认定事实不清。

广东省广州市中级人民法院二审驳回了上诉人的上诉请求。

二、案件评析

公司濒临破产时,公司的董事、监事和高级管理人员利用对公司的控制权以其他名义攫取企业的财产中饱私囊,对债权人利益造成损害的,进入破产程序后,管理人应当根据《企业破产法》第36条的规定,对债务人的董事、监事和高级管理人员利用职权侵占的公司财产予以追回。管理人因追收债务人的董事、监事和高级管理人员利用职权获取的非正常收入及侵占的企业财产而引发诉讼,案由均属于追收非正常收入纠纷。两者的目的均在于否定企业的董事、监事和高级管理人员利用职权侵害企业财产的行为,该行为会导致债权人整体可清偿利益不当减少,故均应由管理人追回。将董事、监事和高级管理人员利用职权侵占的企业财产认定为非正常收入,实质是对非正常收入的追收范围作了扩大解释。此外,在公司强制清算过程中,清算组发现公司董事、监事、高级管理人员非法侵占公司财产的,清算组提起的诉讼也适用该案由。[1]

在非破产程序中，若出现公司董事、监事、高级管理人员非法侵占公司财产的情形，权利人通常请求法院判决侵占人返还侵占的债务人财产，[2]其依据为2024年实施的《公司法》第181条第1项和第3项、第186条的规定，董事、监事、高级管理人员不得侵占公司财产、挪用公司资金，不得利用职权贿赂或者收受其他非法收入，违反前款规定所得的收入应当归公司所有。[3]公司进入破产程序后，管理人则通过提起追收非正常收入之诉实现返还非法收入的主张。《企业破产法》第36条和《破产法司法解释（二）》第24条对此作了明确规定。

（一）追收非正常收入纠纷的适用对象

1. 利用职权侵占的公司财产。根据2024年实施的《公司法》第180条第1款、第2款的规定，董事、监事、高级管理人员对公司负有忠实义务和勤勉义务，要求董事、监事、高管人员管理公司、经营业务、履行职责时，应当采取措施避免自身利益与公司利益冲突，不得利用职权牟取不正当利益，执行职务应当为公司的最大利益尽到管理者通常应有的合理注意。在自身利益与公司利益发生冲突时，必须以公司利益为重，不得将自身利益置于公司利益之上。[4] 公司享有股东投资形成的全部法人财产权，董事、监事、高管人员不得以任何名义侵占公司财产，侵占公司财产的应当归还。这里追收非正常收入纠纷适用的对象是董事、监事、高级管理人员利用职权便利侵占公司财产。如果董事、监事、高级管理人员并非利用职权侵占公司财产或者其

---

〔1〕 参见最高人民法院研究室编：《最高人民法院新民事案件案由规定理解与适用》（下），人民法院出版社2021年版，第812页。

〔2〕 参见韩传华：《企业破产法解析》，人民法院出版社2007年版，第136页。

〔3〕 2024年实施的《公司法》第186条增加了监事违反忠实义务行为获得的收入归入公司之规定。

〔4〕 参见最高人民法院民事审判第二庭编：《公司案件审判指导》，法律出版社2014年版，第529页。

侵占的并非公司财产，虽然也应当向公司返还，但是不能通过追收非正常收入纠纷这一特别程序追回。[1]

2. 利用职权从公司获取的非正常收入。《破产法司法解释(二)》第24条第1款列举了3种非正常收入类型：(1)绩效奖金；(2)普遍拖欠职工工资情况下获取的工资性收入；(3)其他非正常收入。

(1)绩效奖金。绩效奖金是一个时期或者一项任务的完成后按照劳动者劳动绩效计算、发放的奖金，与工资、福利共同构成薪酬的组成部分。[2] 根据《企业破产法》第113条第1款的规定，破产程序中公司欠职工的工资优先于普通破产债权受偿。绩效奖金不属于前述工资范畴，不具有优先受偿权。董事、监事和高级管理人员利用职权获取绩效奖金将导致公司可供清偿债务的资产减少，从而导致其他普通债权人的权益受损，因此应当追回。

(2)普遍拖欠职工工资情况下获取的工资性收入。劳动债权相对其他债权来说是最优先保护的债权，《企业破产法》第113条明确将职工工资列为清偿破产费用和共益债务后的第一顺位。董事、监事、高级管理人员的工资作为第一顺位债权，具有受偿优先权。但是当公司出现破产原因并普遍拖欠职工工资时，公司的董事、监事和高级管理人员仍然利用职权获得工资性收入，明显违背公平清偿原则，属于对同一顺位职工债权的个别清偿。故应当将董事、监事和高级管理人员利用职权获取的前述工资性收入认定为非正常收入，这也体现了《企业破产法》对劳动者基本生存权的保护。

(3)其他非正常收入。该部分规定属兜底性条款，考虑董事、监事、高级管理人员对公司的掌控，为了避免其通过巧立名目的方式规避非正常收入

---

〔1〕 参见贺小电：《破产法原理与适用》，人民法院出版社2012年版，第297～298页。

〔2〕 参见信春鹰、阚珂主编：《中华人民共和国劳动合同法释义》，法律出版社2013年版，第249～251页。

的认定,《破产法司法解释(二)》第24条预留了该兜底条款,交由法官结合具体案件情况自由裁量。法官在认定非正常收入时,即使董事、监事、高级管理人员获取的收入已经被公司董事会或股东会决议通过,但是法院如果认为前述收入明显不合理,仍可将其认定为非正常收入。[1] 非正常收入的认定可通过横向、纵向、自身对比予以确定,一是横向对比同行公司,参考同行业同等规模企业同等职位的收入和待遇标准;二是纵向对比普通职工,对比董事、监事、高级管理人员与普通职工之间的职责、收入差距;三是对比本人往期收入,结合个人近几年的收入情况综合判断本次收入获取的合理性。一般来说,公司濒临破产时,董事、监事、高级管理人员获取的超出平均收入的部分可以被认定为非正常收入。

(二)侵占企业财产和获取非正常收入的主体

根据《企业破产法》第36条的规定,董事、监事和高级管理人员是侵占企业财产和获取非正常收入的主体。这里的董事包括执行董事和独立董事,根据2024年实施的《公司法》第265条第1项的规定,高级管理人员是指公司的经理、副经理、财务负责人,上市公司董事会秘书和公司章程规定的其他人员。这是因为前述人员负责公司的生产经营活动,决定着公司经营状况,直接影响外部债权人权益的受偿。其利用职权侵占公司财产或者获取非正常收入的行为,违背了对公司的忠实勤勉义务,侵犯了公司的财产权益。在破产程序中,管理人发现董事、监事和高级管理人员利用职权侵占公司财产或获取非正当收入的,应当通过提起追收非正常收入之诉予以追回。

需要注意的是,公司的董事、监事和高级管理人员利用职权侵占债务人财产的,除应当向公司返还外,还有可能构成职务侵占罪。若董事、监事和高级管理人员属于国家工作人员或者受国家机关、国有公司、企业、事业单

---

〔1〕 参见最高人民法院研究室编:《最高人民法院新民事案件案由规定理解与适用》(下),人民法院出版社2021年版,第811页。

位、人民团体委托管理、经营国有财产的人员，还可能构成贪污罪。[1]

（三）非正常收入追回后形成的债权处理

董事、监事、高级管理人员利用职权获取的非正常收入，因其原本是公司正常经营情况下董事、监事、高级管理人员的应得收入，此时追回财产的归属以及追回后形成的债权如何处置呢？《破产法司法解释（二）》第24条对此作出了明确规定。

1. 被追回财产归属公司。根据该条第2款的规定，债务人的董事、监事和高级管理人员应当向管理人返还上述公司财产，即利用职权获取的非正常收入。故而，管理人依法追回前述财产后，应当将追回的非正常收入纳入债务人财产。[2]

2. 因追回非正常收入形成的债权需区分情况处理。

（1）该条第3款明确规定，对于债务人出现破产原因情况下债务人的董事、监事和高级管理人员获取的绩效奖金和其他明显不合理的非正常收入，可以作为普通破产债权进行清偿。故而，管理人追回前述财产后，董事、监事和高级管理人员申报该部分债权的，经管理人审查符合普通破产债权构成条件的，按照普通破产债权的清偿顺位进行清偿。

（2）当债务人因出现破产原因并普遍拖欠职工工资情况时，债务人的董事、监事和高级管理人员获取的工资性收入，则需要按照该企业职工平均工资确定清偿顺位。该企业职工平均工资的部分，作为拖欠职工的工资进行清偿，在债务人的财产优先清偿破产费用、共益债务后，按照职工工资的清偿顺位受偿；高出该企业职工平均工资的部分，则按照普通债权的清偿顺位受偿。

---

〔1〕 参见韩传华：《企业破产法解析》，人民法院出版社2007年版，第136页。

〔2〕 参见最高人民法院研究室编：《最高人民法院新民事案件案由规定理解与适用》（下），人民法院出版社2021年版，第832页。

三、延伸探讨

如下有关追收非正常收入纠纷问题值得进一步研究探讨。

(一)非正常收入的追溯节点

根据2024 年实施的《公司法》第59 条第1 款第1 项的规定,股东会有权选举和更换公司董事和监事,并决定有关公司董事、监事的报酬事项;2024 年实施的《公司法》第67 条第2 款第1 项、第2 项、第8 项规定,董事会负责召集股东会会议,并向股东会报告工作,执行股东会的决议;行使决定聘任或者解聘公司经理及其报酬事项,并根据经理的提名决定聘任或者解聘公司副经理、财务负责人及其报酬事项的职权。也即公司董事、监事和高级管理人员因职权获取的收入是经过董事会、股东会决议通过的,那么董事、监事和高级管理人员因职权从公司获取的收入会在何时会被认定为“非正常收入”?

《破产法司法解释(二)》第24 条第1 款规定,债务人有《企业破产法》第2 条第1 款规定的情形时,债务人的董事、监事和高级管理人员利用职权获取的收入应当认定为《企业破产法》第36 条规定的非正常收入;也即债务人具备破产原因时,即为管理人追收非正常收入的追溯节点。对破产原因的判定有以下两种标准。

1. 债务人不能清偿到期债务且资产不足以清偿全部债务

债务人不能清偿到期债务是认定具备破产原因的必要要件,根据《破产法司法解释(一)》第2 条的规定,债权债务关系依法成立、债务履行期限已经届满、债务人未完全清偿债务3 种情形同时具备时,应当认定债务人不能清偿到期债务。若仅为一时的不能清偿,尚不构成具备破产原因,当债务人的资产总和小于其债务总和时,才可以被认定为资不抵债,具备破产原因。这就要求管理人在接管债务人企业后,即应着手调查债务人的财产状况,审查企业的资产负债情况，以便准确判定债务人出现破产原因的准确时间，确定追收非正常收入的追溯节点。

2. 债务人不能清偿到期债务且明显缺乏清偿能力

即使资产大于负债，债务人明显缺乏清偿能力的也可能被认定具备破产原因。根据《破产法司法解释（一）》第4条的规定，债务人账面资产虽大于负债，但存在因资金严重不足或者财产不能变现等原因、法定代表人下落不明且无其他人员负责管理财产、经人民法院强制执行以及长期亏损且经营扭亏困难，无法清偿债务或者其他导致债务人丧失清偿能力的情形，应当认定其明显缺乏清偿能力。债务人不能清偿到期债务，如果债务人属于短时间内资金周转不灵，不宜直接宣告其破产，但如果债务人实际上已经丧失清偿能力，即使其资产负债表上的资产可能还略大于负债，也可以启动破产程序清理债务，不一定要等其继续亏损到资不抵债时再宣告破产。因此，管理人在判断是否具备破产原因时，除着重审查公司的资产与负债外，还应当综合考量公司的整体情况，如公司是否存在经营管理困难、资产变现能力等因素。

（二）关于诉讼时效的问题

我国《企业破产法》及相关司法解释并未规定追收非正常收入纠纷的诉讼时效。有观点认为，追收非正常收入的权利行使人系管理人，故其诉讼时效应当从管理人知道或应当知道债务人的董事、监事和高级管理人员利用职权从企业获得非正常收入和侵占的企业财产时起算。[1] 笔者认为，主要有两方面理由：一是破产程序为非诉程序，而追收非正常收入纠纷属于诉讼程序，应当受诉讼时效的约束；二是破产程序注重兼顾公平和效率，法律不保护躺在权利上睡觉的人，更何况管理人对公司负有勤勉尽责，忠实执行职务的义务，更应当适用诉讼时效以督促管理人及时行使权利。故追收非正

---

〔1〕 参见浙江省台州市路桥区人民法院（2019）浙1004民初1847号民事判决书。

常收入之诉应当受诉讼时效约束，同时考虑破产程序中由管理人代表公司参加诉讼，诉讼时效的起算点应当以管理人而非公司知道或者应当知道为准。

（三）其他追收非正常收入纠纷的问题

公司董事、监事和高级管理人员从公司支取款项用于清偿公司欠付其债权的，管理人仍应当予以追回，董事、监事和高级管理人员应当根据法律规定依法向管理人申报债权，符合普通破产债权条件的，按照普通破产债权的清偿顺位受偿。如果债务人的高级管理人违反忠实勤勉义务，从企业获取非正常收入后，或者擅自处分企业财产并获益的，如无法追回或者虽然追回但仍不足以弥补债务人损失的，管理人可以提起损害债务人利益赔偿之诉。

【类案推荐】

类案1

案例名称：“张某、湖南某新材料股份有限公司追收非正常收入纠纷案”

裁判要旨：在债务人企业出现资不抵债、丧失清偿能力等破产原因时，债务人的董事、监事和高级管理人员基于其特殊身份或依职权所获得的绩效奖金等收入应认定为非正常收入。

案　　号：（2021）湘01民终15612号

审理法院：湖南省长沙市中级人民法院

类案2

案例名称：“福州经济技术开发区某防腐工程有限公司、姚某某追收非正常收入纠纷案”

裁判要旨：姚某某系依据合法签订的《解除劳动关系协议书》取得10,000元补偿，数额合理，《解除劳动关系协议书》签订后也并未再领取工资，不属于管理人主张的利用职权获取非正常收入。

案　　号：(2021)闽0105民初804号

审理法院：福建省福州市马尾区人民法院

本案例作者：刘向伊

案例15：股东未尽清算义务的行为应当承担何种法律责任？

【要点提示】

违法清算行为是对法人独立地位和股东有限责任的滥用，股东不应再获得破产免责制度的救济，也即股东不能再受到股东有限责任原则的保护。

【裁判要旨示例】

自行清算的过程中，在明知公司的资产不足以清偿已知债权人债权的情况下，既未通知已知债权人申报债权，亦未依法向人民法院申请进行破产清算，反而以虚假的清算报告骗取公司登记机关办理了注销登记，其行为损害了已知债权人的利益，依法应当认定为故意侵权行为。关于清算组成员应当承担的责任范围问题，一方面，2018年《公司法》第189条第3款规定："清算组成员因故意或者重大过失给公司或者债权人造成损失的，应当承担赔偿责任。"[1]清算组成员违法清算行为的直接后果，就是导致已知债权人

---

[1] 2024年施行的《公司法》将此条序号调整为第238条。以下所称新《公司法》均为2023年12月29日修订通过，于2024年7月1日起施行的《公司法》；《公司法》则为2018年《公司法》。

因债务清偿主体消灭而无法主张债权。故对已知债权人所造成的损失认定为债权本息的全部,并无不当。另一方面,在债务人企业资不抵债的情况下,通过依法进行破产清算的制度设计,在保证债权人就公司全部财产公平受偿的同时,也为债务人企业提供了破产免责的救济。该破产免责的法律后果在合法免除债务人企业不能清偿的部分债务的同时,也隔断了股东对公司债务的责任,使股东受到有限责任原则的保护。违法清算行为,系对法人独立地位和股东有限责任的滥用,既不能产生债务人免于清偿部分债务的法律后果,同时,作为股东也不再受到股东有限责任原则的保护,应当对公司的全部债务承担责任。

【案件概况】

案件名称:“林某甲、林某乙因与烟台某公司清算责任纠纷案”

案　　号:(2015)民申字第916号

审理法院:最高人民法院

【案例评析与思考】

一、案情介绍

烟台某公司与A公司(债务人)、B公司(保证人)借款合同纠纷案,原审法院于2004年10月25日作出(2004)烟民二初字第325号民事判决,判令A公司偿还烟台某公司借款本金人民币600万元及利息66.091048万元(计算至2004年8月20日);自2004年8月21日至判决生效之日仍按中国人民银行同期贷款利率计算利息;B公司承担连带清偿责任;案件受理费20,520元,由A公司和B公司共同负担。2006年11月20日,针对烟台某公司与A(债务人)、B(保证人)借款合同纠纷案,原审法院又作出(2006)烟民二初字第198号民事判决,判令A公司偿还烟台某公司借款本金800万元及利息188.914706万元,B公司承担连带清偿责任;案件受理费29,728元,由A公司和B公司共同负担。

(2004)烟民二初字第325号民事判决生效后烟台某公司申请强制执行。2006年,原审法院分别作出(2005)烟执字第124-2号、第124-4号民事裁定:将A公司所有的皮鞋、腰带等物品作价143.17888万元,B公司所有的装饰材料、办公家具等物品作价22.4万元,抵偿给烟台某公司以抵顶所欠烟台某公司相应数额的债务。因A公司和B公司暂无财产可供执行,烟台某公司也不能提供其可供执行财产的线索或证据,烟台某公司向原审法院申请发放债权凭证。原审法院于2006年5月19日作出(2005)烟执字第124-5号民事裁定,终结了执行程序;上述民事裁定同时载明:债权凭证为烟台某公司的权利凭证,若发现两被执行人有可供执行的财产或线索时,可随时持凭证申请再次执行。

(2006)烟民二初字第198号民事判决生效后烟台某公司亦申请了强制执行。因A公司和B公司无财产可供执行,经烟台某公司申请,原审法院于2007年10月18日作出(2007)烟执字第148号民事裁定,终结了执行程序。

此外,林某甲和林某乙系夫妻关系,均系A公司和B公司股东。A公司成立于1996年9月24日,注册资本660万元,法定代表人系林某甲。B公司成立于1999年12月24日,注册资本1000万元,法定代表人系林某乙。2011年11月15日,A公司和B公司分别召开股东会,形成如下决议:“一、公司经营不善,无业务往来,申请注销营业执照;二、公司成立清算组进行清算,清算组成员由林某甲和林某乙组成。”同年11月24日,A公司和B公司分别向公司登记机关申请了公司清算组备案。同年11月28日,A公司和B公司清算组分别在《人民日报》上刊登公告,通知债权人申报债权。

2012年1月12日,A公司清算组形成的注销清算报告中载明:"……三、企业的资产、负债及所有者权益(净资产)的情况:资产:1.28万元;负债:0.75万元;所有者权益:0.53万元。……五、债权债务的清算情况:债权已清收完毕;债务清偿完毕。六、企业剩余财产分配、遗留问题和法律责任的承担情况:企业剩余财产按股东出资比例分配,无遗留问题。七、会计凭证、账册等会计资料的保存情况:保存完好。"林某甲和林某乙在清算报告上签字。同日,A公司召开的股东会对注销清算报告进行审查,对清算报告形成全体股东一致通过的股东会决议。2012年1月16日,B公司清算组形成的注销清算报告中载明:"……三、企业的资产、负债及所有者权益(净资产)的情况:资产:12.8万元;负债:12.5万元;所有者权益:0.3万元。……五、债权债务的清算情况:债权已清收完毕;债务清偿完毕。六、企业剩余财产分配、遗留问题和法律责任的承担情况:企业剩余财产按股东出资比例分配,无遗留问题。七、会计凭证、账册等会计资料的保存情况:保存完好。"林某甲和林某乙在清算报告上签字。同日,B公司召开的股东会对注销清算报告进行审查,对清算报告形成全体股东一致通过的股东会决议。2012年7月5日,公司登记机关对A公司和B公司分别作出准予注销登记通知书。

此后,烟台某公司向法院提起诉讼,请求法院判令林某甲、林某乙连带清偿A公司、B公司所欠烟台某公司的债务。一审法院查明,A公司和B公司的清算组没有向烟台某公司送达申报债权的书面通知。A公司和B公司在清算时并没有委托有关部门对两个公司的资产进行审计。同时,林某甲、林某乙也未向一审法院提交A公司和B公司清算时的财产情况及处理债权债务的有关证据材料。一审、二审法院均支持了烟台某公司的诉讼请求。其中,二审法院认为,该案争议的焦点问题是:林某甲、林某乙是否应对A公司、B公司所负烟台某公司的债务承担赔偿责任以及赔偿范围如何确定。2018年《公司法》第189条第3款规定:"清算组成员因故意或者重大过失给公司或者债权人造成损失的，应当承担赔偿责任。”[1] 最高人民法院《关于适用〈中华人民共和国公司法〉若干问题的规定（二）》（以下简称《公司法司法解释（二）》）第 11 条第 2 款规定：“清算组未……履行通知和公告义务，导致债权人未及时申报债权而未获清偿，债权人主张清算组成员对因此造成的损失承担赔偿责任的，人民法院应依法予以支持。”第 19 条规定：“有限责任公司的股东……在公司解散后，恶意处置公司财产给债权人造成损失，或者未经依法清算，以虚假的清算报告骗取公司登记机关办理法人注销登记，债权人主张其对公司债务承担相应赔偿责任的，人民法院应依法予以支持。”林某甲、林某乙作为清算组成员，在清算、注销 A 公司和 B 公司的过程中，没有通知已知债权人烟台某公司申报债权，并且没有将 A 公司和 B 公司所欠烟台某公司的贷款列入清算报告，根据上述规定，林某甲、林某乙存在没有通知已知债权人和以虚假的清算报告骗取公司登记机关办理 A 公司和 B 公司注销登记的行为，应当对 A 公司和 B 公司的债务承担相应赔偿责任。关于赔偿范围问题，林某甲、林某乙以虚假的清算报告，使资不抵债、不符合注销条件的 A 公司和 B 公司注销登记，使债权人可以随时要求 A 公司和 B 公司清偿债务的权利落空。因此，林某甲、林某乙应当对 A 公司和 B 公司的全部债务承担清偿责任。

再审申请人林某甲、林某乙因不服二审法院的判决，向最高人民法院提出再审申请。申请人认为，在事实查明方面，其作为股东未依法清算 A 公司、B 公司，所应承担的赔偿范围应以其不当清算行为所导致的债权人的实际损失为限。又因为 A 公司和 B 公司的对外负债，经强制执行后，系因无财产可供执行而被裁定终结执行程序，因此债权人无法受偿的原因在于两家公司没有清偿能力，与申请人的不当清算行为没有因果关系，且申请人在清算过程中也没有处置两家公司的财产，没有给债权人造成实际损失，故不应

---

〔1〕 2024 年施行的《公司法》将此条调整为第 238 条。

对债权人承担全部的赔偿责任。在法律适用方面，申请人所实施的清算活动依据《公司法司法解释（二）》第18条，并不构成应对公司债务承担连带清偿责任的行为，故仅应“承担赔偿责任”或“承担相应赔偿责任”。最高人民法院裁定驳回申请人的再审申请。

二、案件评析

该案虽系股东在自行清算过程中，违反清算义务导致债权人损失，由债权人对未尽清算义务股东提起的清算责任纠纷，但该判决对破产清算程序中，股东在未尽清算义务时是否应承担责任以及应承担何种责任这一系列问题，具有一定的借鉴意义。由于2024年实施的《公司法》第232条〔1〕已将公司的清算义务人从公司股东调整为公司董事，但是，由于未尽清算义务所应承担的责任是损害赔偿责任，是侵权责任，故股东是否应承担未尽清算义务的赔偿责任，应以侵权行为发生的时间点作为新旧法条适用、责任承担主体、责任比例确定的分界线。因此在2024年实施的《公司法》生效后，讨论该问题仍有实践意义。本书以未尽清算义务这一侵权行为发生于2024年实施的《公司法》生效前为讨论背景。

根据《公司法司法解释（二）》第18条、第19条、第20条的规定，〔2〕有限责任公司的股东、股份有限公司的董事和控股股东的怠于清算、无法清算、违法清算行为，若造成债权人损失的，应承担赔偿或者清偿责任。《企业

〔1〕 2024年施行的《公司法》第232条规定：“公司因本法第二百二十九条第一款第一项、第二项、第四项、第五项规定而解散的，应当清算。董事为公司清算义务人，应当在解散事由出现之日起十五日内组成清算组进行清算。清算组由董事组成，但是公司章程另有规定或者股东会决议另选他人的除外。清算义务人未及时履行清算义务，给公司或者债权人造成损失的，应当承担赔偿责任。”

〔2〕《公司法司法解释（二）》第18条、第19条、第20条与2024年实施的《公司法》存在冲突，虽然该司法解释尚未失效，但是与2024年施行的《公司法》冲突的部分，应当以2024年施行的《公司法》为准。由于本书以未尽清算义务这一侵权行为发生于2024年施行的《公司法》生效前为讨论背景，故本书仍引用该司法解释的内容。

破产法》第15条将配合清算义务的相关人员范围限于公司的法定代表人，如经人民法院决定的可以包括企业的财务管理人员和其他经营管理人员，股东身份并非识别配合清算义务人的依据，与《公司法司法解释（二）》存在差异。《企业破产法》对股东责任规定于第7条第3款，即负有清算责任的人在公司具备破产原因时应及时申请破产。在实践中，大量进入破产程序的企业不仅具备破产原因，还兼具发生解散事由却未清算的情况，在此情形下，若该企业最终无法清算，则《公司法》下负有清算义务人的清算责任与《企业破产法》下相关人员的配合清算责任、及时申请破产责任将发生竞合。

《九民纪要》第118条规定，人民法院在判定债务人相关人员承担责任时，应当依照《企业破产法》的相关规定来确定相关主体的义务内容和责任范围，不得根据《公司法司法解释（二）》第18条第2款的规定来判定相关主体的责任。故而，在同时具备破产原因和解散事由企业的破产案件中，有限责任公司股东[1]是否应当就未尽清算义务承担责任以及责任承担形式具有讨论意义。

（一）《公司法》下有限责任公司股东清算责任与股东有限责任的突破

1. 法律规定有限责任公司股东未履行清算义务需要承担赔偿责任或连带清偿责任。依据《公司法司法解释（二）》第18条，股东需要为两类消极未履行清算义务的行为承担责任。

（1）未在法定期限内成立清算组开始清算，导致公司财产贬值、流失、毁损或者灭失，需要对所造成的债权人损失承担赔偿责任。此种情形下，适用因果关系推定和举证责任倒置两个原则，即公司解散后，原则上应当推定只要公司依法进行清算，债权人就可以得到全额清偿，清算义务人在造成损失

〔1〕 本案例讨论内容限于有限责任公司，本案例中“股东”如无特指，则均指有限责任公司股东。

的范围内就公司财产不能清偿的部分承担补充赔偿责任。[1] 此时,股东若认为不应承担责任的,则必须对其未在法定期限内成立清算组的行为,未造成公司财产损失承担举证责任。

(2)因怠于履行义务,导致公司主要财产、账册、重要文件等灭失,无法进行清算,对公司债务承担连带清偿责任。该情形实际是上述第(1)种赔偿责任的特殊情形,此时,公司主要财产、账册和重要文件等灭失即表明清算义务人无法证明其未及时清算未导致主要财产的贬损灭失。[2] 由于是第(1)种情形的特殊情形,同样也适用举证责任倒置和因果关系推定两个原则。由于经营资料灭失,股东一般难以就未及时清算未导致财产的贬损灭失进行举证,无法证明未损害债权人利益。在举证不能的情形下,应推定股东对公司全部债权人的损失承担赔偿责任。

2. 违法清算行为是对法人独立地位和股东有限责任的滥用,股东不再受到股东有限责任的保护。公司法人人格独立制度是经济发展背景下一项创新、灵活、符合市场经济发展的制度,该制度给投资者带来的保障吸引了大量资金进入市场,对"法人"这一民法上拟制主体的发展起到了促进作用。但是,随着市场经济发展的多样化,股东利用法人人格独立制度摆脱自身股东责任的形式逐渐多样化、发生频率也逐渐增加,在增进市场主体运转活跃度的同时,随之而来的是债权人利益保护的不确定性。为了实现债权人利益和股东利益的平衡,公司人格否认制度成为股东有限责任的突破点。

公司发生解散事由,进入不再经营的"休眠"状态,股东应当依法履行清算义务,厘清公司的资产和负债,清偿公司债务并完成股东利益分配。股东故意不对"休眠"公司进行清算,以"休眠"公司的空壳作为保护壳,逃脱其在

〔1〕 参见最高人民法院民事审判第二庭编:《公司案件审判指导》(最新增订版),法律出版社2018年版,第949页。

〔2〕 参见最高人民法院民事审判第二庭编:《公司案件审判指导》(最新增订版),法律出版社2018年版,第956页。

清算过程中所需要承担的股东义务，其本质是利用公司法人人格独立制度，滥用股东有限责任的保护。依据《公司法》第 20 条的规定，[1]公司股东滥用公司法人独立地位和股东有限责任，逃避债务，严重损害公司债权人利益的，应当对公司债务承担连带责任。由此，在公司发生解散事由却未依法清算的情形下，为实现债权人利益的保护，“刺破公司面纱”，由股东就未尽清算义务承担赔偿责任并不违背公司法的基本原理。

（二）《企业破产法》下的配合清算义务与股东怠于履行清算义务

1.《企业破产法》规定了配合清算义务的主体、内容、股东及时申请破产的义务，但并未明确各行为主体未履行各自义务所应承担的民事责任。《企业破产法》第 15 条第 1 款列明了法院受理债务人破产后，相关人员应尽的配合清算的详细义务；第 2 款则明确了“有关人员”是指企业的法定代表人、经人民法院决定可以包括企业的财务管理人员和其他经营管理人员。对违反第 15 条所列义务的有关人员，仅在《企业破产法》第 126 条、第 127 条明确可以拘传、罚款，而对于未尽配合清算义务的行为，应当承担怎样的民事责任并未规定。

2.《九民纪要》、最高人民法院《关于债权人对人员下落不明或者财产状况不清的债务人申请破产清算案件如何处理的批复》（以下简称《10 号批复》）可以理解为对《企业破产法》第 15 条配合清算义务的补充说明。2008 年最高人民法院向贵州省高级人民法院作出的《10 号批复》中表示，债务人的有关人员不履行法定义务，导致无法清算或者造成损失，有关权利人起诉请求其承担相应民事责任的，人民法院应依法予以支持，依据该批复可以确定相关人员应当对权利人承担侵权赔偿责任。2019 年《九民纪要》第 118 条对《企业破产法》第 7 条、第 15 条及《10 号批复》作了更进一步解读，对“法定义务”的承担主体、义务内容作了区分。

---

〔1〕 2024 年施行的《公司法》将本条调整为第 23 条第 1 款。

(1)相关人员的配合清算义务,即债务人的有关人员不配合清算的行为致债务人财产状况不明,从而导致无法清算或者造成损失。有关人员即指《企业破产法》第15条第2款所指的法定代表人、财务管理人员和其他经营管理人员;不配合清算的行为是指《企业破产法》第15条第1款的行为。

(2)负有清算义务人的及时申请破产义务,即依法负有清算责任的人未依照《企业破产法》第7条第3款的规定及时履行破产申请义务,导致债务人主要财产、账册、重要文件等灭失,致使管理人无法执行清算职务,给债权人利益造成损害。依据《公司法》第187条的规定,[1]清算组(有限责任公司由股东组成)发现公司财产不足以清偿债务的,应当依法向人民法院申请宣告破产,故及时申请破产义务实际也是股东清算义务的内容之一;反之,未及时申请破产即为股东怠于履行清算义务的表现形式之一。《九民纪要》第118条可以理解为对股东未尽清算义务在破产程序中承担民事责任最明确的裁判指引。

(三)《企业破产法》下法定义务与《公司法》下清算义务的竞合与差异

1.《九民纪要》所述的未尽配合清算义务需要承担民事赔偿责任的两类行为,与《公司法司法解释(二)》第18条所述的未尽清算义务需要承担民事赔偿责任的两类行为实质相同。

(1)因怠于履行清算义务,致公司财产毁损灭失或不明,使债权人受损的。即没有完成清算,导致公司对外承担责任的财产减少,且由于公司财产减少致使债权人的受偿金额减少。

(2)因怠于履行清算义务,致公司账册等经营资料灭失,无法清算。即因公司账册等经营资料灭失致公司无法清算,无法依据清算结果实现对债权人的清偿,故而导致债权人无法受偿。

在实践中,管理人或者个别债权人代表全体债权人对配合清算义务人

---

[1] 2024年施行的《公司法》将本条修改并调整为第237条。

提起的损害赔偿诉讼的诉请内容与依据《公司法》及其司法解释起诉要求股东承担清算责任的诉请内容一致。

2.《九民纪要》中规定的未尽配合清算义务而承担民事责任的主体，与《公司法司法解释（二）》第 18 条中规定的未尽清算义务而承担民事赔偿责任的主体均为实际掌握经营资料的主体。

因怠于履行清算义务致公司财产毁损灭失或不明，导致无法清算或造成损失的责任主体，《公司法》下为股东，《企业破产法》下依据一般规则为法定代表人、财务管理人员或其他经营管理人员。在破产清算和非破产清算两种程序中，责任主体虽然不同，但有其共通性。

（1）《公司法司法解释（二）》设定股东为行为主体的前提是公司已经解散，公司的对外经营终结，负有清算义务的股东应当在法定期间内成立清算组开始清算。如清算义务人未依法启动清算程序，配合清算义务人（是指法定代表人、财务管理人员等经营管理人员）在组织清算组成立的合理留守期间之后，因公司已解散可以离开公司另谋职业，其妥善保管并向清算组移交公司财产、账册、重要文件等资料的义务，在向清算义务人办理移交手续后，转由未履行清算义务的清算义务人承担，即使其没有办理移交手续，保管义务也由清算义务人承担。因为在清算义务人未履行启动清算程序义务的情况下，清算义务人负有主动承接财产等保管工作的义务。[1] 在此种情形下，默认股东实际掌握解散后的公司经营资料和财产，因此应由股东承担毁损灭失的责任。

（2）《企业破产法》第 15 条并未将公司已经发生解散事由作为前提，此时，公司经营在法律意义上尚在进行，由法定代表人、财务管理人员和经营管理人员掌握公司财产、账册、重要文件等经营资料，故应由其承担毁损灭

---

〔1〕 参见王欣新：《论清算义务人的义务及其与破产程序的关系》，载《法学杂志》2019 年第 12 期。

失的赔偿责任。

综上所述,《公司法》和《企业破产法》均认为,在公司进入破产程序时,理应掌握公司财产和经营资料的人即为责任承担主体。

3.《九民纪要》中规定的及时申请破产的责任主体与《公司法》中规定的申请破产的责任主体一致。

及时申请破产的主体在《公司法》中为清算组,在《企业破产法》中为清算义务人。《公司法》第187条[1]规定,清算组(有限责任公司由股东组成)发现公司财产不足以清偿债务的,应当依法向人民法院申请破产清算,故该义务的行为主体为股东。《企业破产法》第7条规定,负有清算义务的人应当申请公司破产,故该义务的行为主体仍为股东。

(四)股东在破产程序中怠于履行清算责任的责任认定和责任承担

1.未尽清算责任的股东不应受到股东有限责任的保护,造成他人损失的应承担赔偿责任。《九民纪要》第118条规定,人民法院在审理债务人相关人员下落不明或者财产状况不清的破产案件时,除要充分保障债权人利益外,还要避免不当突破股东有限责任原则。及时申请破产属于股东在履行清算责任中所应承担的义务之一,股东未尽清算责任实则是滥用公司人格独立、股东有限责任保护的行为,依法可以刺破公司面纱,要求股东承担赔偿责任并不构成对股东有限责任的不当突破。

2.股东承担责任应当符合侵权责任的构成要件。

(1)股东存在违法行为。

首先,《九民纪要》第118条明确,股东未及时申请破产,导致债务人主要财产、账册、重要文件等灭失,致使管理人无法执行清算职务,给债权人利益造成损害的,应当承担赔偿责任。股东应承担赔偿责任的行为仅为未及时申请破产的行为。在企业发生解散事由后,若股东依法清算,资产大于负

[1] 2024年施行的《公司法》将该条修改并调整为第237条。

债的，在清偿债务并完成对股东分配后，公司将被注销，不再具有进入破产程序的可能，即便该清算系股东违法清算，损害了债权人利益，因为公司已经被注销而不再具有进行破产的可能，债权人应通过清算责任诉讼追究股东责任；资产小于负债的，应申请破产清算，债权人应在破产程序中实现自身的权利。反之，解散事由发生后，公司资产大于负债的，因股东怠于履行清算责任导致财产损失、无法清算的，债权人可以通过诉讼要求公司和股东承担清偿责任或者赔偿责任。故债权人需要通过破产程序主张权利的情形仅有债务人资不抵债，应当申请破产而未申请破产的情形。因此，将股东未尽清算责任的行为限于未及时申请破产导致财产、账册、重要文件等灭失，致使管理人无法执行清算职务，已经可以涵盖全部需要股东承担责任的情形。

其次，《九民纪要》第14条载明，股东怠于履行清算义务是指有限责任公司的股东在法定清算事由出现后，在能够履行清算义务的情况下，故意拖延、拒绝履行清算义务，或者因过失导致无法进行清算的消极行为。该款隐藏的含义是股东在解散事由发生时应有履行清算义务的可能性，若在解散事由发生时，股东已经客观不具有进行清算的可能性的，则具有不可归责性。延伸到破产程序中，股东应存在在能够申请破产的情况下，仍故意拖延、拒绝申请，或者因过失导致未申请的行为。

（2）债权人存在损失。在破产程序中，债权人的损失即为其未能实现的全部债权。

（3）股东未及时申请破产与债权人的损失之间具有因果关系。首先，未及时申请破产属于未尽清算责任的表现之一，依据《公司法》及其司法解释的观点，该因果关系的证明采用因果关系推定和举证责任倒置两个原则。其次，《九民纪要》第15条规定："有限责任公司的股东举证证明其'怠于履行义务'的消极不作为与公司主要财产、账册、重要文件等灭失，无法进行清算的结果之间没有因果关系，主张其不应对公司债务承担连带清偿责任的，人民法院依法予以支持。”因此，若股东可以举证证明公司主要财产、账册、重要文件灭失与未及时申请破产行为之间不存在因果关系，则股东不具有可归则性。

(4)股东存在故意或者过失。股东的过错包括故意或者过失，清算义务作为《公司法》载明的股东责任，股东应当知晓并遵守。

3. 股东承担的责任应为连带责任。

首先，根据《公司法司法解释（二）》第 18 条的规定，有限责任的股东……因怠于履行清算义务致公司财产、账册、重要文件等灭失，无法进行清算的行为，需要承担连带责任。依据最高人民法院的审判指导，致无法清算为特殊情形，由于账册等经营资料灭失必然会导致股东无法举证其行为未导致权利人损失，故而推定承担权利人的全部损失。[1] 其次，股东承担的责任为及时申请破产的责任，由于在清算过程中发现公司存在资不抵债情形的应当申请破产，故未申请破产的，应推定为资产可以清偿全部负债，故股东应对公司未清偿的债务承担连带责任。

需要补充说明的是，2024 年实施的《公司法》已将清算义务人确定为公司的董事，那么在清算过程中发现公司资不抵债时申请破产的义务人也应为董事，同时，也与破产法中的配合清算义务人的范围重叠。由于公司发生解散事由未依法清算、清算义务人未依法申请破产清算是持续性法律事实，新法的生效将使责任承受主体发生变化，新责任主体不应承担新法生效前已经存在的损害结果，原责任人不应因新法生效而豁免其原本应承担的损害结果。

---

〔1〕 参见最高人民法院民事审判第二庭编：《公司案件审判指导》（最新增订版），法律出版社 2018 年版，第 956 页。

三、延伸探讨

一方面，有观点认为，股东受有限责任保护，且不负责公司的日常经营，并不掌握公司的财产情况和经营资料，故股东仅需要在其出资范围内承担出资义务即可，不应另行承担赔偿责任。这一观点应分步骤予以分析：首先，结合该案的审理情况可以发现，股东怠于履行清算义务的行为涉及对法人独立地位和股东有限责任的滥用，可以“刺破公司面纱”，追究股东责任。该原理延伸到破产程序中，则体现为股东不应再受到破产免责制度的救济。其次，《九民纪要》第117条指出：“债务人同时符合破产清算条件和强制清算条件的，应当及时适用破产清算程序实现对债权人利益的公平保护。债权人对符合破产清算条件的债务人提起公司强制清算申请，经人民法院释明，债权人仍然坚持申请对债务人强制清算的，人民法院应当裁定不予受理。”依据《公司法》和《企业破产法》的规定，债权人可以申请强制清算或者破产清算，即便公司同时发生解散事由和具备破产原因，债权人也可以申请强制清算，即便因资不抵债转为破产程序，也不影响债权人追究股东未尽清算义务的责任。但是依据《九民纪要》该条款的精神，债权人在此时的选择权被限于破产清算。若此时股东不需要因为其怠于履行清算义务的行为承担责任的，则无异于剥夺了债权人追究股东责任的权利，也可能成为股东滥用股东有限责任的保护，逃避清算义务的漏洞。

另一方面，有观点认为，小股东不参与公司经营，且对公司控制力小，故不应承担责任。然而，持股比例不是决定是否承担责任的依据。首先，无论是《公司法》还是《企业破产法》均未对不同持股比例股东应承担的清算义务区别规定，小股东并不能因持股比例低就当然不对未尽清算义务承担责任。其次，《公司法》赋予了小股东提议召开股东会、董事会的权利，给予了小股东在公司经营异常时行使股东权利、保障自身利益的途径，故小股东虽然没有决定公司解散、经营、成立清算组的绝对控制权,但其仍应在法律规定之下行使其权利、履行其义务,若小股东履行其义务后,仍无法实现清算则属于客观不能,但不能因为小股东没有绝对控制权就推定其不主动积极履行清算义务而不具有可归责性。最后,小股东不承担赔偿责任的原因来自因果关系较弱。小股东在公司经营上缺乏决定权、控制权,其对公司的控制力、公司经营的参与度远低于大股东、经营管理人员,在债权人主张要求小股东赔偿时,其举证证明其个人的消极行为与无法清算结果之间没有因果关系的证明难度低于大股东,故小股东最终被认定需要承担责任的可能性远低于大股东。综上,持股比例并非股东承担责任的依据,是否承担责任还是要依据其行为与债权人损失之间因果关系的存在予以确定。

【类案推荐】

类案 1

案例名称:“北京某技术开发总公司、西安高新区某发展有限公司清算责任纠纷案”

裁判要旨:有限责任公司股东因公司无法清算对公司债务承担连带清偿责任需具备两个要件,其一,股东怠于履行清算义务,即有限责任公司股东在法定清算事由出现后,在能够履行清算义务的情况下,故意拖延、拒绝履行清算义务,或者因过失导致无法进行清算;其二,股东怠于履行清算义务这一消极不作为与公司主要财产、账册、重要文件灭失进而无法进行清算这一结果之间具有因果关系。

案　　号:(2020)最高法民申 5659 号

审理法院:最高人民法院

类案2

案例名称：“何某民、上海某工贸有限公司、阮某华损害债务人利益赔偿纠纷案”

裁判要旨：股东决定停止公司经营时，公司具有相应的偿债能力，因股东未及时进行清算，且未向破产管理人提供公司印章、证照、财务资料等资料导致无法对公司资产进行清查，使债权人的债权无法实现，故股东应承担相应的赔偿责任。

案　　号：（2021）沪01民终14908号

审理法院：上海市第一中级人民法院

本案例作者：汪莹

案例 16：不同种类的债权是否可以主张破产抵销权？

【要点提示】

用于抵销的债务需产生于法院受理破产申请之前且不存在《企业破产法》及司法解释规定的禁止抵销情形。债权人行使破产抵销权以向管理人申报债权且债权得到管理人确认为前提,不受债权债务是否到期、债务标的物种类、品质是否相同的影响。除抵销使债务人的财产受益情形外,管理人不得主动提出破产抵销。

【裁判要旨示例】

破产抵销权制度的规范意旨:一是为了简化当事人之间的相互给付关系,避免无意义的诉讼;二是为了防止出现在债务人企业被宣告破产后,债权人对破产企业的债务要全额履行,而所享有的债权只能按比例受偿的不公平现象。在该案中,因原审判决未就甲公司申报债权、主张抵销的事实作出实事求是的认定,其要求甲公司另行主张权利的审理思路不仅违背了破产抵销权制度的规范意旨,甚至可能出现甲公司在全额偿还案涉仓单款项的同时,其对乙证券公司的债权分文不能得到清偿的不公正结果。

【案件概况】

案件名称：“四川甲公司、乙证券公司合同纠纷再审案”

案　　号：(2016)最高法民再404号

审理法院：最高人民法院

【案例评析与思考】

一、案情介绍

2003年9月26日，丙公司与甲公司签订《转让协议》约定丙公司将天然橡胶标准仓单8983张转让给甲公司，转让金额808,470,000元。甲公司自愿一次性补偿丙公司出让标准仓单的预期收益205,935,275元。后瀚特公司分16次将转让款项支付至甲公司，甲公司均于同日将全部款项转至丙公司，丙公司将仓单的所有权转移至甲公司。经调查，上述交易为虚假交易，资金流水系循环倒账形成，交易中的瀚特公司、甲公司均为乙证券公司的全资控股公司，后甲公司将所有仓单处置得到价款575,947,704.97元。此外，甲公司与乙证券公司存在真实的资金往来，乙证券公司欠付甲公司425,500,000元。

2008年7月8日，福州市中级人民法院裁定受理乙证券公司破产清算案。2009年1月8日，乙证券公司管理人起诉甲公司。要求甲公司向乙证券公司支付仓单转让款1,014,405,275元，以及双方往来款对抵后的欠款698,905,275元及利息。一审法院福州市中级人民法院判决后，双方均上诉，二审撤销原判发回重审，在重审一审中乙证券公司变更诉讼请求，要求甲公司返还仓单，如无法返还，按照市价赔偿。重审一审经审理，判决双方之间的合同因违法而归于无效，甲公司支付乙证券公司仓单处置款575,947,704.97元及利息。

甲公司不服一审判决，上诉至福建省高级人民法院，要求在返还仓单处置款中就双方的资金往来款差额部分425,500,000元进行抵销。二审法院经审理认为，本案没有证据证明甲公司向乙证券公司管理人申报过债权，亦没有证据证明甲公司向乙证券公司管理人发出过主张抵销的通知，且双方对资金往来债权数额存在争议，与该案不属于同一法律关系，不属于该案的审理范围，维持了一审判决。

甲公司不服二审判决，向最高人民法院申请再审，再审理由为其认为甲公司已经向乙证券公司发出抵销通知，且一审中系乙证券公司主动提出要求进行抵销，双方在一审中进行了对账，对无异议部分应该确认。乙证券公司答辩认为：双方资金往来债权债务与本案无关应另案处理；乙证券公司从未同意甲公司抵销的主张；且甲公司对乙证券公司的负债是在法院受理破产申请之后，根据《企业破产法》不得抵销；乙证券公司既未收到甲公司的债权申报也未收到过破产抵销通知。

二、案件评析

该案为最高人民法院提审的关于破产抵销权认定和适用条件的再审案件，时间跨度长、审理层级多，具有很强的典型性。该案在事实查明和法律适用上，集中体现了《企业破产法》及司法解释关于破产抵销权的行使规则和法律精神，如明确了抵销权人对债务人的负债要产生于破产受理前、不得存在法律规定禁止抵销的债务类型；进行抵销的债权债务，不要求种类相同、基于同一法律关系；管理人一般不得主动主张抵销权等。

更重要的是，最高人民法院在该案判决说理部分阐述了破产抵销权制度设立的规范意旨，从立法目的角度阐释裁判思路、准确适用法律，依法纠正原审法院对法律的适用错误，发挥了国家最高审判机关引导法律正确适用的重要价值导向作用。根据上述判例及《企业破产法》《破产法司法解释（二）》的相关规定，持破产抵销权制度的核心内容主要归纳如下。

（一）破产抵销权的行使条件

根据《企业破产法》和《破产法司法解释（二）》的相关规定，债权人行使破产抵销权不受债权债务是否到期、债务标的物种类、品质是否相同的影响，原因在于债务人进入破产程序后，所有债权均加速到期且将折合为货币形式的清偿。根据上述司法案例及相关规定，行使破产抵销权需要满足如下要件：一是用于抵销的债权已经得到管理人确认。根据前述判例，未经管理人确认的债权不能作为抵销债权。二是债权人与债务人互负债权债务关系，且均产生于破产申请受理之前。在实务中，用于抵销的债权的产生时间是管理人、法院的审查重点之一。三是不存在禁止抵销的情形。禁止抵销的情形具体归纳如下。

1. 债务人的债务人在破产申请受理后取得他人对债务人的债权不能抵销。在债务人破产后，很多债权人只能获得部分清偿甚至无法得到清偿，如果允许破产企业的债务人通过低价收购债权人的债权再向破产企业主张行使抵销权、消灭其对破产企业的清偿义务，则将损害其他破产企业债权人的公平受偿权，因此法律予以禁止。

2. 债权人恶意负债不能抵销。债权人已知债务人有不能清偿到期债务或者破产申请的事实，对债务人负担债务的；但是，债权人根据法律规定或者有破产申请一年前所发生的原因而负担债务的除外。

3. 债务人的债务人恶意取得的债权不能抵销。债务人的债务人已知债务人有不能清偿到期债务或者破产申请的事实，对债务人取得债权的；但是，债务人的债务人根据法律规定或者有破产申请一年前所发生的原因而取得债权的除外。

4. 以抵销方式进行个别清偿的抵销无效。债务人有不能清偿的到期债务，并且资不抵债或者明显缺乏清偿能力情形的，若债务人在破产申请受理前6个月内向个别债权人以抵销方式进行清偿，且清偿的债务属于《企业破产法》第40条第2项、第3项规定的情形之一，则抵销行为无效。

5. 债务人股东的特定债务禁止抵销。根据《破产法司法解释（二）》第46条的规定，债务人股东因欠缴债务人出资或者抽逃出资对债务人所付的债务、债务人股东滥用股东权利或者关联关系损害公司利益对债务人所负的债务属于禁止抵销的债务，债务人股东不得以对债务人的债权向管理人主张抵销。

上述禁止抵销情形，亦有例外。根据《破产法司法解释（二）》第45条的规定，《企业破产法》第40条所列不得抵销情形的债权人，主张以其对债务人特定财产享有优先受偿权的债权，与债务人对其不享有优先受偿权的债权抵销，法律予以认可，但是，用以抵销的债权不得大于债权人享有优先受偿权的财产价值。

（二）破产抵销权的行使程序

1. 破产抵销权的行使主体

根据《破产法司法解释（二）》第41条的规定，行使破产抵销权应以债权人向管理人提出的方式行使。根据前述司法判例，债权人在债务人进入破产程序前的行政清理阶段即进行了债权申报且提出抵销主张的，视为债权人申报了债权并提出了抵销主张。

一般情况下，管理人不得主动抵销，但如果行使抵销权可以使债务人财产受益的除外。在前述司法判例中，最高人民法院亦明确了一般情形下管理人不得主动提出破产抵销的规范意旨，即“抵销权作为债权人的一项权利，是可以任由其行使或放弃的，由管理人主动主张抵销，将使个别债权人受益，使破产财产减少，客观上对多数破产债权人不利，与管理人应当为全体债权人共同利益活动的职责不符”。

2. 破产抵销权的审查

根据《破产法司法解释(二)》第42条第1款的规定，管理人自收到债权人提出债务抵销的通知后进行审查，经审查无异议的，抵销自管理人收到通知之日起生效。审查内容包括对破产债权的审查及是否符合破产抵销权行使条件的审查。第42条第2款规定，管理人对抵销主张有异议的，应当在约定的异议期限内或者自收到主张债务抵销的通知之日起3个月内向人民法院提起诉讼。无正当理由逾期提起的，人民法院不予支持。

(三)破产抵销权的生效

破产抵销权为形成权，自到达接受抵销通知的相对人时生效。《破产法司法解释(二)》第42条列举了破产抵销权生效的两种情形：第一，经管理人审查无异议的，抵销自管理人收到通知之日起生效；第二，管理人经审查有异议并提起诉讼的，如人民法院判决驳回管理人提起的抵销无效诉讼请求，该抵销亦自管理人收到主张债务抵销的通知之日起生效(有溯及力)。在前述司法判例中，虽然债权人甲公司的抵销主张经最高人民法院再审程序才得到确认，但其抵销主张溯及至管理人收到甲公司的抵销通知之日。

三、延伸探讨

关于破产抵销权问题，尚有如下问题有待讨论与完善。

(一)劣后债权能否行使破产抵销权

根据《破产审判纪要》第28条的规定，破产财产依照《企业破产法》第113条规定的顺序清偿后仍有剩余的，可依次用于清偿破产受理前产生的民事惩罚性赔偿金、行政罚款、刑事罚金等惩罚性债权。基于前述规定，理论界一般认为前述惩罚性债权属于劣后债权。然而，对于前述债权是否属于破产债权仍存争议，如《破产规定》第61条规定，下列债权不属于破产债权：

(1)行政、司法机关对破产企业的罚款、罚金以及其他有关费用;(2)人民法院受理破产案件后债务人未支付应付款项的滞纳金,包括债务人未执行生效法律文书应当加倍支付的迟延利息和劳动保险金的滞纳金……且该等规定仍有效。笔者认为,债务人进入破产程序后,普通债权基本不可能实现全额受偿,在现行司法解释及相关规定尚未统一和明确劣后债权是否属于破产债权的情况下,若允许劣后债权人行使破产抵销权,则普通债权人的权益将进一步受到损害,故劣后债权不能行使破产抵销权。

(二)破产抵销权的行使期间

破产抵销权的行使期间应为破产财产分配方案、和解协议草案、重整计划草案提交债权人会议表决之前。《企业破产法》及相关司法解释并未明确规定破产抵销权的行使期间。根据《北京市高级人民法院企业破产案件审理规程》及《上海市高级人民法院破产审判工作规范指引(试行)》等的规定,在实务中,该期间于破产财产最终分配前终止。如果债权人没有在破产财产最终分配前提出抵销,应认为其具有放弃抵销权的意思表示。根据最高人民法院《关于企业破产法司法解释(二)理解与适用》一书,破产财产最终分配前是指破产财产分配方案提交债权人会议表决之前,在重整与和解程序中,是指和解协议草案、重整计划草案提交债权人会议表决之前。

(三)管理人行使破产抵销权的条件

根据《破产法司法解释(二)》第41条的规定,在抵销使债务人财产受益的情况下,管理人可以主动行使破产抵销权,但相关法律法规并未明确判断“使债务人财产受益”的具体标准。根据浙江省台州市中级人民法院(2019)浙10民终2739号等司法判例,一般需要参照“行使抵销权不仅不会使破产财产减少,反而使债务人的财产受益,管理人主张抵销权并不违反管理人为全体债权人利益履职的角色定位”等条件要素进行衡量和判断。在司法实务中,管理人主动行使抵销权一般发生于债权人和债务人均进入破产程序时，原因在于在债权人也进入破产程序且债务人债权清偿率高于债权人债权清偿率的情况下，此时管理人主动提出抵销可以避免债务人整体财产的减少、使全体债权人受益。

【类案推荐】

类案1

案例名称：“中国甲公司与乙钢铁集团公司管理人、山西丙公司管理人破产抵销权纠纷案”

裁判要旨：中国甲公司对乙钢铁集团公司上述两笔债务的确定时间为2015年8月8日，形成于乙钢铁集团公司重整申请受理后，不符合《企业破产法》第40条关于“债权人在破产案件受理前对债务人负有债务的，可以向管理人主张抵销”的规定。破产抵销是互负债务的抵销，即相互抵销的前提是双方互负债务，而乙钢铁集团公司在中国甲公司的股权是因出资形成的，出资进入公司后不能擅自退出，只能经法定程序通过公司股权转让等方式进行股权转让。股权与因合同形成的债权是两种不同的民事法律权利，与中国甲公司对乙钢铁集团公司所负债务性质不同，不能进行抵销，中国甲公司主张抵销无效。

案　　号：(2017)晋民终566号

审理法院：山西省高级人民法院

类案2

案例名称：“常州甲公司与上海乙实业公司合同、无因管理、不当得利纠纷案”

裁判要旨：虽然该案中常州甲公司已被宣告破产，但根据《企业破产法》

及其相关司法解释的规定，法律并未完全禁止对破产企业的抵销权，只是针对债权人或债务人在特定情形下有违诚实信用原则所为的偏袒性清偿而本质上将不当减少破产财产、损害全体债权人公平受偿的抵销行为作了禁止性规定。如果该抵销行为并未不当减少破产财产且未对其他债权人平等受偿产生影响甚至使全体债权人受益的，法律并无禁止之理。该案系在破产分配方案确定后，常州甲公司因对上海乙实业公司的债权人承担 9716 元的担保责任，从而主张在上海乙实业公司的破产分配财产中进行抵销而起纠纷，该抵销行为如依法成立，将使常州甲公司的破产财产增加，从而增加债权人受偿数额，该抵销权行使情形并不被企业破产法所禁止。因此，上海乙实业公司认为常州甲公司破产管理人行使抵销权不符合破产法的规定，无权行使原《合同法》第 99 条规定的抵销权的上诉理由并不成立。

案　　号：(2015)苏商终字第 00239 号

审理法院：江苏省高级人民法院

类案 3

案例名称："温州甲公司、温州乙投资公司管理人等破产抵销权纠纷案"

裁判要旨：当事人有权主张破产抵销的前提是互负的债权债务数额明确无争议，并且据以主张抵销的主动债权还必须是经破产程序确认的破产债权，在前提不具备的情况下，即便当事人向管理人提出破产抵销申请，该抵销主张亦不成立，由此也就不涉及破产抵销是否生效及何时生效的问题。只有在条件具备的情况下提出抵销才具有法律意义。

案　　号：(2022)浙 03 民终 5727 号

审理法院：浙江省温州市中级人民法院

本案例作者：吴忠健

案例17：破产管理人未行使破产撤销权时，债权人可否依据《民法典》等规定行使撤销权？

【要点提示】

破产管理人未依法行使撤销权的，债权人可以在破产程序中依据《民法典》的相关规定行使撤销权，将追回的财产归入债务人财产并进行受偿。

【裁判要旨示例】

债权人撤销权的立法目的在于通过特别允许债权人干涉债务人对其财产的自由处分，使债务人的责任财产维持在适当状态，以保障债权人的债权得以实现。基于这一立法目的，应当认为债务人的行为导致其责任财产不当减少，妨碍债权人实现的，即可成为撤销权行使的对象。债务人为他人的债务提供担保，增加了自己的债务负担，具有减少责任财产的法律效果，可能影响债权人的债权实现。因此债权人可以依据原《合同法》第74条的规定，请求人民法院撤销债务人的担保行为。原判决适用原《合同法》第74条审理该案，并无不当。

就基金公司行使撤销权的时间来说，根据原《合同法》第74条第1款的规定,撤销权以债权人向人民法院提起诉讼的方式行使;行使的具体时间点是当事人提起诉讼的时间,而非立案时间。根据2008年最高人民法院《关于审理民事案件适用诉讼时效制度若干问题的规定》第12条的规定,"当事人一方向人民法院提交起诉状或者口头起诉的,诉讼时效从提交起诉状或者口头起诉之日起中断"。撤销权虽然适用除斥期间而非诉讼时效的规定,但诉讼时效中断和行使撤销权的法律要求是一致的——行使民事权利。因此以诉讼方式行使撤销权的,其行使权利的时间节点应为提交起诉状的时间。

【案件概况】

案件名称:"周某某、基金公司等债权人撤销权纠纷再审案"

案　　号:(2020)最高法民申2757号

审理法院:最高人民法院

【案例评析与思考】

一、案情介绍

原审法院查明:

(一)基金公司债权的相关事实

2003年9月8日,甲公司向上海银行外滩支行借款人民币2亿元,乙公司与上海某银行签订借款保证合同一份,为甲公司的上述借款提供连带责任保证。2005年12月13日,上海某银行与丙公司签订了债权转让协议书,将对甲公司的债权转让给了丙公司。2006年2月27日,丙公司向法院起诉,要求甲公司偿还借款并要求乙公司承担连带清偿责任。2007年6月20

日，丙公司将案涉债权和相关权益转让给基金公司。2007 年 10 月 11 日，丙公司和基金公司发布公告，通知乙公司等该转让事实。2008 年 6 月 19 日，上海市高级人民法院作出二审判决，维持一审判决第一项、第二项，即甲公司偿还借款本金人民币 149，298，355.78 元及相应利息，并判决乙公司对甲公司的欠款在基金公司行使质押权后仍未获清偿部分承担连带保证责任。2009 年 3 月 9 日，上海市第二中级人民法院作出（2009）沪二中执字第 146 号执行裁定书，冻结、查封甲公司的银行存款人民币 149，298，355.78 元及相应利息等。2009 年 8 月 17 日，上海市高级人民法院向上海某资产评估有限公司出具"委托司法鉴定函"，委托该公司对（2009）沪二中执字第 146 号执行一案的标的物，包括乙公司所持有的股权等进行资产评估。2012 年 8 月 29 日，上海市高级人民法院向上海某商品拍卖有限公司出具"委托拍卖函"，委托该公司对乙公司持有的某城投限售流通股 32，036，200 股进行拍卖。2012 年 7 月 25 日，周某某向一审法院提出对乙公司的破产清算申请。2012 年 9 月 13 日，一审法院作出（2012）宁商破字第 14－1 号民事裁定，受理周某某对乙公司的破产清算申请。2013 年 8 月 19 日，乙公司破产管理人公示债权审核结果，载明基金公司申报的债权金额为人民币 294，954，607.91 元，债权核定金额为人民币 238，066，122.58 元。2013 年 9 月 16 日，基金公司向一审法院提交了《乙公司破产债权核定异议书》，对管理人核定的周某某的债权提出异议。

（二）乙公司对外担保的相关事实

乙公司对外担保的 8 笔债务具体情况如下：（1）主债务人丁公司，债务本金人民币 5000 万元。该笔债务的初始债权人为广东某银行，债务发生时间为 2004 年 3 月 18 日。2006 年 10 月 31 日该笔债权被转让给戊公司，2011 年 3 月 14 日又转让给己公司。2011 年 3 月 28 日乙公司经股东会同意后向己公司出具"担保函"，同意为己公司受让的该笔债权本息提供连带责任担保。2011 年 3 月 30 日周某某从己公司处受让了该笔债权。(2)主债务人丁乙公司,债务本金人民币 2400 万元。该笔债务的初始债权人为广东某银行,债务发生时间为 2004 年 12 月 21 日。2006 年 10 月 31 日该笔债权被转让给戊公司,2011 年 3 月 14 日又转让给己公司。2011 年 3 月 28 日乙公司经股东会同意后向己公司出具"担保函",同意为己公司受让的债权本息提供连带责任担保。2011 年 3 月 30 日周某某从己公司处受让了该笔债权。(3)主债务人庚公司,债务本金人民币 500 万元及美元 90 万元。该笔债务的初始债权人为广东某银行,债务发生时间为 2003 年 3 月 27 日。2006 年 10 月 31 日该笔债权被转让给戊公司,2011 年 3 月 14 日又转让给己公司。2011 年 3 月 28 日乙公司经股东会一致同意后向己公司出具"担保函",同意为己公司受让的债权本息提供连带责任担保。2011 年 3 月 30 日周某某从己公司处受让了该笔债权。(4)主债务人丁丙公司,债务本金人民币 24,400,565 元。该笔债务的初始债权人为广东某银行,债务发生时间为 2004 年 9 月 15 日。2006 年 10 月 31 日该笔债权被转让给戊公司,2011 年 3 月 14 日又转让给己公司。2011 年 3 月 28 日乙公司经股东会一致同意后向己公司出具"担保函",同意为己公司受让的债权本息提供连带责任担保。2011 年 3 月 30 日周某某从己公司处受让了该笔债权。(5)主债务人丁戊公司,债务本金人民币 25,064,559 元。该笔债务的初始债权人为广东某银行,债务发生时间为 2004 年 9 月 15 日。2006 年 10 月 31 日该笔债权被转让给戊公司,2011 年 3 月 14 日又转让给己公司。2011 年 3 月 28 日乙公司经股东会一致同意后向己公司出具"担保函",同意为己公司受让的债权本息提供连带责任担保。2011 年 3 月 30 日周某某从己公司处受让了该笔债权。(6)主债务人丁甲公司,债务本金人民币 2700 万元。该笔债务的初始债权人为广东某银行,债务发生时间为 2004 年 1 月 12 日。2006 年 10 月 31 日该笔债权被转让给戊公司,2011 年 3 月 14 日又转让给己公司。2011 年 3 月 28 日乙公司经股东会一致同意后向己公司出具“担保函”，同意为己公司受让的债权本息提供连带责任担保。2011 年 3 月 30 日周某某从己公司处受让了该笔债权。(7) 主债务人丁甲公司，债务本金人民币 3300 万元。该笔债务的初始债权人为南京某银行，债务发生时间为 2009 年 9 月 27 日，同日乙公司为该笔借款提供保证担保。2011 年 1 月 13 日该笔债权被转让给中国某某资产管理公司南京办事处，2011 年 4 月 6 日该笔债权被转让给辛公司，2011 年 4 月 11 日周某某从辛公司处受让了该笔债权。(8) 主债务人壬公司，债务本金人民币 3511 万元。该笔债务的初始债权人为南京某银行，债务发生时间为 2009 年 4 月 23 日。2011 年 1 月 13 日该笔债权被转让给中国某某资产管理公司南京办事处，2011 年 4 月 6 日该笔债权被转让给辛公司。2011 年 4 月 11 日周某某从辛公司处受让了该笔债权。2011 年 4 月 18 日乙公司经股东会一致同意后给周某某出具“担保函”，同意为周某某受让的债权本息提供连带责任担保。上述担保均为无偿担保。

(三) 除斥期间的相关事实

2013 年 3 月 4 日，乙公司召开第一次债权人会议。在该次会议上，基金公司对周某某的债权提出异议，认为周某某的债权系其与乙公司串通，并预约在 2013 年 3 月 7 日查阅债权资料。2013 年 3 月 7 日基金公司代表汪某、滕某某开始查阅债权资料，落款时间显示为 2013 年 3 月 7 日的乙公司管理人工作笔录中载明，查阅时间为 2013 年 3 月 7 日下午 2 时至 5 时 20 分，工作内容为查阅周某某的全部债权申报资料，查阅人员为汪某和滕某某。汪某和滕某某在工作笔录上签字。落款时间显示为 2013 年 3 月 8 日和 2013 年 3 月 11 日的乙公司管理人工作笔录中载明乙公司代表继续查阅其他案外公司的债权申报资料。在该案中，基金公司提交了邮寄时间显示为 2014 年 3 月 7 日的快递邮寄单，收件人为一审法院立案庭，邮寄物品载明为“诉乙公司等立案材料”。2014 年 4 月 25 日，基金公司缴纳了该案的诉讼费，一审法院于2014年4月28日立案。

（四）其他相关事实

2006年7月，丁公司及其债权人和关联公司签订《丁公司及其关联方债务重组金融债权人协议》，该协议附件载明丁公司的关联公司有丁甲公司、丁乙公司、丁丙公司、乙公司等。2014年6月19日，丁公司更名为“中国某某股份有限公司”。

该案立案时，基金公司起诉状中的第一项诉讼请求为“请求撤销债务人乙公司于2011年3月28日对外债权本金人民币187,104,300元恶意担保行为（暂定）”。该案开庭前，基金公司申请增加诉讼请求，并申请撤回对周某某的起诉，同时申请追加周某某及其他利益相关方为该案第三人。基金公司在其增加诉讼请求的起诉状中明确其第一项诉讼请求为“请求撤销债务人乙公司于2011年间对外八次恶意担保行为，恶意担保行为涉及金额为人民币22,357.5124万元和美元90万元（本金）”。一审法院经审查，对基金公司的上述申请依法予以准许。审理过程中，周某某对此提出异议，认为基金公司在举证期限届满后增加诉讼请求无法律依据，基金公司申请法院追加周某某为第三人亦无法律依据。

一审法院经审理驳回了基金公司的全部诉讼请求。基金公司不服一审法院的判决，上诉至二审法院。二审法院改判支持基金公司的上诉请求，周某某败诉。

再审申请人周某某因不服二审法院的判决向最高人民法院提出再审申请。再审申请人认为，债务人企业乙公司提供保证担保的行为不属于债权人行使撤销权的范围，且债权人基金公司撤销权已经消灭，并未对债权人造成损害，二审法院判决撤销债务人企业提供担保行为存在错误故申请再审。

最高人民法院裁定驳回了再审申请人的申请。

二、案件评析

该案原告系普通债权人，债务人向相对方提供担保使相对方成为普通债权人，因此对相对方的担保行为必然影响原告同作为普通债权人的受偿比例。在该案中，原告提起债权人撤销权之诉而非破产债权异议之诉的原因在于，破产债权异议之诉侧重于法院对管理人审核认定的债权作出认定，而撤销权之诉则是请求通过法院认定债务人实施的行为是否可以被撤销，即对管理人审核认定债权的依据作出认定，如果债务人的相关行为可以被撤销的，则相关债权不应被审核确认，同样可以达到提高原告清偿率的目的。

经检索，该案债务人企业的破产清算申请于 2012 年 9 月 13 日被受理，原告于 2014 年 3 月 7 日向一审法院寄送起诉状，2018 年 3 月 20 日法院裁定终止债务人企业的破产清算程序。该案二审法院判决以债权人(原告)的债权金额为限撤销债务人所提供的担保，但是笔者认为，《破产法司法解释(二)》第 13 条第 2 款规定："相对人以债权人行使撤销权的范围超出债权人的债权抗辩的，人民法院不予支持。"债权人于破产程序中因管理人不行使撤销权而提起债权人撤销权之诉，不应以债权人的债权额为限。

《企业破产法》第 31 条规定了管理人可以行使撤销权的具体情形，《破产法司法解释(二)》第 13 条规定债权人在破产程序中可以通过适用《民法典》对债权人撤销权的相关规定行使撤销权。在一般情况下，管理人可以依据《企业破产法》的相关规定对债务人实施的某些损害债权人权益的行为予以撤销。但是，由于《民法典》中债权人撤销权与管理人撤销权行使权利在期限和可撤销行为方面不同，存在管理人依据破产法不能撤销债务人行为，但是债权人可以依据《民法典》的规定行使撤销权的情况。此外，考虑债务人实施的行为同时符合两种撤销权的客观构成要件的情况下，管理人不作为的,债权人可以通过行使撤销权追回相关债务人的财产。赋予债权人破产程序中的撤销权可以实现债务人财产价值的最大化,但是鉴于破产程序集中清偿的特殊性,该类诉讼在性质上属于代表诉讼,追回的财产应当用于清偿债务人的所有债务。债务人进入破产程序的特殊性,导致债权人在破产程序中行使撤销权与管理人撤销权、非破产程序中撤销权均不一致。下文将对此进行详细讨论。

根据《民法典》和《企业破产法》等相关法律法规分别对债权人撤销权和管理人撤销权的规定,以下内容须明确。

(一)关于管理人撤销权与破产程序中债权人撤销权的区别

《企业破产法》第31条、第32条规定的管理人撤销权,是指管理人对于债务人在被受理破产申请前的法定期间内实施的有害于全体债权人利益的行为所享有的申请法院撤销并追回财产的权利。可撤销的行为包括无偿转让财产、以不合理的价格交易、对无财产担保的债权提供财产担保、提前清偿未到期债务、放弃债权或个别清偿。《破产法司法解释(二)》第13条规定的是破产程序中债权人的撤销权,是指在某些特殊情形下,债权人可以依据《民法典》第538条、第539条的规定提起撤销权诉讼,即债务人无偿处分或以不合理的对价交易导致其财产权益减少或责任负担不当加重,对债权人的债权实现有影响时,债权人可以请求人民法院撤销债务人所实施行为的一项民事权利。[1] 管理人撤销权与破产程序中债权人撤销权的主要差异如下。

1. 权利行使主体不同,但是受益主体相同。管理人撤销权是间接地代表全体债权人,为实现债务人财产利益最大化和债权人公平清偿而被法律赋予的职权,行使主体是管理人,但是受益主体为全体债权人。破产程序中

---

〔1〕 最高人民法院民法典贯彻实施工作领导小组主编:《中华人民共和国民法典合同编理解与适用(一)》,人民法院出版社2020年版,第523页。

债权人撤销权的行使主体是债权人，而受益主体为全体债权人，有别于民法上一般债权人撤销权的受益主体仅为债权人个人。

2. 主观构成要件不一致。管理人撤销权的行使不考虑当事人的主观过错，仅从客观行为上判断是否需要予以撤销。原因在于，破产程序中债务人实施的某些行为因成为对其他债权人不公平的清偿行为而受到否定，无论实施该行为是否具有主观恶意。而破产程序中，在债务人无偿处分财产以及以不合理价格交易时，债权人可以行使撤销权。其中，无偿处分行为影响债权人债权实现的，因其行为本身具有客观恶性，故而可以推定其主观恶意，无须再提供其他证据证明主观动机。但是以不合理价格交易的，须以债务人有主观恶意为成立要件。

3. 客观构成要件不一致。管理人撤销权与破产程序中债权人撤销权的客观构成要件不一致。《民法典》第 538 条、第 539 条规定债权人可以行使撤销权的行为包括无偿处分财产权益、恶意延长到期债权的履行期限、以不合理的低价转让财产、以明显不合理的高价受让他人财产、为他人的债务提供担保。《企业破产法》第 31 条规定的管理人行使撤销权的行为包括无偿转让财产、以明显不合理的价格进行交易、对无财产担保债务提供财产担保、提前清偿未到期债务、放弃债权。其中，需要注意的是与担保相关的规定：债权人可就债务人放弃债权担保、为他人债务提供担保行使撤销权，管理人可就债务人对没有财产担保提供财产担保的行为行使撤销权。

4. 行使范围不一致。《破产法司法解释（二）》第 13 条第 2 款规定："相对人以债权人行使撤销权的范围超出债权人的债权抗辩的，人民法院不予支持。"根据该条款，债权人撤销权在破产程序中的行使有别于非破产程序的情形，不受《民法典》第 540 条规定"撤销权的行使范围以债权人的债权为限"的限制。

5. 行使权利的期间不一致。根据《民法典》第 541 条的规定，撤销权自债权人知道或者应当知道撤销事由之日起1年内行使。自债务人的行为发生之日起5年内没有行使撤销权的,该撤销权消灭。此项期间规定的性质为消灭时效。[1] 根据《企业破产法》第123条的规定,在破产程序终结后2年内,债权人发现债务人有应当追回的财产的,可以请求人民法院追回财产,进行追加分配。也即行使破产撤销权受诉讼时效的限制。此项期间规定的性质属于除斥期间。[2]

(二)债权人在破产程序中行使撤销权的条件

《破产法司法解释(二)》第13条规定了债权人可以通过诉讼方式行使撤销权。具体的行使条件如下。

1. 管理人未依法提起破产撤销权之诉。《企业破产法》第31条对管理人行使破产撤销权进行了具体规定,那么管理人未依法提起破产撤销权之诉则有以下两种情况。

(1)管理人依据破产法不能撤销债务人行为。管理人仅能撤销债务人企业被受理破产申请前一年内的相关行为,但是债权人行使撤销权并不受此期限范围的限制,故而存在管理人依据《企业破产法》无法撤销的情况。

(2)管理人不作为。在行为同时符合管理人行使破产撤销权和债权人行使撤销权的情况下,管理人不作为导致未能实现撤销相关行为的,债权人可以通过《民法典》的相关规定追回债务人财产。

通过《破产法司法解释(二)》第13条第1款"管理人未依据企业破产法第三十一条的规定……"的规定,在管理人未提起破产撤销权纠纷之诉的前提下,债权人才能行使撤销权。换言之,在管理人已行使破产撤销权的前提下,债权人不能再就相同事由提起民事撤销权。

---

〔1〕 参见最高人民法院民事审判第二庭编著:《最高人民法院关于企业破产法司法解释(一)(二)理解与适用》,人民法院出版社2019年版,第221页。

〔2〕 参见王欣新:《企业破产法》,中国人民大学出版社2011年版,第118页。

该规定旨在避免法院对同一个可撤销行为作出两个相同判决。原因在于，债权人行使撤销权的结果与管理人行使撤销权的结果相同，均为将追回财产归入债务人财产从而实现全体债权人的分配清偿，故如果管理人与债权人就同一行为提起诉讼行使撤销权，则会导致判决返还财产的结果重合，因此债权人行使撤销权应以管理人未依法提起破产撤销权之诉为前提。

2. 债权人须在起诉时明确将追回财产归入债务人财产。债务人财产在破产程序中应当进行公平分配。《破产法司法解释(二)》第13条第1款规定："……并将因此追回的财产归入债务人财产的，人民法院应予受理。"因此，法院受理债权人撤销权纠纷的前提是债权人主张将追回的财产归入债务人财产。

(三)其他注意事项

1. 债权人撤销权纠纷诉讼应当由受理债务人破产的法院管辖。鉴于《企业破产法》第21条对破产衍生诉讼的管辖权进行了规定，实行集中管辖原则，如债权人在破产程序中提起债权人撤销权诉讼，应当由受理债务人破产的法院管辖，而非适用一般管辖原则。

2. 债权人行使撤销权的必要费用应当作为破产费用。《民法典》第540条规定："……债权人行使撤销权的必要费用，由债务人负担。"债权人提起撤销权的必要费用在非破产程序中，由债务人负担。在破产程序中债权人行使撤销权提起诉讼要求将追回的财产归于债务人财产，具有代表诉讼的性质，提起诉讼的债权人代表的是全体债权人的利益。所以，债权人行使撤销权的必要费用应当由债务人承担，也即应该作为破产费用随时支付。[1]

三、延伸探讨

关于债权人在破产程序中行使撤销权问题，尚有如下问题有待讨论与

---

〔1〕 参见最高人民法院民事审判第二庭编著：《最高人民法院关于企业破产法司法解释(一)(二)理解与适用》，人民法院出版社2013年版，第224页。

完善。

（一）债权人行使撤销权与管理人履职密切相关

1. 债权人难以获取债务人可被撤销行为的相关信息。破产案件中，大部分债权人获取债务人可被撤销行为相关信息的来源为管理人，如果管理人披露不及时或不完善，那么即便我国法律赋予债权人在破产程序中的撤销权，仍不能保证债权人行使权利从而维护自身利益。尤其在部分管理人认为不须、不必行使撤销权的情况下，债权人更无从了解债务人的可撤销行为。对此，笔者认为，应当严格要求管理人如实向债权人会议披露、汇报债务人存在的可能被撤销的行为，这样即便管理人因债权人会议表决通过而不行使撤销权时，个别债权人也可以自行提起诉讼。

2. 管理人未行使撤销权的认定。根据《破产法司法解释（二）》第 13 条的规定，管理人未行使撤销权是债权人行使撤销权的前提条件，那么如何认定管理人未行使撤销权目前无明确规定。在实务中，法院通常通过管理人没有提起相关诉讼的事实确定管理人未行使撤销权。但是仅通过该事实并不足以说明管理人应行使撤销权而未行使。原因在于，管理人行使撤销权是管理人忠实义务的内涵所在，如果管理人发现债务人实施相关行为就应该行使撤销权，如不行使的，则存在管理人履职不当损害债权人权益的情况发生，从而导致《破产法司法解释（二）》第 9 条第 2 款"管理人因过错未依法行使撤销权导致债务人财产不当减损，债权人提起诉讼主张管理人对其损失承担赔偿责任的，人民法院应予支持"的情况产生。笔者认为，管理人无论是否发现债务人的可撤销行为，均应如实向债权人会议进行汇报，如若发现债务人的可撤销行为，那么可以选择直接通过诉讼方式行使撤销权，或通过债权人会议表决的方式确定是否提起撤销权之诉。

（二）通过胜诉判决执行占有财产的相对人

《破产法司法解释（二）》第 9 条第 1 款规定："……请求撤销涉及债务人

财产的相关行为并由相对人返还债务人财产的，人民应予支持。”换言之，管理人行使撤销权主张相对人返还债务人财产被写在司法解释中，但是关于债权人主张相对人返还债权人财产的并未有明确规定。最高人民法院审判委员会副部级专职委员刘贵祥在2023年1月10日召开的全国法院金融审判工作会议上发表的讲话中表示，“有必要明确在债权人撤销权诉讼中，债权人可依据胜诉生效法律文书申请对相对人仍然占有的财产采取强制执行措施”，“但在人民法院已经作出撤销债务人无偿或低价转让财产行为的生效判决后，债权人以相对人无权处分，第三人不符合善意取得条件为由，请求该第三人向债务人返还财产的，人民法院应当予以支持”。[1] 据此，存在债权人获得胜诉判决后直接申请执行相对人返还占有的债务人财产的可能。此外，债权人未列相对人为被告的，人民法院应当向债权人进行释明，由债权人决定是否追加相对人为共同被告。如果债权人拒绝追加的，法院应视案件的具体情况决定是否依职权追加相对人为被告。

（三）区别管理人撤销权与破产程序中债权人撤销权中客观行为的必要性

上文已对管理人撤销权与破产程序中债权人撤销权在客观构成要件方面的不同进行了比较，二者存在重合但不可相互包含。如管理人可以就债务人实施的提前清偿未到期债务、放弃债权的行为行使撤销权，但是债权人不可以行使撤销权；如债权人可以就债务人实施的恶意延长到期债权的履行期限的行为行使撤销权，但是管理人不可以行使撤销权。究其根本在于，即便《破产法司法解释（二）》规定了债权人可以依据《民法典》的相关规定在破产程序中行使撤销权，但是《民法典》条款设置的情形并未考虑债务人已进入破产程序。破产程序是集体清偿程序，意味着公平清偿债权人，这就导致《民法典》规定的部分条款不能完全适用于破产程序。如果债务人提前

〔1〕 刘贵祥：《关于金融民商事审判工作中的理念、机制和法律适用问题》，载《法律适用》2023年第1期。

清偿债权人甲未到期债权,那么债权人乙因债务人的提前清偿行为而受偿款项减少,在管理人未行使撤销权的前提下,债权人乙也无法行使撤销权从而无法维护自身权益。笔者认为,债权人在破产程序中的撤销权的客观构成要件应当至少包含管理人撤销权的客观构成要件,才能更好地实现债权人在管理人未行使撤销权的前提下行使撤销权的目的。

【类案推荐】

类案1

案例名称:"北京某资产管理有限公司等与北京某科技发展有限公司等债权人撤销权纠纷案"

裁判要旨:法院在认定债务人实施的行为是否可被撤销时,会通过相关主体的关联认定债务人是否存在主观恶意。该案中,法院认为,债权人与债务人的唯一股东为同一公司,债权人理应知晓债务人对外提供担保的行为,且后续该债权人申请债务人破产清算,不能认定债务人提供担保的行为对债权人的债权造成损害,故驳回债权人撤销权之诉。

案　　号:(2021)京03民终8069号

审理法院:北京市第三中级人民法院

类案2

案例名称:"上海市某基金管理中心与某母婴专护服务上海有限公司债权人撤销权纠纷案"

裁判要旨:该案中,债权人要求撤销的是债务人在承担大额担保责任后的无偿转股行为,因转股行为发生日期早于债务人被受理破产清算之日前一年,故管理人无法行使撤销权。此前提下,赋予债权人在破产程序中行使撤销权的必要性在于债权人行使撤销权不受《企业破产法》第 31 条破产受理日前一年的限制。

案　　号：(2022)沪 7101 民初 1026 号

审理法院：上海铁路运输法院

本案例作者：王怡宁

案例18：证券公司违规操作致使权利人股票账户内的股票被卖，证券公司破产时，权利人是否可以针对被出卖的股票行使取回权？

【要点提示】

如标的物由第三人在破产申请受理前善意取得，则原权利人将无法行使取回权。

【裁判要旨示例】

《企业破产法》第38条规定："人民法院受理破产申请后，债务人占有的不属于债务人的财产，该财产的权利人可以通过管理人取回。但是，本法另有规定的除外。"取回权是破产法中规定的一项权利，其基础是民法上的返还原物请求权，以取回权标的物仍然客观存在为前提。根据《破产法司法解释（二）》第30条的规定，如果标的物在破产申请受理前已经被违法转让给第三人，且该第三人已善意取得所有权，则原权利人不能再行使取回权，其因财产损失形成的债权只能作为普通债权获得清偿。

【案件概况】

案件名称：“甲证券有限公司、乙证券股份有限公司等一般取回权纠纷案”

案　　号：(2021)最高法民再56号

审理法院：最高人民法院

【案例评析与思考】

一、案情介绍

一审法院经审理查明：2000年9月27日，马某某在某证券交易所开立了A19524××××股票账户和资金账户，存入资金进行股票买卖。2001年5月8日，在未提供马某某授权的情况下，甲证券撤销指定交易，将马某某证券账户中的3只股票（代号及股数分别为甲，3500股，转入日收盘价12.44元；乙，3500股，转入日收盘价18.46元；丙，5000股，转入日收盘价18.86元，价值共计202,450元）办理指定交易到王某的A资金账户下。2001年5月11日前，上述3只股票被全部卖出。此后，马某某B资金账户发生多次交易，包括现金取款、股金划入、划出等。

根据中国证券监督管理委员会作出的《关于撤销甲证券公司的决定》（证监机构字〔2003〕241号）、《关于指定乙证券有限责任公司托管甲证券有限责任公司证券业务及所属证券营业部的通知》（证监机构字〔2003〕242号）及《关于同意乙证券有限责任公司设立证券营业部及证券服务部的批复》（证监机构字〔2004〕38号）和《关于同意关闭甲证券所属证券营业部及服务部有关事项的批复》（证监机构字〔2004〕第39号）等文件，乙证券有限责任公司（以下简称乙证券）对甲证券有限责任公司（以下简称甲证券）进行了托管。

根据中国证券监督管理委员会《关于撤销甲证券有限责任公司的决定》（证监机构字〔2003〕241 号），由中国证券监督管理委员会成立的撤销工作组委托，北京某会计师事务所出具了《关于原甲证券截至 2003 年 12 月 5 日挪用客户保证金情况的专项审计报告》，该报告配资账户情况表将王某的 10013652 资金账户认定为配资账户，即王某的 A 资金账户是问题账户。

2006 年 2 月 27 日，依据甲证券清算组的要求，乙证券某营业部将包括马某某 A19524 × × × ×在内的 14 个股票账户，全部指定交易到甲证券清算组开立的 C 资金账户下。马某某 A19524 × × × ×股票账户于 2006 年 3 月 6 日在乙证券某证券营业部办理指定交易，指定到甲证券清算组 C 资金账户下。2009 年 4 月 23 日，经甲证券清算组申请，C 账户的户名变更为甲证券破产管理人。

另查明，2008 年 10 月 10 日，一审法院作出（2008）长民破字第 34 – 1 号民事裁定，受理甲证券清算组提出的甲证券破产清算申请。

又查明，马某某于 2012 年起诉乙证券、甲证券，请求，（1）停止侵害，恢复马某某证券账户的正常交易状态；（2）提供马某某证券账户从开户日至今的资金流水及相关资金进出的财务凭证。吉林省高级人民法院（2015）吉民三终字第 2 号民事判决认定“造成马某某证券账户下挂在王某的 A 资金账户，之后又由于王某的 A 资金账户被认定为配资账户，进而被采取限制交易措施，其责任在于甲证券之前的违规经营……鉴于甲证券目前处于破产清算过程之中，马某某证券账户的实际情况，为保护自己的合法权益马某某可向甲证券破产管理人申请证券账户剥离、确认，或者提起一般取回权诉讼。人民法院对证券账户权属纠纷应当予以审理”。

马某某于 2017 年起诉甲证券、乙证券，请求甲证券、乙证券向马某某返还属于马某某所有的 A19524 × × × ×股票账户内的股票（证券代码丁的股票 1320 股，证券代码戊的股票 70，572 股，证券代码己的股票 25，350 股，证券代码庚的股票 11，039 股，2017 年 7 月 4 日的价值为 1，707，629.55 元）。一审法院（2017）吉 01 民初 830 号民事判决认定："在 2001 年 5 月 8 日至 2001 年 5 月 11 日期间，该三只股票被全部卖出，共计收入金额 127，830.67 元，与王某资金账户内原有的资金混同，并利用混同后的资金买入其他股票。由此可见，马某某所享有所有权的股票仅为 2001 年 5 月 8 日其股票账户下挂至王某账户时的三只股票，或此时该三只股票所对应的市值。因此，马某某享有取回权的范围仅限于 2001 年 5 月 8 日其股票账户下挂至王某账户时的三只股票。"

一审法院认为，《企业破产法》第 38 条规定："人民法院受理破产申请后，债务人占有的不属于债务人的财产，该财产的权利人可以通过管理人取回。但是，本法另有规定的除外。"依据该条规定，债务人进入破产程序后，权利人认为，债务人占有的财产不属于债务人的，应当向管理人申请取回。管理人对取回不予认可的，权利人可以向人民法院起诉要求取回财产。权利人行使取回权须满足两个法律要件：一是争议财产处于债务人占有之下；二是债务人对该财产不享有所有或占有的事实及法律上的原因。该案中，案涉 3 只股票已于 2001 年 5 月 11 日前被售出，马某某行使一般取回权的前提已不存在，故其诉请取回该 3 只股票缺乏事实根据，一审法院不予支持。

马某某不服，提出上诉。二审法院支持了马某某的上诉请求，撤销一审法院的裁判。

再审申请人甲证券、乙证券因不服一审、二审法院的判决，向最高人民法院提出再审申请。再审申请人认为，行使取回权的前提是取回权标的物客观存在，而马某某股票账户中的 3 只股票被卖出后的价款与王某某资金账户内的原有资金混同，且混同后的资金已经买入其他股票，马某某行使一般取回权的基础已经不存在，其只能向甲证券申报债权。且甲证券被撤销后，其证券业务及所属证券营业部由乙证券托管,乙证券成立的托管组的职责是确保证券交易的正常进行,积极配合甲证券撤销工作组和清算组工作,乙证券的托管组从未实际掌控甲证券的财产。同时,二审法院判令返还马某某202,450元,超出了马某某的诉讼请求。

最高人民法院最终判决撤销二审法院判决,维持一审法院判决。

二、案件评析

在破产案件中,由破产企业占有的财产不归其所有的情况时常存在。相关财产的权利人主张取回自己的财产,是《企业破产法》赋予财产权利人的一项救济权利。通常认为,一般破产取回权不是破产法创设的一项新权利,其权利基础是民法上物的返还请求权。在实践中,近年来财产的种类、破产企业占有的时间、占有的方式、对占有的处置、相关财产的存续形态的不同以及多样化,对于现有法律规定如何适用、行使取回权的限制等需要具体问题具体判断。同时,如出现债务人不法处分不属于其所有的资产,使第三人善意取得该项资产,将会导致第三人的财产利益与取回权人财产利益的冲突以及后续权利如何救济的问题。

一般取回权主要规定在《企业破产法》第38条和《破产法司法解释(二)》第30条,进行如下简要探讨。

(一)关于破产取回权的标的

取回权是以物为基础的请求权。主流观点认为,取回权的发生依据不是债的关系而是物的关系。[1] 破产取回权并不限于所有权,也包括其他财产权利,但破产取回权的标的应当是特定物,或特定化的种类物,应当体现取回权人对该物或财产权利的绝对支配性。笔者认为,在破产程序中,这种“绝对支配性”的权利也不完全局限于以所有权为代表的物权,过于偏向物

---

〔1〕 参见王卫国:《破产法精义》(第2版),法律出版社2020年版,第138页。

权的“一刀切”将会造成破产程序中资产处置效率的降低，对正常的市场公平交易产生一定的负面影响。

1.未取得房产证的购房户对其实际占有房屋的取回权问题

该问题在实践中争议较大。首先需要说明的是，此处讨论的并非购房户的优先受偿权，优先顺位是立足于债权的范畴进行界定的，此处对债权的优先受偿顺位不作讨论，仅讨论取回权是否存在的问题。依据《破产法司法解释（二）》第2条以及《民法典》关于物权权属变动的规则，房产属于适用“登记对抗主义”物权变动的范畴，显然登记在债务人名下，则应当属于债务人的财产。购房户虽然对房屋不享有所有权，但笔者认为，在有些特殊情况下不排除购房户享有取回权的可能性。基于破产法对财产的公平保护原则，取回权制度的价值基础应当回归朴素的公平概念，即任何人都不得将他人的财产据为己用。换言之，债务人不得擅自使用他人的财物为自己偿债，债权人也不得仅因相关财产被债务人实际占有或所有的潜在表象而直接认定其为破产财产，要求分配进而取得清偿，否则第三人的财产权利将无法得到保障。众所周知，开发商作为债务人的案件，在房产领域的建造、验收、买卖、登记环节耗时较长，而开发商被债权人申请破产具有极大的不确定性，由于实操中的种种原因，相应房产很可能作为一项资产在法律表象上存在占有和所有分离的情况。在遇到类似案件时，应当在充分权衡债务人、债权人以及财产权利人的利益后，甄别破产取回权的适用空间。

（1）注重真实交易背景及房屋占有现状

在房产由于各种原因尚未办理过户登记时，根据《民法典》第153条、第154条的规定，如不存在违反法律、行政法规的强制性规定、违背公序良俗或恶意串通损害他人合法权益的情形，则房屋买卖合同一般应当被认定为有效。若此时，购房户已全额支付房款并实际占用房屋的；或虽未验收交付，但购房户支付全款并能够确定具体楼层、房号以及面积的情况下，建议应当谨慎权衡购房户与债务人的真实交易背景,不宜简单以房屋登记在债务人名下应认定为破产财产而草率地否定购房户的取回权。不动产登记制度保护的是财产的公信力,购房户与债务人之间的房屋买卖合同有效,说明双方是直接进行买卖交易的当事人,应当落脚于双方真实的权利状况,如购房户已经支付全款,而且实际占有使用房屋多年,此时不动产登记制度仅仅限制购房户不得对债务人以外的第三人主张房屋的所有权,但并不妨碍其基于合同相对性向债务人主张房屋的相关权益。在通常情况下,购房户也会采取一些司法救济措施弥补未能办理过户登记的缺陷,从而也强化了其取回权的行使,此时的取回权不应当狭义地局限于物权。

此外,现实中还可能存在房屋尚未建成,客观上无法转移交付也未办理过户登记,但已经能够确定楼层、房号、面积,且购房户支付全款的情况。根据《破产规定》第 71 条第 5 项的规定,“特定物买卖中,尚未转移占有但相对人已完全支付对价的特定物”不属于破产财产的规则,能够具体明确楼层、房号和面积的房屋,与其他房屋相比明显是特定物,且“尚未转移占有”包括客观上未建成不符合交付条件,笔者倾向性认为相关房屋不应属于破产财产,购房户享有取回权。不过,实践中依然存在判决认为应当适用《破产法司法解释(二)》第 2 条的规则确定破产财产的范围从而否认购房户的取回权。但无论如何应当明确的是,《企业破产法》第 18 条第 1 款规定,管理人仅仅对破产申请受理前成立而债务人和对方当事人均未履行完毕的合同有权决定解除或继续履行。在购房户与债务人之间购房合同有效且购房户支付全款的情况下,购房户当然有权要求债务人继续履行交房的合同义务。

(2)如购房户不是由于自身原因未办理过户登记,则不宜剥夺取回权从而转嫁历史遗留问题

鉴于各地政策的不同,新旧政策的更迭,在实践中出现因政策的变动而导致原本能够办理过户的房屋无法办理过户的情况。最终房地产开发企业

进入破产程序，购房户对于系争房屋是否享有取回权，还是系争房屋属于破产财产，购房户应当进行债权申报并没有明文规定。由于现有法律制度的不明晰，造成管理人和相关法院的判断相对保守。同时，也正是因为“一刀切”地否定了购房户对房屋的取回权，从而导致房屋上抵押权人和购房户对于债权优先顺位的博弈，甚至部分购房户并不认同不享有取回权而拒绝申报债权，从而不仅产生了维稳方面的压力，还造成了案件久拖不决，优质资产无法发挥其市场作用的局面。

笔者不赞同“一刀切”的做法，如果出现类似情况，应当尽可能将事实情况调查清楚后，如存在取回权被支持的可能性，则应当避免将历史遗留问题抛给抵押权和购房户债权的顺位判断上，直接通过认定取回权解决问题。例如，购房户签署房屋买卖合同并支付全额房款的，相关政策是否支持房屋的过户？在旧政策允许过户的情况下，开发商是否存在主要过错导致购房户不能办理过户登记，且是否有其他购房户成功办理过户？在新政策出台以后，是否有购房户通过司法途径成功办理过户，以及是否能够借鉴相应的司法程序？如果确实并非购房户的原因导致未办理过户，又因出台相应政策造成了没有过户的现状，则应当认可购房户的取回权。毕竟，“法不溯及既往”是基本原则，购房户不可能预先知晓新政策法规的出台，随着社会发展而颁布的新政策法规也不应当倒退规制旧的行为。应当正确运用取回权，解决历史遗留问题，发挥优质资产的市场作用。

2. 货币、履约保证金、投标保证金等金钱的取回问题

在实践中，比较有代表性的是对货币的取回，货币的表现形式和应用场景种类繁多，如因借贷、各类型交易等产生的款项支付、履约保证金、投标保证金支付、证券交易支付等。一般而言，货币具有占有即所有的债权特点，如果在转账行为发生时不进行特殊标注予以区分，容易产生混同。近年来，随着各种交易模式的变化，对货币的确权概念也随之在破产程序中出现，对

金钱货币的取回权争议随之浮出水面。在辨别对货币确权的问题上需要注意相关问题。

(1)首先应当遵循货币“占有即所有”的规则,如未对货币进行特殊标注予以区分,则权利人难以享有取回权

最高人民法院《关于长峰公司对一般结算账户上的资金能否行使取回权问题请示的答复》(〔2008〕民二他字33号,2008年11月6日)答复意见:“……根据货币所有与占有一致的原则,海南某信托投资公司对其占有的结算账户内资金享有所有权。在海南某信托公司破产时,海南某游戏公司可以申报债权,不享有取回权。”[1]由此可见,货币是一种具有高度流通性和可替代性的特殊种类物,一般情况下遵循占有即所有的规则,即以占有状态确定货币的权利人,若要将货币的所有权与占有权分离,必须对货币进行特定化。基于最高人民法院前述的相关请示答复,在实践中,如果货币未存放至专门账户予以保管,或者没有通过备注、保全等一系列的方法使其特定化,达到避免与其他资金混同的状态,则一般会被认定为不具有物权性质,权利人将不能行使取回权。款项给付方可以普通债权人身份申报债权并参与破产分配。

(2)在货币具有物权属性或有特定化特征后,可以成为取回权的标的

从我国现有法律规定来看,一种是法律直接规定的货币特定化特征,例如,《信托法》第15条、第16条以及第29条规定,信托财产与委托人未设立信托的其他财产相区别。信托财产与属于受托人所有的财产(以下简称固有财产)相区别,不得归入受托人的固有财产或者成为固有财产的一部分。受托人必须将信托财产与其固有财产分别管理、分别记账,并将不同委托人的信托财产分别管理、分别记账。另一种则是法律规定可以由当事人合意将相关货币进行特定化保存。例如,最高人民法院《关于适用〈中华人民共

〔1〕 参见万国营主编:《破产审判手册》(第2版),法律出版社2019年版,第185页。

和国民法典〉有关担保制度的解释》第 70 条规定，债务人或者第三人为担保债务的履行，设立专门的保证金账户并由债权人实际控制，或者将其资金存入债权人设立的保证金账户，债权人主张就账户内的款项优先受偿的，人民法院应予支持。

由此可见，在一般情况下，货币作为种类物一旦进入某个账户很可能与该账户中原本的资金混同，这种难以区分的客观状态，即便是行为人错误的意思表示，如错误打入金额，输错账号等都无法改变其混同的状态。因此，对于债权人来说，若基于履约担保的需要支付保证金，建议应当在相关合同中明确资金的归属，同时开立专门的资金账户，或者在转账时将自己通过能够与账户其他资金区分的方式而进行特定化，从而在收款方进入破产程序后保障自己的取回权。

（二）关于行使时间和方式

《企业破产法》第 38 条仅规定了破产取回权行使的起点时间，即“受理破产申请”，为了鼓励取回权人尽早行使取回权，《破产法司法解释（二）》第 26 条规定，行使取回权，应当在破产财产变价方案或和解协议、重整计划草案提交债权人会议表决前向管理人提出。从物权角度出发，物上返还请求权并没有时间要求，只要原物存在，权利人随时都可以主张返还。但在破产程序中，设置取回权的行使时间具有一定的意义。在通常情况下，在法院受理破产申请，管理人接管后，因时间紧迫且出于对全体债权人利益的保护，管理人通常会先将债务人占有的全部财产进行接管，然后再进行甄别处理。能否准确地甄别会受到案件时间是否久远、债务人相关人员是否配合等不确定因素的影响。与此同时，在“破产财产变价方案或者和解协议、重整计划草案提交债权人会议表决”这个时间点前，管理人的主要工作就是通过调查、债权申报等方式理清债务人的资产，核实债务人的财产范围。如不对取回权人设置一定的取回权行使时间，在上述文件制定完毕并提交表决后，将会打乱破产程序中资产的处置方案和计划，降低破产程序的效率与公正，同时取回权人还可能会承担延迟行使取回权的其他费用，如管理人的保管费、仓储费等。如果在相关资产被管理人处置完毕后方才主张取回权，可能面临取回不能的风险。因此，作为取回权人，应当及时向管理人主张取回财产。

值得注意的是，在实践中，破产取回权的行使通常是滞后的，相关财物被债务人占有往往是债务人尚未进入破产程序之时发生的，且管理人在辨别物品所有权时也会进行审慎核查。因此，站在取回权人的角度，在占用发生之时就应当注意尽可能完整合规地履行相应手续，如签署租赁协议等书面文件，并在文件中约定租赁物品的内容、型号、数量、租赁时间、存放地点、归还方式、仓储费用等，保障后续与管理人沟通的效率以及取回权的行使。

（三）关于行使限制

根据前述分析，破产取回权的成立应当满足 3 个要件或者要求：一是债务人实际上占有着取回权的标的物，且对其不享有所有权；二是该标的物客观存在，没有灭失也没有被第三人善意取得；三是该标的物为特定化的物。因此，可以总结出以下几点取回权行使的限制。

1. 标的物毁损灭失。取回权的本质是物上取回权，若标的物毁损灭失或不复存在，也无代偿物或代偿金，则取回权就丧失了取回的根本基础。即便是权利人取得确权文书的权利证明，也因丧失了物权基础而无法行使取回权。权利人可以通过《破产法司法解释（二）》第 32 条行使代偿取回权。

2. 标的物被第三人善意取得。根据《民法典》第 311 条的规定，无权处分人处分财产时，第三人通过善意受让，支付合理对价并完成交付，则应当受到善意取得制度的保护。换言之，对于财产的原权利人来说，善意取得制度实际上是对其财产权利进行限制的一种制度，目的在于维护公开的市场交易安全，交易体现物的市场价值观。在破产法上的运用体现在《破产法司法解释（二）》第 30 条的规定，即相关转让行为发生在破产受理前的，原权利人因财产损失形成的债权，作为普通破产债权清偿；如相关转让行为发生在破产申请受理后的，因管理人或者相关人员执行职务导致原权利人损害产生的债务，作为共益债务予以清偿。

3. 标的物与其他资产混同无法区分。前述讨论的货币的取回权问题，是资产混同较为典型的体现。货币作为一种具有较高代替属性的种类物品，若在转账行为发生时不加以区分，造成与账户内原有货币的混同，根据“占有即所有”原则，通常将会被推定为归占有人所有，从而丧失取回权。

三、延伸探讨

关于破产取回权问题，尚有如下问题有待讨论与完善。例如，债务人作为显名股东进入破产程序后，隐名股东以行使破产取回权的方式，向管理人要求取回股权并变更股权登记，此时就发生了债权人与隐名股东，也就是实际出资人之间的利益冲突。一方面，实际出资人基于其与显名股东之间的相关股权代持关系认为其对于债务人的部分股权出资享有的股份并非债务人财产，而是显名股东代其持有的资产，所有权归属于实际出资人；另一方面，债权人则认为，债务人享有的经工商登记的股权当然是破产财产。这一冲突的产生，实际上是对显名股东与隐名股东之间关系认定的模糊造成的。《公司法》没有对股权代持作出法律规定，《公司法司法解释（三）》第 24 条、第 25 条和第 26 条仅对股权代持协议的效力、实际出资股东权益保护进行规范，但是未明确确定实际出资人与显名股东之间的关系。

关于实际出资人与显名股东之间的关系，主要包括“委托代理说”“无名合同说”。其中，“委托代理说”认为，股权代持是一种委托持股的行为，实际出资人是委托人，显名股东是代理人，代理出资的法律效果应归属于实际出资人。由于代理行为不存在财产的转移，因此实际出资人对显名股东享有物权请求权，在破产取回权上也有一定的适用空间。但该观点还需考虑商事外观主义和善意第三人利益的保护。“无名合同说”则认为，股权代持是一种投资关系，实际出资人在出资义务上和其他股东的权利义务分离，除出资外的其他权利义务应当由双方股权代持协议进行约定。如采用“无名合同说”的观点，投资关系是债权债务关系，注重商事外观主义，实际出资人并不享有股权的所有权，则破产取回权不存在适用空间。

【类案推荐】

类案1

案例名称：“某某银行股份有限公司北京某区支行、某汽车工业有限公司破产管理人别除权纠纷案”

裁判要旨：原《物权法》及最高人民法院《关于审理融资租赁合同纠纷案件适用法律问题的解释》的相关规定确定了物权的善意取得制度，以限制和对抗物权的原权利人，赋予善意取得物权的第三人更优先的保护，以维护交易的安全。一旦认定交行北京经开区支行系善意取得对机器设备的抵押权，即可排除涉案机器设备原权利人丙公司所有权的权利主张，原权利人只可向无权处分人主张损害赔偿进行权利救济。即使某汽车工业有限公司对涉案机器设备没有所有权系无权处分，某某银行股份有限公司北京某区支行也已构成对涉案机器设备抵押权的善意取得，可以以抵押权限制对抗丙公司的所有权。

案　　号：（2019）皖民终1127号

审理法院：安徽省高级人民法院

类案2

案例名称：“某海运有限公司、黄某某一般取回权纠纷案”

裁判要旨：该案中，上诉人为被上诉人代持的系某联社（现名称为某银行)的股份,股权是股东基于股东资格而享有的权利,在是否符合某银行股东的条件并且是否可以依照相关程序被确定为股东之前,被上诉人行使取回权的条件尚不具备,故应驳回被上诉人的诉讼请求,被上诉人可以在条件具备时另行主张权利。一审案由确定错误,法院予以纠正。

案　　号:(2019)鲁10民终3064号

审理法院:山东省威海市中级人民法院

本案例作者:施元帆

案例19：破产程序中如何确定别除权人行使别除权的法定期间？

【要点提示】

别除权是担保物权和法定优先权在破产程序中的运用，别除权与取回权的区别在于别除权的标的属于破产财产，别除权人针对特定财产向管理人主张权利，而不受破产清算及破产和解程序限制，可优先于其他债权人单独、及时受偿。

【裁判要旨示例】

原《物权法》第202条规定："抵押权人应当在主债权诉讼时效期间行使抵押权；未行使的，人民法院不予保护。"抵押权作为担保物权的一种，本身不适用诉讼时效制度，但是为了防止抵押权人怠于行使抵押权，充分发挥抵押财产的经济效用，原《物权法》规定抵押权人应在主债权诉讼时效期间内行使抵押权，实质在于明确抵押权人应在主债权受到法律保护的期间内行使抵押权。该受到法律保护的期间，在主债权未经生效裁判确定之前，为主债权的诉讼时效期间。在主债权经诉讼程序被生效裁判确定后，此时主债权固然不存在诉讼时效问题，但裁判生效后，主债权不一定就能实现，在债务人未主动履行的情况下，还存在执行问题。只要当事人在申请执行期间内对债务人申请强制执行，参照原《物权法》第 202 条之规定，就应视为抵押权人在主债权受到法律保护的期间内行使了权利，抵押权人的权利仍应受到保护。换言之，在主债权经生效裁判确认后，此时的主债权受到法律保护的期间不再是诉讼时效期间，而是申请执行期间。同理，在债务人破产的情况下，此时的主债权受到法律保护的期间就是法律规定的申报债权期间。

【案件概况】

案件名称：“长春甲公司、长白山乙公司别除权纠纷案”

案　　号：(2021)最高法民再 154 号

审理法院：最高人民法院

【案例评析与思考】

一、案情介绍

长春甲公司向吉林省延边林区中级人民法院起诉，请求：依法确认长春甲公司破产债权 29,954,640 元在长白山乙公司提供的抵押物[安图房建字第××号、第××号、安他项(20××)第 20××号他项权利证]财产范围内享有优先受偿权；该案诉讼费用由长白山乙公司负担。

一审法院经审理查明：2013 年 8 月 30 日，长春甲公司与长白山乙公司等单位签订借款的合同约定，长春甲公司出借给长白山乙公司 2400 万元，借款期限自 2013 年 8 月 30 日起至 10 月 29 日止；借款利率为月利率 1.8%，逾期本金罚息利率按本合同约定利率上浮 500%；逾期利息罚息按本合同约定利率上浮 500%；挪用本金的罚息利率按本合同约定利率上浮 600%。同日，长春甲公司与长白山乙公司签订抵押合同约定，长白山乙公司将其所使用的土地及在建房屋抵押给长春甲公司。同日，长春甲公司与丙公司、丁公司签订的保证合同约定，丙公司、丁公司为长白山乙公司的债务承担保证责任，所担保的主债权为借款合同下贷款本金及利息，承担保证责任的方式为连带责任保证。上述合同签订后，长春甲公司分7次向长白山乙公司银行账户发放贷款本金2400万元。

2014年2月27日，长春甲公司与长白山乙公司、丙公司、丁公司借款合同纠纷一案，吉林省长春市中级人民法院于2014年8月20日作出2014年长民四初字第12号民事判决（以下简称12号民事判决），判决：(1)长白山乙公司于判决生效后立即返还长春甲公司借款本金23,040,000元；(2)长白山乙公司向长春甲公司支付23,040,000元本金的利息；(3)丙公司、丁公司对长白山乙公司的借款本金及利息承担连带清偿责任；(4)驳回长春甲公司的其他诉讼请求。该判决生效后，2014年10月13日，长春甲公司向吉林省长春市中级人民法院申请执行。在该案执行的过程中，长白山乙公司申请破产清算，一审法院于2015年1月6日裁定受理长白山乙公司破产清算一案，指定吉林某律师事务所担任破产管理人。

2015年4月20日，长春甲公司向长白山乙公司破产管理人申报债权31,735,264元（本金23,040,000元、利息828,672元、诉讼费408,544元），并载明“有财产担保的债权”。2017年6月7日，长春甲公司向长白山乙公司破产管理人送达请求确认优先受偿权申请书。2019年11月7日，长白山乙公司破产管理人向长春甲公司送达无异议债权确认表，将其中29,954,640元确认为普通债权。

一审法院认为，长春甲公司在破产程序开始之前，就长白山乙公司的特定财产已设定担保物权，抵押程序合法且已生效。在长白山乙公司宣告破产后，长春甲公司在主债权诉讼时效内又向长白山乙公司破产管理人主张优先受偿权，长春甲公司应享有就该特定财产不依照破产清算程序个别优先受偿的权利。故对长白山乙公司的主张，长春甲公司所持有的债权仅享有普通债权，一审法院不予支持。该案被告不服一审判决，向二审法院提起上诉。二审法院撤销了一审判决。

随后，再审申请人长春甲公司因不服二审法院的裁判向最高人民法院提出再审申请。再审申请人认为其对债务人长白山乙公司就主债权提起诉讼并获得生效判决后，在法定期间内申请强制执行；并在长白山乙公司破产管理人对长春甲公司担保物权不予确认后，又提起该案诉讼。长春甲公司在法定期间内向人民法院申请强制执行、向破产管理人申报破产债权等行为，属于与提起诉讼具有同等效力的行为，具有中断诉讼时效的法律效力，主债权仍在法律规定的保护期间内，其担保物权自然应受法律保护。

最高人民法院支持再审申请人的请求，撤销二审判决，维持一审判决。

二、案件评析

别除权，是指债权人因其债权设有担保或享有法定优先权，而在破产程序中就债务人的特定财产享有的优先受偿的权利。别除权是由破产人特定财产上已经存在的担保物权或者法定优先权之排他性优先效力沿袭而来，并非《企业破产法》所设，别除权的名称是针对这种权利在破产程序中行使的特点而命名的。[1]《企业破产法》第 109 条规定，对破产人的特定财产享有担保权的权利人，对该特定财产享有优先受偿的权利。该法条中规定的权利即为别除权，虽然在立法中没有直接明确别除权的概念，但是最高人民法院于 2008 年 2 月 4 日发布的《民事案件案由规定》（法发〔2008〕11 号，已失效）在与破产有关的纠纷案由中首次确定别除权纠纷案由。别除权的实现依托于担保物权及法定优先权是否生效、何时生效以及效力范围的确定。

---

〔1〕 参见王欣新：《破产法学》，中国人民大学出版社 2004 年版，第 285 页。

(一)别除权的特征

别除权是民事权利在破产程序中的延伸,其既体现了保障享有别除权的债权人的合法权益,又体现了与破产程序相关联的特性。别除权具有以下特征。

1. 别除权的基础权利即设立担保的债权或者享有法定优先权的债权形成于破产受理前。破产法作为一种集体性清偿制度,需要平衡实现所有债权公平清偿的目的以及延续民商事交易中的其他法律制度。享有别除权的债权人相较其他债权人,就特定财产享有优先权,为防止债务人恶意设定优先债权而损害其他顺位的债权人合法权益,各国立法通常将担保物权及法定优先权的设定时间严格限定在债务人进入破产程序之前。我国破产法中对别除权的规定没有明确时间限制,但从《企业破产法》第 31 条明确在人民法院受理破产申请前一年内,对于没有财产担保的债务提供财产担保的,管理人有权请求人民法院予以撤销,该条规定加强了对破产申请前一年内财产担保的审查,从而保护了其他债权人的权益。若在债务人进入破产程序后,经债权人会议决议通过的为债务人继续营业而借款的,管理人或者自行管理的债务人可以为借款设定抵押担保。该条款明确了别除权限定时间的例外,即进入破产程序之后,以所有债权人的共同利益为出发点,为债务人持续经营所产生的借款可以设立担保。

2. 别除权的行使以债务人的特定财产为限。实现别除权的标的物以担保物权或者法定优先权所涉标的的特定财产为限,享有别除权的债权人对债务人特定财产在行使优先受偿权后未能完全受偿的部分作为普通债权受偿。若标的物在别除权行使之前灭失、毁损或被征用的,基于担保物权的物上代位性,别除权人对标的物的灭失、毁损或被征用相关的保险金、赔偿金、补偿金等享有优先受偿权。

3. 别除权是不依破产程序而优先受偿的权利。根据《企业破产法》的规定，别除权的优先不受破产清算与和解程序的限制，不仅优先于普通破产债权而单独、及时受偿，也优先于破产费用和公益债务。[1] 但在重整程序中，别除权的优先受偿受到限制以保障担保物作为重整核心资产不被拍卖、变卖而影响重整程序挽救企业的功能。《破产审判纪要》第 25 条“担保权利人权利的行使与限制”中规定，在破产清算和破产和解程序中，对债务人特定财产享有担保权的债权人可以随时向管理人主张就特定财产变价处置行使优先受偿权，管理人应及时变价处置，不得以须经债权人会议决议等为由拒绝。但因单独处置担保财产会降低其他破产财产的价值而整体处置的除外。该条的意义在于在《企业破产法》对破产清算程序中担保债权人优先受偿权行使问题规定尚不明确的情况下，确立了担保债权人可以随时向管理人主张就该特定财产变价处置行使优先权的原则，进而明确了担保债权人的优先受偿权是不受破产清算程序限制的个别清偿权利。[2] 但是需要明确，不受破产清算程序限制的个别清偿权利，系指别除权人在债权人的集体清偿程序之外的个别性、排他性清偿，而不是在破产程序外自由受偿。[3]

（二）别除权的基础权利

别除权是实体法相关制度在破产程序中衍生的权利，使债权人优先受偿权在破产程序中得以实现，即别除权以民事实体法上的优先权利为基础。根据《企业破产法》第 109 条的规定，我国破产制度关于别除权的基础权利是对破产人的特定财产设定的担保权。因此，法定担保物权及《海商法》《民用航空法》等法律规定的法定优先权，均可以作为别除权的基础权利。[4] 此

---

〔1〕 参见沈志先主编：《破产案件审理实务》，法律出版社 2013 年版，第 371 页。

〔2〕 参见王欣新：《论破产清算程序中担保债权人优先受偿权的个别行使》，载《人民法院报》2021 年 2 月 4 日，第 7 版。

〔3〕 参见赵晓利、杨达、石磊：《〈通州建总集团有限公司诉安徽天宇化工有限公司别除权纠纷案〉的理解与参照——破产程序中建设工程价款别除权的认定》，载《人民司法（案例）》2018 年第 23 期。

〔4〕 参见沈志先主编：《破产案件审理实务》，法律出版社 2013 年版，第 372 页。

外，建设工程优先权、消费性购房人优先权在我国司法实践中亦被纳入别除权范围。

（三）别除权的行使

1. 债权申报。各国立法对别除权的行使是否需要申报规定不一，有的认为别除权对应的财产不属于破产财产，以及不受破产程序限制，特别是在公示对抗主义下，无须申报债权；其他则认为只有在债权申报的情况下，才能主张别除权。根据我国破产法的规定，债权人须申报债权后方能在破产程序中行使权利，同时债权人应当向管理人书面说明债权金额以及有无财产担保情况。

2. 债权和担保物权或法定优先权有效并符合《企业破产法》的规定。担保物权或者法定优先权的标的物应当为债务人的特定财产；债权及法定优先权应当成立于破产案件受理之前；债权及法定优先权不得违反《企业破产法》第 31 条、第 32 条、第 33 条的规定，若在人民法院受理破产申请前一年内，对没有财产担保的债务提供财产担保的，管理人有权请求人民法院撤销。

3. 在担保物权或者法定优先权存续期间，须按照法律规定的期限行使权利。如《民法典》第 419 条规定，抵押权人应当在主债权诉讼时效期间行使抵押权；未行使的，人民法院不予保护。最高人民法院《关于审理建设工程施工合同纠纷案件适用法律问题的解释（一）》（以下简称《建设工程施工合同司法解释（一）》）第 41 条规定，承包人应当在合理期限内行使建设工程价款优先受偿权，但最长不得超过 18 个月，自发包人应当给付建设工程价款之日起算。《海商法》第 26 条规定，船舶优先权不因船舶所有权的转让而消灭。但是，船舶转让时，船舶优先权自法院应受让人申请予以公告之日起 60 日不行使的除外。第 29 条第 1 款规定，具有船舶优先权的海事请求，自优先权产生之日起一年不行使的，船舶优先权消灭。

4. 别除权的行使期间。别除权在重整期间暂停行使。《企业破产法》第 75 条第 1 款规定，在重整期间，对债务人的特定财产享有的担保权暂停行使。但是，担保物有损坏或者价值明显减少的可能，足以危害担保权人权利的，担保权人可以向人民法院请求恢复行使担保权。可见，别除权在法院裁定和解之前暂停行使。《企业破产法》第 96 条第 2 款规定，对债务人的特定财产享有担保权的权利人，自人民法院裁定和解之日起可以行使权利。

三、延伸探讨

关于别除权问题，尚有如下问题有待探讨及完善。

（一）消费性购房人的优先权

最高人民法院《关于建设工程价款优先受偿权问题的批复》[1]规定，消费者交付购买商品房的全部或者大部分款项后，承包人就该商品房享有的工程价款优先受偿不得对抗买受人。该司法解释已失效，新的司法解释尚未更新。《民法典》和《建设工程施工合同司法解释（一）》依旧保留了建设工程优先权优先于抵押权和其他债权的规定，尚未对消费者购房人的债权进行规定，但根据立法的态度，目前对消费性购房人的倾斜保护态度不会改变，依旧以最高人民法院《关于人民法院办理执行异议和复议案件若干问题的规定》进行处理，该规定第 29 条对消费性购房人优先权的规定中明确了时间点及权利产生的合法性，即“在人民法院查封之前已签订合法有效的书面买卖合同”；明确了消费性购房人购买的房屋用途，即“用于居住且买受人名下无其他用于居住的房屋”；明确了支付价款的比例，即“超过合同约定总价款的百分之五十”。该规定中第 29 条系消费性购房人优先权的法律基础。

但司法实践中出现的情况参差不齐，从管理人的角度出发，宜从以下几

---

[1] 该批复已被最高人民法院《关于废止部分司法解释及相关规范性文件的决定》（2021 年 1 月 1 日实施）废止。

个方面掌握对消费性购房人的认定。

1. 自然人购房人。对于非自然人购房人是否能够认定成为消费性购房人，法院普遍认为享有消费性购房人优先权的主体应当限定在自然人范围内，不能是法人或者其他组织。

2. 标的物应该是商品房或是商铺。最高人民法院执行工作办公室《关于〈最高人民法院关于建设工程价款优先受偿权问题的批复〉中有关消费者权利应优先保护的规定应如何理解的答复》中明确了关于已交付购买商品房的全部或者大部分款项的消费者权利应优先保护的规定，是为了保护个人消费者的居住权而设置的，即购房应是直接用于满足其生活居住的需要，而不是用于经营，不应作扩大解释。该问题在实践中并未统一。有的法院认为，消费者购买的房屋应当直接满足生活居住需求，商铺等经营性用房并非消费者生存权益的刚需，购买商铺的购房人不应当享有优先权，在“(2017)最高法民申1660号再审案件”中，法院认为，公司作为经营性企业，其购买案涉房屋后实际用于注册公司、生产经营，不属于司法解释规定的消费者。有的法院认为，应当充分考量购房人的实际情况，片面从房屋性质出发无法判断该房屋是否与购房人的基本生存利益相关联，在“(2017)皖民终249号二审案件”中，法院认为，上诉人作为农村居民，所购房屋为两套小面积商铺，房屋性质有一定的经营属性，但该商品房的价值以及所预期的经营收益主要为保障及改善家庭生活，该购房行为仍属于普通消费购房的范畴。此外，有法院认为只要支付的购房款超过总价款的50%，购房人即拥有优先权。

理论界多数观点认为，最高人民法院《关于建设工程价款优先受偿权问题的批复》(已失效)基于保护消费者基本的生存权利而设立，消费者的利益属于生存利益。[1] 有观点认为，在认定消费性购房人优先权的主体上，消费

〔1〕 参见宓佳霙:《论建设工程承包人与购房人之间的权利顺序》，载《今日湖北(中旬刊)》2014年第11期。

者的目的非经营需要即可，基本生活消费或者改善型需要的购房人均可享有优先权。[1]

首先，管理人在实践中要从主体上区分购房人，非自然人的购房人主体不享有优先权；其次，从购置的房屋性质上进行区分，对商品房购房人，需要结合是否仅有一套住房进行判断，对商铺购房人，即购房人是为达成经营用途，房屋本身非直接用于居住的，虽然此类不属于最高人民法院规定中的消费者范畴，但是管理人不能一概否定，需要结合实际情况，判断商铺是否也承载着购房人的生存保障功能。实践中有部分债务人使用工业地块建造住宅或者商铺用于出售，在房屋本身涉及违法建筑，而且无法办理房地产权证的情况下，管理人应当结合当时的房屋销售情况判断购房人是否明确知悉购置房屋本身是否就不符合用地规划、是否无法办理产权证，若购房人明确知悉的或者应当知悉此种情况的，管理人不应当给予优先权。

（二）让与担保是否享有别除权效力

让与担保是一种非典型的担保方式，在司法实践中通常认定让与担保合同的效力，债权人签订让与担保合同以及办理预告登记，并向管理人主张优先债权的情况在房地产企业破产案件中比较常见。笔者认为，让与担保方式不属于法定的担保方式，且预告登记是物权化的债权，并未产生担保物权的效力，所以在法律没有规定该种非法定的担保方式是否具备法定担保方式同等效力的情况下，不宜予以优先受偿权。在破产程序中，别除权是指担保权人享有的对特定财产不依照破产程序而获得的优先受偿的权利，在破产程序中，法定优先权可以转化成为别除权，但是不具有物权形式的担保物权如果赋予优先受偿权会挑战物权法定的基础以及造成商事交易预期的不确定性。基于破产法遵循所有债权人在法定框架下公平进行清偿的原

---

〔1〕 参见傅忠彬、朱涛：《浅析房地产企业破产案件中的消费性购房款优先权》，载《产业创新研究》2019年第11期。

则，不宜给予该种担保方式以别除权的效力。在实践过程中，管理人为全体债权人公平受偿，对让与担保合同应当进一步核查基础经济行为，同时确认让与担保是否进行抵押登记，若未进行抵押登记的，不应当给予优先受偿权。

【类案推荐】

案例名称："甲公司、乙公司商品房预售合同纠纷再审案"

裁判要旨：甲公司继续履行案涉合同以及支付违约金的主张，实质上是要求乙公司对其原有债权在破产程序之外给予全额、个别清偿。对于破产企业来说，其在进入破产程序后债权人参与分配破产财产前，破产财产这一集合财产不得被随意处分，以保证债权人能够公平受偿。案涉合同如果继续履行将构成个别清偿，并对乙公司其他债权人的利益造成损害，有违《企业破产法》第16条有关人民法院受理破产申请后，债务人对个别债权人的债务清偿无效之规定。对于甲公司主张其依据最高人民法院《关于建设工程价款优先受偿权问题的批复》享有优先受偿权的问题，法院认为，最高人民法院《关于建设工程价款优先受偿权问题的批复》（已失效）对交付购买商品房全部或者大部分款项的消费者予以优先保护是基于生存利益大于经营利益的社会政策原则，为保护消费者的居住权而设置的特殊规定，在适用中应对其范围予以严格限制，不宜作扩大解释。消费者购房应是为了满足生活居住需要，而非用于经营或其他原因。

案　　号：（2021）最高法民再154号

审理法院：最高人民法院

本案例作者：吴忠健

案例 20：《商铺经营使用权转让合同》的法律性质应当如何认定？ 该合同被管理人解除时，余额款项是否可以被认定为共益债务而获得优先清偿？

【要点提示】

债务人作为出租人，与承租人签订的预付租金的租赁合同解除后所应返还的预付租金之债属于共益债务。

【裁判要旨示例】

不当得利的构成包括：(1)一方获得利益；(2)一方获益无法律根据；(3)致使对方遭受损失，即获利与损失之间存在因果关系。其中"一方获益无法律根据"中包括因给付目的欠缺而发生不当得利情形，即合同无效、不成立、被撤销以及解除后，给付人并没有实现其给付目的。该案中，无论案涉《商铺经营使用权转让合同》的性质为何，因为在签订《商铺经营使用权转让合同》时王某预付了 30 年的经营使用权转让金，而实际仅使用 5 年，合同解除后，案涉商铺的使用权返还给甲公司，王某给付的剩余 25 年经营使用权转让金不能实现给付目的,甲公司继续占有,构成不当得利。

【案件概况】

案件名称:“王某、沈阳某公司破产债权确认纠纷案”

案　　号:(2021)最高法民再194号

审理法院:最高人民法院

【案例评析与思考】

一、案情介绍

2013年5月21日,沈阳某公司(甲方、转让方)与王某(乙方、受让方)分别签订两份《商铺经营使用权转让合同》。总价款分别为259,073元及257,692元,期限均为自2013年10月1日起至2043年12月15日止。2013年5月19日,沈阳某公司向王某出具金额分别为1000元的收款收据两张。2013年5月21日,沈阳某公司向王某出具金额分别为256,692元、258,073元的收款收据两张。沈阳某公司破产管理人经核查,确认王转某让价款全部付清。

同日,王某同案外人沈阳某开发有限公司签订《委托租赁及管理合同》,将其拥有的案涉商铺经营权委托该公司租赁和管理。甲公司作为沈阳某公司履行合同义务的担保方共同签署了该合同。该合同第1条第3款载明:标的商铺经营使用权系王某根据《商铺经营使用权转让合同》自甲公司处取得;第2条第1款约定:王某同意沈阳某公司或甲公司以两公司名义与第三方签署标的商铺的租赁合同。

2018年10月26日,辽宁省沈阳市中级人民法院受理周某某、刘某某、钱某某、刘某对甲公司的破产重整申请。2018 年 10 月 31 日指定甲公司清算组担任甲公司破产管理人。2019 年 3 月 14 日，辽宁省沈阳市中级人民法院作出（2018）辽 01 破 42－2 号决定书，另行指定某律所某律师担任甲公司清算组组长。在债权申报期间，王某向管理人申报债权，管理人未予确认。

后王某起诉甲公司，要求一审法院辽宁省沈阳市中级人民法院确认王某多付的 25 年租金 430，637 元在甲公司破产债务中享有优先受偿权，并在破产财产中随时返还。一审法院经审理认为，《商铺经营使用权转让合同》解除后，王某应将商铺的经营使用权返还甲公司，甲公司领受王某支付的 30 年经营使用权转让金，尚有剩余 25 年未履行对等义务，故甲公司应将剩余 25 年转让金返还王某。但因王某与甲公司签订的是《商铺经营使用权转让合同》，并非房屋租赁合同，王某主张的 430，637 元的实质上也并非租金，故该转让金不具有共益债务的性质。

王某不服一审判决，上诉至辽宁省高级人民法院，二审法院经审理认为：从双方当事人所签订《商铺经营使用权转让合同》的名称和内容来看，并不含有与租赁相关的条款；其约定的转让期限超过了 30 年，与原《合同法》第 214 条“租赁期限不得超过二十年”的规定并不相符。且王某与案外人另行签订《委托租赁及管理合同》，将所拥有的案涉商铺经营权委托两公司对外租赁和管理。可见，王某对案涉商铺经营使用权并非承租使用关系，原审认定《商铺经营使用权转让合同》不是房屋租赁合同正确。王某主张的剩余 25 年商铺经营使用权转让金实质上并非租金，而是因合同解除所产生的损害赔偿，不具有共益债务性质，属于普通破产债权。

再审申请人王某因不服一审、二审法院的判决向最高人民法院提出再审申请。再审申请人认为，原《合同法》第 97 条中当事人“采取其他补救措施”，可以解释为包含不当得利返还；因债务人不当得利所产生的债务为共益债务，共益债务由债务人从财产中随时清偿。案涉《商铺经营使用权转让合同》解除后,甲公司占有的剩余25年商铺经营使用权转让金应作为不当得利返还王某,该债务为共益债务,王某具有优先受偿权,应由甲公司在破产财产中随时返还。

最高人民法院最终撤销了一审、二审法院的判决,确认甲公司应当返还王某剩余25年经营使用权转让金430,637元,王某对该共益债权享有从甲公司破产财产中优先于普通债权受偿的权利。

二、案件评析

对于破产程序中合同解除后预付租金性质的认定,在《企业破产法》及其相关司法解释中,并未对合同解除后预付租金的性质认定问题作出具体阐述,这使破产管理人在对类似债权的确认中存在诸多困惑,严重影响了破产程序的高效推进。

在实践中,长期以来存在两种裁判路径:一是认定为破产企业的不当得利进而认定为共益债务,由破产企业从财产中随时清偿;二是认定为普通债权,由债权人向管理人申报债权按法定顺序清偿。该案作为最高人民法院提审的关于破产程序中合同解除后预付租金性质认定的案件,纠正了一审、二审程序中出现的法律适用错误,具有较大社会影响及法律适用的指导意义。结合上述案例以及《企业破产法》《民法典》的相关规定,对破产程序中合同解除后预付租金共益债务性质的认定分析如下。

(一)共益债务的性质认定

1. 共益属性。在1986年发布的《企业破产法(试行)》中未区分破产费用和共益债务,仅在破产费用中列入"为债权人的共同利益而在破产程序中支付的其他费用"。2006年破产法起草组在其编纂的《〈企业破产法〉释义》中将共益债务定义为:在破产程序中为全体债权人的共同利益由债务人财产负担的债务。[1] 在我国现行的《企业破产法》首次使用了“共益债务”这一概念，但仍未对“共益债务”进行具体的定义。

根据《北京市高级人民法院企业破产案件审理规程》第 143 条的规定，共益债务是指人民法院受理破产申请后，为全体债权人的共同利益而由债务人财产负担的债务。在最高人民法院民事审判第二庭编著的最高人民法院《关于企业破产法司法解释（三）理解与适用》一书中，则将“共益债务”定义为：在破产程序中为全体债权人的共同利益或促进程序进行所负担的债务总称。[2]

由此，在对共益债务的共益属性的把握中应当注意共益债务系为债权人的共同利益而发生。对“共同利益”的理解，在于即使有债务发生在破产程序开始之后，但仅为个别债权人的利益所为时，也不能作为共益债务。同时，对“为全体债权人利益”的理解，应当是以使债务人财产增值至少是保值为目的。换言之，不仅包含债务人财产价值的增加，还应包含债务人财产价值的保值、减少预计损失、确定交易安全、破产工作基本保障等其他目标。

2. 时间属性。根据《企业破产法》第 42 条的规定，人民法院受理破产申请后发生的下列债务，为共益债务。因此，共益债务的形成必须在人民法院受理破产申请后，这是以时间为标准所作的基本划分。以破产申请受理日即破产程序开始的时间点作为共益债务形成的起始点，因此破产受理之前产生的债务则不属于共益债务。

此外，共益债务仅发生于破产程序进行中，即破产程序开始之后结束之前这一区间，也是共益债务时间属性的应有之义。破产程序结束于法院裁定终结破产程序，根据我国《企业破产法》的规定，可以总结为如下情形：一

---

[1] 参见《中华人民共和国企业破产法》起草组编：《〈中华人民共和国企业破产法〉释义》，人民出版社 2006 年版，第 159 页。

[2] 最高人民法院民事审判第二庭编：《最高人民法院关于企业破产法司法解释（三）理解与适用》，人民法院出版社 2019 年版，第 51 页。

为破产和解时,履行和解协议终结破产程序;二为破产债务人财产不能完全支付破产费用而终结;三为破产财产分配完毕而终结;四为重整计划执行完毕而终结。在破产程序终结之后产生的债务同样不属于共益债务。

（二）合同解除后预付租金性质的认定

我国立法对共益债务的认定持严格态度,《企业破产法》第 42 条对共益债务的列举采用了"穷尽式"的立法技术,共益债务内部的 6 种类型化分类存在交叉区域,且外延并不周延,并未包括一个兜底性条款,将共益债务的范围限定于该条所明确规定的 6 种债务范围,分别为:"(一)因管理人或者债务人请求对方当事人履行双方均未履行完毕的合同所产生的债务;(二)债务人财产受无因管理所产生的债务;(三)因债务人不当得利所产生的债务;(四)为债务人继续营业而应支付的劳动报酬和社会保险费用以及由此产生的其他债务;(五)管理人或者相关人员执行职务致人损害所产生的债务;(六)债务人财产致人损害所产生的债务。"

租赁合同解除后,承租人预先支付而租赁合同尚未履行完毕的租金性质与以上"因债务人不当得利所产生的债务"最为接近,因此应当从是否符合不当得利的标准进行把握。

根据《民法典》第 122 条之规定,不当得利的构成要件包括:第一,一方获得利益;第二,一方获益无法律根据;第三,致使对方遭受损失;第四,获利与损失之间存在因果关系。《民法典》第 985 条则规定了不当得利的除外情况,分别为:第一,为履行道德义务进行的给付;第二,债务到期之前的清偿;第三,明知无给付义务而进行的债务清偿。

该案中,在签订《商铺经营使用权转让合同》时王某预付了 30 年的经营使用权转让金,而实际仅使用 5 年,王某给付的剩余 25 年经营使用权转让金被沈阳某公司继续占有,这种对预付租金的占有状态在合同被解除后即丧失了法律根据。沈阳某公司丧失了原来占有的合法依据并因此获益,而王某作为给付方因此遭受相应损失。在合同解除后继续占有预付租金符合《民法典》关于不当得利的相关法律特征，属于不当得利。根据《企业破产法》第 42 条第 1 款第 3 项规定，在人民法院受理破产申请后，因债务人不当得利所产生的债务为共益债务。因此，在租赁合同解除后，承租人预先支付而租赁合同尚未履行完毕的租金性质为共益债务。

此外，湖南省高级人民法院在株洲某置业有限公司与文某某房屋租赁合同纠纷一案[1]的审理中，参照了最高人民法院（2016）最高法民他 93 号答复函《关于破产企业签订的未履行完毕的租赁合同纠纷法律适用问题的请示》的答复意见："租赁合同如判解除，则预付租金构成不当得利应依法返还，根据《企业破产法》第四十二条第三项的规定，该不当得利返还债务应作为共益债务，由破产企业财产中随时返还。"该答复意见也明确了预付租金属于不当得利，具有共益债务的性质。

（三）共益债务的清偿原则

1. 随时清偿原则。根据《企业破产法》第 43 条第 1 款的规定，破产费用和共益债务由债务人财产随时清偿。因此，破产费用和共益债务的清偿既无须债权申报，也无须等待清算分配的到来，在顺序上和时间上都优先于其他破产债权。此外，"由债务人财产随时清偿"是指用债务人的无担保财产进行清偿，而担保财产以及债务人无处分权的其他财产不在此列。[2]

2. 顺序清偿原则。根据《企业破产法》第 43 条第 2 款的规定，债务人财产不足以清偿所有破产费用和共益债务的，先行清偿破产费用。该条款确认了破产费用在清偿顺序中相对优先于共益债务的原则，保证了资金短缺下对于破产费用的优先支付。此外，该款规定的顺序清偿原则的适用要求债务人财产出现不足的情形，而不能追溯此前已经通过随时清偿原则清偿

---

〔1〕 参见湖南省高级人民法院（2017）湘民再 461 号民事判决书。

〔2〕 参见王卫国：《破产法精义》（第 2 版），法律出版社 2020 年版，第 161 页。

完毕的部分。因此,在实践中管理人应当注意对债务人财产的把握,一旦出现债务人财产少于破产费用以及共益债务总和的情形,应当及时对破产费用进行清偿。

3. 比例清偿原则。根据《企业破产法》第 43 条第 3 款的规定,债务人财产不足以清偿所有破产费用或者共益债务的,按照比例清偿。结合前述顺序清偿原则,首先应当判断债务人财产是否能够清偿所有破产费用,若不能,则将债务人财产对所有破产费用按比例清偿。若债务人财产能够满足清偿所有破产费用但无法满足清偿破产费用及共益债务总和的,则将清偿完所有破产费用后的债务人财产对所有共益债务按比例清偿。

三、延伸探讨

关于共益债务的认定问题,尚有如下问题有待讨论与完善。

(一)共益债务产生的利息是否为共益债务

根据《企业破产法》第 46 条第 2 款的规定,附利息的债权自破产申请受理时起停止计息。但目前我国法律法规尚未对破产受理后产生的共益债务是否能够计算利息加以明确规定,在审判实务中,各地法院对此看法不一。

部分法院认为,一旦进入破产程序后,所有的债权都停止计息,共益债务也不例外。如广东省东莞市第三人民法院在"东莞某科技有限公司与东莞市某贸易有限公司破产债权确认纠纷案"[1]中,在确认了原告的预付租金为共益债务性质后,对于原告诉请因该预付租金而产生的逾期付款利息,根据《企业破产法》第 46 条的规定认定原告诉请破产案件受理之后的利息没有法律依据,不予支持。

部分法院认为,共益债务所产生的利息应当与《企业破产法》第 46 条所规定的利息相区分,共益债务所产生的利息同样具有共益债务的性质。如

[1] 参见广东省东莞市第三人民法院(2020)粤 1973 民初 6329 号民事判决书。

安徽省马鞍山市中级人民法院在“安徽海德化工科技有限公司、浙江舟山满荣石油化工有限公司破产债权确认纠纷案”[1]中,维持了一审法院的观点,在确认了满荣公司为履行合同所垫付费用为共益债务后,对于海德公司对该费用所产生资金孳息的占有同样认定为共益债务,由债务人财产随时清偿。

笔者赞同共益债务产生的利息仍为共益债务的观点,理由如下:第一,从体系解释角度来说,《企业破产法》第 46 条位于《企业破产法》第六章“债权申报”当中,针对的是需要进行申报的在破产受理前形成的债权,该条文不宜作扩大解释。因此,停止计息的规定不应适用于共益债务。第二,共益债务所产生的利息同样符合共益债务认定的要求,其产生是为了全体债权人的共同利益,并且产生于破产申请受理之后,符合共益债务的共益属性与时间属性。第三,共益债务利息的性质认定对于重整主体获得共益债融资来说至关重要,将共益债务利息认定为共益债务是对投资者正当商业诉求的合理保护。

(二)因所有权保留买卖合同产生的破产债权是否为共益债务

1. 继续履行合同的情形。管理人决定继续履行所有权保留买卖合同时所产生的债务性质为共益债务是《企业破产法》第 42 条第 1 项规定的应有之义。在买受人管理人支付完毕全部价款或者履行全部义务后,取得买卖标的物的所有权。

在买受人管理人违约或者危害债权时,由于合同因买受人破产而加速到期,所以买受人管理人不得以未届合同约定的履行期限为由进行抗辩。根据《破产法司法解释(二)》第 37 条第 2 款之规定,出卖人可以通过行使《民法典》第 641 条规定的取回权予以救济。

出卖人行使取回权但未能取回标的物的,此种情形下,由于买受人管理

---

〔1〕 参见安徽省马鞍山市中级人民法院(2022)皖 05 民终 1760 号民事判决书。

人并未选择解除合同，所以出卖人可以依据所有权保留买卖合同要求买受人管理人继续履行合同义务并承担违约责任。对于该部分债务根据《破产法司法解释（二）》第37条第3款之规定，其性质应认定为共益债务。

2.解除合同的情形。根据《破产法司法解释（二）》第38条的规定，买受人破产，其管理人决定解除所有权保留买卖合同，出卖人依据《企业破产法》第38条的规定主张取回买卖标的物的，人民法院应予支持。

出卖人取回买卖标的物，买受人管理人主张出卖人返还已支付价款的，人民法院应予支持。取回的标的物价值明显减少给出卖人造成损失的，出卖人可以从买受人已支付价款中优先予以抵扣后，将剩余部分返还给买受人；对买受人已支付价款不足以弥补出卖人标的物价值减损损失形成的债权，出卖人主张作为共益债务清偿的，人民法院应予支持。

因此，在管理人决定解除所有权保留买卖合同时，出卖人同时享有破产法上规定的取回权以及因解除合同而享有的返还原物请求权，并且该权利不受买受人已支付超过75%合同总价款的限制。对于出卖人未能以买受人已经支付的价款抵销的损失，其性质应认定为共益债务。

3.标的物被另行处理的情形。（1）标的物被第三人善意取得。根据《破产法司法解释（二）》第30条之规定，转让行为发生在破产申请受理前的，原权利人因财产损失形成的债权，作为普通破产债权清偿；转让行为发生在破产申请受理后的，因管理人或者相关人员执行职务导致原权利人损害产生的债务，作为共益债务清偿。（2）标的物毁损、灭失。根据《破产法司法解释（二）》第32条之规定，因债务人占有的他人财产毁损、灭失，因此获得的保险金、赔偿金、代偿物尚未交付给债务人，或者代偿物虽已交付给债务人但能与债务人财产予以区分的，权利人可以取回。出现以下4种情形时：一是保险金、赔偿金已经交付给债务人；二是代偿物已经交付给债务人且不能与债务人财产予以区分；三是没有获得相应的保险金、赔偿金、代偿物；四是保险金、赔偿物、代偿物不足以弥补其损失的部分。毁损、灭失发生在破产申请受理前的,原权利人因财产损失形成的债权,作为普通破产债权清偿;财产毁损、灭失发生在破产申请受理后的,因管理人或者相关人员执行职务导致权利人损害产生的债务,作为共益债务清偿。

(三)关于共益债务认定的其他问题

共益债务作为破产程序中可优先受偿的特殊债务,对其确认及清偿关系到所有债权人的利益。我国现阶段破产法的规定尚存在引发不同理解的可能性,导致司法实践中产生对共益债务的认定适用法律标准不统一,类案不同判现象频出。例如,重整计划执行期间产生的债务是否属于共益债务;对管理人选择继续履行的合同,债务人企业破产申请受理前欠付的债务是否可以一并认定为共益债务;合同履行过程中产生的违约金能否认定为共益债务等问题都亟待立法进一步完善明确。

【类案推荐】

类案1

案例名称:“株洲甲公司与文某房屋租赁合同纠纷案”

裁判要旨:承租人不当得利的返还请求权有别于《企业破产法》第53条规定的损害赔偿请求权,不应当作普通债权对待。租赁合同如判解除,则预付租金构成不当得利应依法返还,根据《企业破产法》第42条第3项的规定,该不当得利返还债务应作为共益债务,由破产企业财产中随时返还。

案　　号:(2017)湘民再461号

审理法院:湖南省高级人民法院

类案2

案例名称:“威海甲公司、乳山乙公司破产债权确认纠纷案”

裁判要旨：由于租赁期限超过20年的部分自始无效，故出租人自收取超过20年部分的租金之时即负有向承租人返还的义务。因返还超过20年部分租金之债形成于法院受理破产申请之前，故认定前20年的租金扣除已履行部分的数额后的剩余预付租金为共益债务，而超过20年部分的租金为普通债权。

案　　号：（2020）鲁民终154号

审理法院：山东省高级人民法院

本案例作者：吴忠健

案例21：破产清算申请受理后案涉房产交付给申请执行人以物抵债是否合法？

【要点提示】

破产案件受理在先，但执行法院收到受移送法院（破产受理法院）的受理裁定时，已作出以物抵债裁定且已送达债权人的，财产所有权不发生变动，仍应属于被执行人的破产财产。

【裁判要旨示例】

复议申请人乙公司依据《执转破意见》第17条的规定提出，如果以物抵债裁定已经送达给该公司的，则根据我国原《物权法》的规定，案涉房产的所有权已经发生变动，不应再属于破产财产，无须移交给破产受理法院。根据《执转破意见》第1条的规定，《执转破意见》主要规范的是“执行案件移送破产审查工作”中的程序性问题，且该指导意见属于规范性文件而非法律或司法解释，甘肃省高级人民法院审查该案中适用《企业破产法》并无不当。因甘肃省高级人民法院继续将案涉房产以物抵债给乙公司的行为发生在破产申请受理之后，应视为涉案房产的所有权未发生变动，仍属于被执行人的财产，甘肃省高级人民法院裁定将案涉房产移交给宜兴市人民法院不当。

【案件概况】

案件名称:“乙公司、甲公司金融借款合同纠纷案”

案　　号:(2019)最高法执复106号

审理法院:最高人民法院

【案例评析与思考】

一、案情介绍

乙公司与甲公司、承某、张某某金融借款合同纠纷一案,甘肃省高级人民法院于2015年11月24日作出(2015)甘民二初字第27号民事判决,判令:(1)甲公司于本判决生效后30日内偿还乙公司借款本金23,000万元;(2)甲公司于本判决生效后30日内偿还乙公司23,000万元借款截至2015年6月20日产生的未付利息12,552,106.53元,及2015年6月21日至实际清偿之日的利息(按双方合同约定的贷款利率计算);(3)甲公司于本判决生效后30日内向乙公司支付23,000万元本金自2015年9月14日起实际付清之日的罚息(按双方合同约定的逾期利息利率计算);(4)甲公司于本判决生效后30日内支付乙公司截至2015年8月25日因迟延支付利息产生的复利1,481,815.23元,及2015年8月26日至实际清偿之日的复利(按双方合同约定的贷款利率计算);(5)甲公司于本判决生效后30日内支付乙公司支出的律师代理费600,000元、财产保全担保费488,068元;(6)如甲公司不能按期履行上述第(1)项、第(2)项、第(3)项、第(4)项、第(5)项给付义务,乙公司对甲公司名下位于江苏省宜兴市新街街道绿园路××号的某酒店××层酒店房屋和土地使用权(以下简称案涉房产)折价或者拍卖、变卖所得价款优先受偿的权利；(7)承某、张某某对甲公司上述第(1)项、第(2)项、第(3)项、第(4)项、第(5)项给付义务承担连带清偿责任；承某、张某某承担连带清偿责任后，有向甲公司追偿的权利。

因甲公司未按期履行生效判决书确定的给付义务，乙公司于2016年10月17日向甘肃省高级人民法院申请强制执行，在执行过程中甘肃省高级人民法院对被执行人甲公司名下的案涉房产进行网络司法拍卖。在经过两次拍卖流拍后，因无人竞买，乙公司申请以物抵债。甘肃省高级人民法院作出以物抵债裁定后，甲公司的破产管理人向甘肃省高级人民法院提出执行异议。

甘肃省高级人民法院查明，甘肃省高级人民法院执行依据(2015)甘民二初字第27号民事判决书主文第二项判定：如甲公司不能按期履行上述第(1)项、第(2)项、第(3)项、第(4)项、第(5)项给付义务，乙公司对甲公司名下案涉房产折价或者拍卖、变卖所得价款有优先受偿的权利。该判决生效后，甲公司未主动履行，甘肃省高级人民法院依据乙公司的申请，于2016年10月17日立案执行。2019年4月15日，甘肃省高级人民法院作出(2016)甘执48号之二执行裁定书，裁定将案涉标的物交付申请执行人乙公司抵偿债务(该案申请执行标的额为418,880,866.8元，上述抵债标的物变卖价格为419,289,291元，扣除执行费486,689元，实际抵偿债务金额为418,802,602元)。上述以物抵债房产的所有权及土地使用权自该裁定送达申请执行人乙公司时起转移。该执行裁定书于2019年4月17日送达申请执行人乙公司，也向被执行人甲公司进行了邮寄送达。

另查明，2019年3月21日江苏省宜兴市人民法院作出(2019)苏0282破申12号民事裁定书，裁定：受理储某某对甲公司的破产清算申请，该裁定自即日起生效。同年4月10日，江苏省宜兴市人民法院作出(2019)苏0282破14号决定书，指定某清算事务有限公司(以下简称丙公司)担任甲公司管理人。甲公司管理人向甘肃省高级人民法院邮寄的甲公司破管字第0101号告知函的落款时间为2019年4月17日,该函附受理破产申请裁定书复印件一份、指定管理人的决定书复印件一份。

甲公司提出异议称,宜兴市人民法院于2019年3月21日裁定受理了“甲公司破产清算案”,并于2019年3月22日在最高人民法院《全国企业破产重整案件信息网》上予以公告。2019年4月10日,宜兴法院指定丙公司担任甲公司管理人。2019年4月17日,宜兴市人民法院安排管理人接管了甲公司,甲公司管理人当日就向甘肃省高级人民法院邮寄了《告知函》,但是2019年4月18日,甲公司管理人就收到甘肃省高级人民法院的以物抵债裁定。根据《企业破产法》第19条的规定,人民法院受理破产申请后,执行程序应当中止。由于宜兴市人民法院在甘肃省高级人民法院以物抵债裁定书作出之前就在最高人民法院网站上公布了相关信息,故应当撤销该裁定。

甘肃省高级人民法院认为,该案的争议焦点是破产清算申请受理后以案涉标的物交付申请执行人乙公司抵偿债务是否合法。《企业破产法》第19条规定:“人民法院受理破产申请后,有关债务人财产的保全措施应当解除,执行程序应当中止。”根据2008年最高人民法院《关于人民法院执行工作若干问题的规定(试行)》第102条第1项之规定,人民法院已受理以被执行人为债务人的破产申请的,人民法院应当裁定中止执行。该案中,宜兴市人民法院于2019年3月21日裁定受理储某某对甲公司的破产清算申请,该裁定自作出之日即发生法律效力,并不以送达或公告为生效条件,执行程序于受理破产清算裁定作出之日即应当中止,关于该案被执行人甲公司财产的保全措施应当解除。《破产法司法解释(二)》第5条规定:“破产申请受理后,有关债务人财产的执行程序未依照企业破产法第十九条的规定中止的,采取执行措施的相关单位应当依法予以纠正。依法执行回转的财产,人民法院应当认定为债务人财产。”该案中,法院(2016)甘执48号之二以物抵债执行裁定是在破产清算申请受理之后作出的，不符合该规定中止执行的要求，应依法予以纠正。故裁定甲公司的异议请求成立，撤销该院（2016）甘执48号之二执行裁定，解除对甲公司财产的查封、扣押、冻结等措施，中止对甲公司财产的执行程序。

乙公司不服甘肃省高级人民法院（2019）甘执异159号执行裁定，向最高人民法院申请复议。

最高人民法院驳回了该公司的复议。

二、案件评析

（一）法院可以裁定以物抵债的法定情形

1. 经过拍卖程序但流拍的财产或变卖无人应买的财产，申请执行人同意以物抵债的，法院可以裁定以物抵债

根据最高人民法院《关于人民法院民事执行中拍卖、变卖财产的规定》（2020年修正）第16条、第20条、第24条、第25条、第26条等的规定，（1）拍卖时无人竞买或者竞买人的最高应价低于保留价，到场的申请执行人或者其他执行债权人申请或者同意以该次拍卖所定的保留价接受拍卖财产的，应当将该财产交其抵债。以流拍的财产抵债的，人民法院应当作出裁定，并于价款或者需要补交的差价全额交付后10日内，送达买受人或者承受人。（2）对于第二次拍卖仍流拍的动产或不动产，人民法院可以依照该规定第16条的规定将其作价交申请执行人或者其他执行债权人抵债。该不动产、动产的所有权、其他财产权自抵债裁定送达买受人或者承受人时起转移。（3）变卖的财产无人应买的，适用该规定第16条的规定将该财产交申请执行人或者其他执行债权人抵债。

2. 不经拍卖、变卖，法院直接将被执行人的财产裁定以物抵债的情形

根据《民诉法司法解释》第489条规定，经申请执行人和被执行人同意，

且不损害其他债权人合法权益和社会公共利益的,人民法院可以不经拍卖、变卖,直接将被执行人的财产作价交申请执行人抵偿债务。对剩余债务,被执行人应当继续清偿。另外,根据最高人民法院、原国土资源部、原建设部《关于依法规范人民法院执行和国土资源房地产管理部门协助执行若干问题的通知》(法发〔2004〕5号)第26条的规定,经申请执行人和被执行人协商同意,可以不经拍卖、变卖,直接裁定将被执行人以出让方式取得的国有土地使用权及其地上房屋经评估作价后交由申请执行人抵偿债务,但应当依法向国土资源和房地产管理部门办理土地、房屋权属变更、转移登记手续。综上,在满足双方当事人同意且不损害其他债权人合法权益和社会公共利益的条件下,人民法院可以不经拍卖、变卖,直接裁定以物抵债。

(二)该案中存在法规政策规定的逻辑冲突

作为一种集体清偿程序,在破产程序中会特别关注债务人通过各种方式进行个别清偿或者其他有利于个别债权人的操作。在从个别清偿的执行程序转化为集体清偿的破产程序过程中,虽然破产受理裁定在前,但执行法院在未收到被执行人破产受理通知前作出了以物抵债裁定且送达债权人,以物抵债裁定效力问题以及随之而来的标的财产所有权归属问题成为该案所要讨论的问题。

一方面,执行法院作出以物抵债裁定并送达债权人时,所有权发生转移,此为相关法规明文规定之意。根据《民诉法司法解释》第491条的规定,拍卖成交或者依法定程序裁定以物抵债的,标的物所有权自拍卖成交裁定或者抵债裁定送达买受人或者接受抵债物的债权人时转移。在此基础上,最高人民法院发布《执转破意见》,其第17条进一步明确了执行法院收到受移送法院受理裁定时,通过以物抵债偿还债务且抵债裁定已送达债权人的抵债财产,因财产所有权已经发生变动,不属于被执行人的财产,不再移交。各地方在该指导意见颁布实施后,也陆续出台当地政策,对以物抵债裁定送达债权人后的法律效果作出规定，如河北省高级人民法院《执行案件移送破产审查规程（试行）》第28条第1款、广西壮族自治区高级人民法院《关于执行案件移送破产审查的规范指引（试行）》第27条、湖南省高级人民法院《关于执行移送破产案件决定和移送工作的若干意见（试行）》第17条、江苏省高级人民法院《关于规范执行案件移送破产的若干规定》第18条等都有类似规定。由此可见，以物抵债裁定送达债权人后可以直接发生所有权转移的效果，执行法院收到受移送法院受理的裁定时，通过以物抵债偿还债务且抵债裁定已送达债权人的抵债财产，所有权已经发生了转移。

另一方面，被执行人破产受理裁定一经作出即生效，执行程序即应中止，也是相关法规明文规定之意。《企业破产法》第19条规定，人民法院受理破产申请后，有关债务人财产的保全措施应当解除，执行程序应当中止。《破产法司法解释（二）》第5条进一步明确，破产申请受理后，有关债务人财产的执行程序未依照《企业破产法》第19条的规定中止的，采取执行措施的相关单位应当依法予以纠正。依法执行回转的财产，人民法院应当认定为债务人财产。由此可见，破产受理裁定并不需要送达后生效，一经作出即发生效力，相应的执行程序在受理破产申请的裁定作出后即应中止，如未依法中止的，执行法院对相关行为进行纠正也是法律应有之义。

由此，破产受理裁定在前，执行法院在未接到通知的情况下对被执行人的财产作出以物抵债的裁定时，则产生了个别债权人和集体债权人之间的利益冲突，个别债权人会紧紧抓住《执转破意见》第17条这棵“救命稻草”试图对抗《企业破产法》及其司法解释的规定，最高人民法院则主要是通过法律位阶效力以及解释适用的方式从形式上解决了争议，也从实质上进行了利益选择。

最高人民法院认为《执转破意见》主要规范的是“执行案件移送破产审查工作”中的程序性问题，乙公司所主张的宜兴市人民法院未履行通知义务也属于程序层面的错误,不属于执行复议案件的审查范围,其可以通过其他法律途径向有关法院反映。最高人民法院据以裁判的论证依据和思路主要是法律位阶效力原则,认为该指导意见属于规范性文件而非法律或司法解释,甘肃省高级人民法院在该案中适用效力层级更高的《企业破产法》及其司法解释并无不当。法律适用发生冲突时,该案适用效力层级更高的法律规定便成为法律适用规则的要求。因此,在破产受理裁定作出之日起,执行工作就相应中止,在这之后作出的执行行为均应停止,故以物抵债裁定即使送达当事人也不应发生物权变动的效力。

(三)针对该案类似情形应从程序上加强沟通和衔接,避免争议纠纷

从该案中可以看出,在破产受理法院与执行法院并非同一法院的情况下,如通知不及时或沟通不充分,极有可能出现该案这种情况,即破产受理裁定在前,执行法院在未接到通知的情况下对被执行人的财产作出以物抵债裁定。该案中乙公司也认为宜兴市人民法院未按《企业破产法》第 14 条的规定,将受理破产申请的裁定通知该公司,才造成如今之局面。虽然最高人民法院认为上述程序性错误不应在该案中予以审查,但是并不能否认上述程序性规定仍具有一定的合理性和必要性。

按照《企业破产法》第 14 条的规定,宜兴市人民法院应当自裁定受理破产申请之日起 25 日内通知已知债权人,并予以公告。如宜兴市人民法院能及时送达或与甘肃省高级人民法院及时建立沟通和衔接,该案的纠纷便不会出现。由此可见,对于破产受理法院来说,在作出破产受理裁定时,应当充分了解债务人的涉诉信息以及已知债权人的情况,充分履行通知和公告义务。

同时,结合《企业破产法》第 19 条和《破产法司法解释(二)》第 5 条的规定,由此案再看《执转破意见》第 17 条的规定,该条款的隐含前提应是执行法院作出以物抵债裁定的时间早于破产受理法院作出破产受理裁定的时

间，如果以物抵债裁定送达时间早于破产受理裁定送达执行法院的时间，则该以物抵债裁定已生效，财产所有权已经发生变动，不属于被执行人的财产，不必再移交。由此可见，对于资不抵债濒临破产的被执行人，申请执行人如果可以通过以物抵债取得一定的清偿，时间是极其关键的因素。

三、延伸探讨

（一）以物抵债协议的性质和效力

以物抵债行为的表现形式除了上述法院作出以物抵债裁定的方式外，还有债权人和债务人之间签订以物抵债协议的情况，在“执转破”程序中也有可能存在当事人之间自主签订以物抵债协议的情况。

1. 以物抵债协议的性质是诺成合同还是实践合同

该问题的讨论直接决定了以物抵债协议的成立生效时间，以及是否有权向法院主张权利，对于讨论以物抵债协议的相关问题具有先决性和基础性。该问题的分歧来自以物抵债协议的实质到底是代物清偿行为还是一个新立合同行为，对此理论界和实务界争论不休，在《九民纪要》和《民法典》出台后，上述问题才有了一个相对明确的结论。根据《九民纪要》第44条等规定，最高人民法院已认可以物抵债协议为诺成性合同，在不存在损害第三人利益或违反国家强制性法规的情况下，债权人可以请求债务人交付抵债物。同时，《民法典》第483条规定：“承诺生效时合同成立，但是法律另有规定或者当事人另有约定的除外。”相较原《合同法》第25条的规定，增加了后面的但书部分，也显示出《民法典》的态度即除法律另有规定或者当事人另有约定为例外，以诺成性合同为原则。

2. 以物抵债协议的法律效果

首先，根据《九民纪要》第44条等的规定，在认定以物抵债协议的性质和效力时，要根据订立协议时履行期限是否已经届满予以区别对待。（1）当事人在债务履行期限届满后达成以物抵债协议,抵债物尚未交付债权人,债权人请求债务人交付的,人民法院要着重审查以物抵债协议是否存在恶意损害第三人合法权益等情形,避免虚假诉讼的发生。经审查,不存在以上情况,且无其他无效事由的,人民法院依法予以支持。(2)当事人在债务履行期届满前达成以物抵债协议,抵债物尚未交付债权人,债权人请求债务人交付的,因此种情况不同于《九民纪要》第71条规定的让与担保,人民法院应当向其释明,其应当根据原债权债务关系提起诉讼。经释明后当事人仍拒绝变更诉讼请求的,应当驳回其诉讼请求,但不影响其根据原债权债务关系另行提起诉讼。

其次,对于已生效的以物抵债协议,尚未交付抵债物的,当事人双方也仅是形成了一个基于合同的债权债务关系,没有发生所有权变动的物权效力。在诉讼或执行阶段形成的以物抵债协议,也无法通过法院出具调解书予以确认或据以出具以物抵债裁定。(1)根据《九民纪要》第44条的规定,如在诉讼阶段形成了以物抵债协议,当事人不申请撤回起诉,请求人民法院出具调解书对以物抵债协议予以确认的,因债务人完全可以立即履行该协议,没有必要由人民法院出具调解书,故人民法院不应准许,同时应当继续对原债权债务关系进行审理。值得关注的是,《九民纪要》出台前法院也存在对当事人之间作出的以物抵债协议出具调解书的情况,这时候当然具有向法院申请强制执行的效力,但仍然无法直接产生物权变动的效力。(2)根据最高人民法院《关于执行和解若干问题的规定》(以下简称《执行和解规定》)第6条的规定,当事人达成以物抵债执行和解协议的,人民法院不得依据该协议作出以物抵债裁定。同时,根据《执行和解规定》第9条规定,被执行人一方不履行执行和解协议的,申请执行人可以申请恢复执行原生效法律文书,也可以就履行执行和解协议向执行法院提起诉讼。由此可见,当事人达成以物抵债执行和解协议的,既不能直接依据该和解协议申请法院强制执行，更不能直接产生物权变动的效力。

（二）以物抵债协议在“执转破”程序中的处理方式

1. 债权人和债务人在执行过程中签订了以物抵债协议，但尚未交付抵债物的情况下，如果人民法院受理债务人的破产申请，即便债权人请求继续履行合同，人民法院也要将其请求转化为金钱之债，进而通过破产程序公平受偿。

债权人和债务人在执行过程中签订了以物抵债协议，债权人基于该协议对债务人享有一个请求交付抵债物的债权请求权，如尚未交付抵债物，则以物抵债协议尚未履行完毕，不发生所有权变动的效力。若此时破产法院裁定受理该债务人的破产申请，根据《企业破产法》第18条的规定，人民法院受理破产申请后，管理人对破产申请受理前成立而债务人和对方当事人均未履行完毕的合同有权决定解除或者继续履行，并通知对方当事人。由此，破产管理人可以按照最有利于债务人的立场决定解除以物抵债协议，此时，以物抵债协议的债权人仅能以合同不履行为由向管理人申报债权，而不能请求债务人交付抵偿物。（2020）最高法民申2256号案例也认为如支持债权人请求交付抵债物，则属于在破产程序之外对其个别债权进行全额清偿，势必对其他债权人的利益造成损害，有违《企业破产法》第16条关于“人民法院受理破产申请后，债务人对个别债权人的债务清偿无效”的规定。（2021）最高法民申9号案例中也表明一旦允许债权人请求债务人继续履行合同，并基于合同的履行享有物权，则无异于使该债权人享有了物权性质的权利，不符合破产程序公平受偿的原则。

2. 债权人和债务人在执行过程中签订了以物抵债协议且已经履行完毕，如该情形发生在人民法院受理破产申请前6个月内，管理人有权请求人民法院予以撤销。

《企业破产法》第32条规定，人民法院受理破产申请前6个月内，债务人有本法第 2 条第 1 款规定的情形，仍对个别债权人进行清偿的，管理人有权请求人民法院予以撤销。但是，个别清偿使债务人财产受益的除外。《破产法司法解释(二)》第 15 条规定，债务人经诉讼、仲裁、执行程序对债权人进行的个别清偿，管理人依据《企业破产法》第 32 条的规定请求撤销的，人民法院不予支持。但是，债务人与债权人恶意串通损害其他债权人利益的除外。

鉴于债权人和债务人在执行过程中签订了以物抵债协议属于当事人之间意思表示一致的行为，并非人民法院通过诉讼、仲裁、执行程序进行的个别清偿，《执行和解规定》第 6 条更是明确规定，当事人达成以物抵债执行和解协议的，人民法院不得依据该协议作出以物抵债裁定。因此，在执行程序中双方所签订的以物抵债协议或执行和解协议，并未得到司法确认，在双方均履行完毕的情况下，无法认定为属于经执行程序的个别清偿，因此，破产管理人有权请求人民法院予以撤销。

【类案推荐】

类案 1

案例名称：“某城建集团有限责任公司、某房地产开发有限公司一般取回权纠纷案”

裁判要旨：根据(2003)一中执字第 563 号裁定书载明的内容，即“将某房地产开发有限公司所有的某大厦第六层的房屋产权过户给城建集团所有。相关手续由当事人自行办理”，该裁定仅明确了某房地产开发有限公司应当履行将涉案房屋产权过户给城建集团的交付义务，并未直接裁定该房屋所有权归城建集团所有，故在性质上属于仅具有执行效力的法律文书，而非具有直接变更物权关系的形成裁定，城建集团仍需在某房地产开发有限公司履行完交付义务并办理过户登记完成物权变动公示后，才能依法取得所有权。

案　　号：(2019)最高法民申1087号

审理法院：最高人民法院

类案2

案例名称："殷某某、某置业有限公司与破产有关的纠纷案"

裁判要旨：双方所签《商品房买卖合同》的基础法律关系是以物抵债协议。殷某某若对案涉15套房屋享有商品房消费者的物权期待权，则有权要求某置业有限公司继续履行《商品房买卖合同》交付案涉15套房屋。其作为商品房消费者所应当享有的物权期待权，已经通过从某置业有限公司管理人处接收2套房屋得到了保护。对于案涉15套房屋，已经超过殷某某居住之需，殷某某不应再享有相应的商品房消费者的物权期待权，即在破产程序中对案涉15套房屋的债权不享有优先受偿权，仅享有普通债权。

案　　号：最高法民申7497号

审理法院：最高人民法院

本案例作者：王猛

案例 22：非因生产经营或生活消费而陷入财务困境的债务人，可否申请个人破产？

【要点提示】

债务人不能证明自己存在破产原因，且债权人明确提出反对意见的，则人民法院应当裁定不予受理该债务人的个人破产申请。

【裁判要旨示例】

债务人不能证实其存在破产原因，债权人对债务人的破产申请也明确提出反对意见，债务人的和解申请不符合个人破产法规的规定，法院不予准许。

【案件概况】

案件名称：“刘某申请个人和解案”

案　　号：(2021)粤03破申456号(个17)

审理法院：深圳市中级人民法院

【案例评析与思考】

一、案情介绍

2021年，申请人刘某向深圳市中级人民法院提出个人破产和解申请。在审查受理程序中，刘某声称自己遭遇“杀猪盘”被骗26万元，个人目前负债约为23.9万元。刘某提出的破产和解方案为，其本人月收入为9800元，每月可将4500元、分48期用于向债权人偿债。同时，刘某提出其妻子月收入为3000～5000元，身体不好，其子在深圳上小学，需要将电动车列为免破财产。

债权人对此提出了反对意见。其中，一金融债权人认为，申请人所负债务均未到期，且属于分期偿还的债务，只要按期偿还相应金额即可，而无须一次性偿还；同时，债务人及其妻子均未丧失劳动能力，不符合个人破产的申请条件；此外，现有证据显示，债务人并未有向遭遇“杀猪盘”的网络平台的转账记录，却有向案外人频繁的大额转账记录。因此，该金融债权人反对债务人适用个人破产和解程序，进行清理债务。

深圳市中级人民法院最终没有受理申请人刘某的个人破产和解申请。

二、案件评析

2021年，随着《深圳经济特区个人破产条例》的通过且实施，我国个人破产程序开启了正式的地方实践探索阶段。然而，由于缺乏个人破产的文化、理念等，社会上有部分人将“个人破产”与“欠债不还”画等号。随着深圳市中级人民法院审理的一桩桩个人破产案件的公开，让人们能够逐渐认识到“个人破产”与“逃废债”的本质区别。在该案中，法院没有受理申请人个人破产和解的申请具有一定的代表意义，具体分析如下。[1]

破产原因是债务人能否进入破产程序的关键性要件之一。若债务人不具备破产原因，则其不能进入破产程序清理债务。然而，企业债务人的破产原因与个人债务人的破产原因并不相同。在学理上，企业债务人的破产原因包括资不抵债与停止支付等，然而个人债务人的破产原因应当是单纯的不能清偿到期债务，即支付不能。[2]

从法教义学的视角进行分析，我国企业债务人的破产原因与个人债务人的破产原因也确实不尽相同。《企业破产法》第2条规定："企业法人不能清偿到期债务，并且资产不足以清偿全部债务或者明显缺乏清偿能力的，依照本法规定清理债务。企业法人有前款规定情形，或者有明显丧失清偿能力可能的，可以依照本法规定进行重整。"因此，"不能清偿到期债务＋资不抵债"以及"不能清偿到期债务＋明显缺乏清偿能力"是企业债务人的破产原因；此外，"明显丧失清偿能力可能的"即"明显丧失清偿能力之虞"为企业债务人的破产重整原因。然而，《深圳经济特区个人破产条例》第2条规定："在深圳经济特区居住，且参加深圳社会保险连续满3年的自然人，因生产经营、生活消费导致丧失清偿债务能力或者资产不足以清偿全部债务的，可以依照该条例进行破产清算、重整或者和解。"将之与《企业破产法》第2条相对比即可发现如下不同。

（一）个人破产的前置性条件

基于该条例为地方性法规的原因，个人破产的破产原因增加了"在深圳经济特区居住，且参加深圳社会保险连续满三年的自然人"的前置性条件。换言之，不符合前置条件的债务人，不可以在深圳申请进入个人破产程序。

---

〔1〕 参见汤维建、胡守鑫：《个人破产制度构建的难点与对策研究》，法律出版社2022年版，第57页。

〔2〕 参见汤维建：《我国个人破产立法的制度框架构想》，载《上海政法学院学报（法治论丛）》2023年第1期。

（二）对个人破产的原因作出规定

《深圳经济特区个人破产条例》增加了关于债务人破产的原因的规定。应当注意，“破产的原因”与“破产原因”是两个概念。所谓“破产的原因”，是指债务人因为什么而破产；换言之，是什么因素导致了债务人破产。而破产原因是指达到了何种界限，方可称为法律意义上的破产。实际上，导致债务人破产的原因有很多，除《深圳经济特区个人破产条例》中规定的“生产经营”与“生活消费”这两种常见原因外，还存在因赌博而负债破产，因刑事犯罪受到刑罚而破产等因素。故而，“破产的原因”的种类实际上非常繁杂。目前，《深圳经济特区个人破产条例》仅允许因“生产经营”和“生活消费”而破产的债务人进入个人破产程序之中，其他原因导致的破产债务人是不能够进入个人破产程序中的。但是，什么是“生产经营”和“生活消费”则需要在个案中进行具体的法律解释。该案中，申请人提出其本人破产的原因系遭遇了“杀猪盘”诈骗而负债。所谓“杀猪盘”，是指网络婚恋类诈骗，即行为人通过诱导受害人进行转账、赌博等行为进行诈骗。结合该案的具体情况，申请人在某平台认识的女子介绍下，向某网络投注平台进行投注。很显然，申请人这种投注行为应当属于赌博行为，按照文义解释规则，很难将之与“生产经营”或者“生活消费”相对应。因此，申请人破产的原因与条例规定的债务人破产的原因不相符。故而法院应当驳回申请人的破产和解申请。更何况，债权人提出了相反证据，认为债务人并没有向上述投注平台进行投注的转账记录。

（三）个人债务人的破产原因

将《深圳经济特区个人破产条例》第 2 条与《企业破产法》第 2 条中破产原因进行对比可以发现，《深圳经济特区个人破产条例》第 2 条规定仅保留了“资不抵债”的规定，未规定“不能清偿到期债务”，并以“丧失清偿债务能力”取而代之，作为个人破产的破产原因之一。

笔者认为,如此规定尚有值得商榷之处,理由为:首先,“丧失清偿债务能力”与“不能清偿到期债务”应当为因果关系,即“丧失清偿债务能力”为“不能清偿到期债务”的因,“不能清偿到期债务”为“丧失清偿债务能力”的果。故而,在法律规范中,不规定“果”却仅规定的“因”的实属少见。其次,丧失清偿债务能力是指债务人丧失了包括信誉、劳动或资产等清偿能力因素,然而丧失清偿能力的原因可能是生病、残疾等,但“生产经营”与“生活消费”并不能作为导致“丧失清偿债务能力”的原因。举例释明之,债务人因为过度消费而负债,但该债务人并不一定因之破产,唯有债务人丧失了清偿能力,不能清偿到期债务时,方可谓之具有破产原因。因此,该法条在条文中,虽未直接规定“不能清偿到期债务”,然而从法教义学的角度,债务人不能清偿到期债务是应有之义。最后,“资不抵债”不宜作为个人债务人的破产原因。[1] 这是因为,若将“资不抵债”作为破产原因,很有可能会出现简单地将债务人资产与负债进行对比,若发现资小于债,则允许债务人进入个人破产程序的荒谬现象。更何况,个人债务人即便是资不抵债,但若其具有劳动能力的,则不能认为该债务人丧失了清偿能力。故而,该条规定虽然采取的“或”字连接了两种破产原因,但在司法实务中,并不能仅凭“资不抵债”就允许债务人进入个人破产程序之中。合适的做法应当仍将“支付不能”作为破产原因,全面分析债务人是否丧失了清偿能力而不能清偿到期债务。结合该案的情况,在不讨论申请人破产的原因的情况下,申请人及其妻子具备劳动能力,故而不符合《深圳经济特区个人破产条例》第2条的规定。

三、延伸探讨

(一)审查受理阶段启动听证程序的判断标准

在企业破产程序中,若债务人提出破产申请的,只要在审查受理阶段初

---

〔1〕 但是,“资不抵债”可以作为遗产的破产原因。

步证明自身具备破产原因的，即可展开后续程序，但若债权人提出对债务人破产申请的，则债务人有权对该申请提出异议。规则如此设定是因为债务人申请破产时，其自己应能了解自己是否具备破产原因，而债权人申请债务人破产时，允许债务人提出异议的主要原因是基于社会公平、破产程序不可逆、防止债权人申请权滥用等因素。[1]

然而，在个人破产程序中，无论申请人是债权人还是债务人，只要案件是复杂的，那么法院就可以组织听证程序对此进行听证。《深圳经济特区个人破产条例》第12条规定如下："人民法院审查破产申请，一般以书面调查的方式进行；案情复杂的，可以进行听证调查。人民法院进行听证调查的，应当提前三日通知债务人和已知债权人，必要时可以通知其他利害关系人参加。"当前，个人破产程序在我国仍属于试水阶段，在审查受理阶段，主要目标在于甄别债务人是否为"诚实而不幸的"，并将具有"逃废债"意图的债务人清出个人破产程序，防止他们利用个人破产程序进行"逃废债"。故而当前阶段，在审查受理个人破产案件时，多利用听证程序是无可厚非的。然而，长此以往必然会消耗较多的人力、物力等，不符合破产程序的效率价值。因此，笔者认为"案情复杂"以及是否启动听证程序，应当综合考量下列判断标准。

1. 债务人破产的原因。前文已述，《深圳经济特区个人破产条例》中涵盖了两大类债务人破产的原因，即"生产经营"与"生活消费"。通常而言，债务人因"生产经营"而破产的案件要比债务人因"生活消费"而破产的案件更复杂。因此，债务人因"生产经营"而破产往往是因为债务人本身为商个人，其背后的破产案件通常会牵扯到企业破产案件，故而此类破产案件要素要相对复杂一些。债务人因"生活消费"而破产的案件，大多数为各种借贷类案件的集合，其中又以金融借款类案件为甚。例如，该案当中债务人刘某所

---

〔1〕 参见陈夏红编：《企业破产法注释》，北京大学出版社2021年版，第72~73页。

负的债务,基本上都信用卡借款。

2. 债权人人数。债权人人数也应当作为是否启动听证程序的标准之一。债权人人数的多寡往往与案件的复杂程度呈正相关的关系。债权人人数越多,那么案件必然越复杂;反之,债权人人数越少,那么案件会相对简单。当然,我们并不能排除债务人只有一位债权人,但双方之间往来账目非常复杂的破产案件。然而,债权人人数的多少才可以被界定为人数众多?笔者认为,可以借鉴我国《民事诉讼法》及其司法解释的规定,将债权人人数10人以上的案件,界定为"案情复杂"的个人破产案件。

3. 债权数额。债务人所负债权数额也应当是启动听证程序的判断标准之一。实际上,《深圳经济特区个人破产条例》首次采纳了"简易破产程序"的称谓与做法,在部分案件中采取简易破产程序进行审理。只不过,在审查受理阶段,简易破产程序的相关规定的效力无法自然延伸至此,但仍具有部分的参考效力。例如,《深圳经济特区个人破产条例》第148条规定,人民法院审理个人破产案件,债权债务关系明确、债务人财产状况清楚、案情简单的,可以由合议庭适用简易程序审理。债务人债务不超过20万元的,可以由法官一人独任审理。因此,若在审查受理阶段,发现债权的总额已经超过20万元的,即可启动听证程序。

4. 债权人或债务人本人的意愿。笔者认为,除上述客观因素的标准外,法院在审查受理阶段,还应当结合债务人以及债权人自身的意愿,决定是否启动听证程序。这是因为,债务人是否具有"逃废债"意图,其债权人获得的信息自然要比常人知道得多。同时,若是债权人提出的破产申请,那么债权人不比债务人更了解自己是否具备破产原因。故而,若在此阶段,有债权人或债务人提出听证需求的,法院应当结合前述因素,综合判断决定是否启动听证程序。

(二)审查受理阶段的证明问题

在审查受理阶段,法院不仅要对申请人进行适格审查,重点还需要对债务人是否具备破产原因进行审查。由于个人破产程序与企业破产程序均设置了驳回申请制度,笔者认为在破产案件的审查受理阶段,应当注意如下事项。

1. 证明对象。基于强制破产制度与自愿破产制度中的申请人不同,在审查受理阶段,破产程序为之设置了不同的证明对象。其中,在自愿破产制度中,即债务人主动申请破产的,债务人需要围绕《深圳经济特区个人破产条例》第2条所规定的全部构成要件要素进行证明。只要债务人对该条文中的某一项构成要件要素不能提供证据加以证明的,法院均应当裁定不予受理该申请,或者驳回其申请。另外,若是在强制申请制度中,即债权人主动对债务人提出申请的案件,《深圳经济特区个人破产条例》对此设定了不同的证明对象。该条例第9条第1款规定:"当债务人不能清偿到期债务时,单独或者共同对债务人持有五十万元以上到期债权的债权人,可以向人民法院提出破产申请,申请对债务人进行破产清算。"据此,该条文中所包含的构成要件分别是"债务人不能清偿到期债务"以及"单独或者共同对债务人持有五十万元以上到期债权"。故而,债权人需要提供相关证据,对上述两个构成要件加以证明,否则,法院亦不会受理该申请或者裁定驳回。需要注意的是,《深圳经济特区个人破产条例》仅允许债权人申请债务人破产清算,而未赋予其申请债务人破产和解或重整。

2. 证明标准。在破产程序中,尤其是审查受理阶段采取什么样的证明标准是一项法律空白。笔者认为,可以借鉴民事诉讼的相关理论。在民事诉讼理论中,证明标准存在排除合理怀疑、高度盖然性、盖然性以及关联性等标准。绝大多数民事诉讼案件均采取高度盖然性的证明标准,少数案件采取排除合理怀疑的证明标准。但是,以上两种证明标准均是建立在当事人主义之下,原、被告双方进行充分的举证、质证以及法院认证的诉讼程序标准之下进行的。破产程序属于非讼程序,其内部构造迥异于民事诉讼程序的内部构造。因此，破产程序尤其是受理阶段不能采取排除合理怀疑以及高度盖然性的证明标准，否则会造成破产程序价值受到破坏的局面。

为此，笔者认为，在审查受理阶段，尤其是在组织听证程序时，即便债权人与债务人双方出示证据的过程类似于民事诉讼中的举证与质证，但是考虑破产程序的性质与价值，故而采取盖然性证明标准即可。所谓盖然性证明标准就是指法官对事实的信任程度超过或达到51%即可。[1]

【类案推荐】

类案1

案例名称：“范某某申请个人破产清算案”

裁判要旨：根据范某某的自述，其大部分负债系因经营深圳某科技有限公司所致，但范某某对借款用途并未举证，且深圳某科技有限公司也未进入破产程序，因而范某某并无证据证明其上述主张，不能证明其存在破产原因。因此，范某某的申请不符合个人破产法规有关规定，法院依法不予受理。

案　　号：(2021)粤03破申509号(个25)

审理法院：深圳市中级人民法院

类案2

案例名称：“李某申请个人破产清算案”

裁判要旨：从李某提交的材料与其陈述来看，李某所负债务与其所述的经营损失、实际支出情况之间并不能互相对应，而且数额相差较大，同时，李

---

〔1〕 参见肖建国、丁金钰：《人身安全保护令中的证据问题研究》，载《法律适用》2022年第7期。

某与其前妻均为离婚前债务的债务人，而离婚后，李某不仅归还了以某B房产作抵押的经营贷借款480万元本息，还以信用卡套现的方式归还了以某A房产作抵押的经营贷借款338万元的部分本息，存在以个人名义过度举债归还夫妻共同债务，其后针对新债申请个人破产清算的情形。法院认为，李某对财产变动经过不能作出合理解释，且离婚时约定夫妻共同债务由一方承担，并过度举债归还，导致法院无法认定其本人是否存在破产原因。

案　　号：（2021）粤03破申217号（个6）

审理法院：深圳市中级人民法院

本案例作者：胡守鑫

案例23：债务人被香港特别行政区法院宣告个人破产的，权利人可否在内地法院对债务人提起相关民事诉讼？

【要点提示】

目前，我国内地与香港特别行政区尚未就个人破产程序进行认可与协助。所以，如果债务人在香港特别行政区被法院宣告个人破产的，且符合《民事诉讼法》中关于涉外案件受理规定的，那么原告仍然可以以债务人为被告，提起相应的民事诉讼。

【裁判要旨示例】

1. 我国香港特别行政区某银行是否可以在内地起诉郑某某属程序性问题，应当适用内地的相关程序性规则。当事人在《担保书》中明确约定适用香港特别行政区法律，且不违反我国法律的强制性规定及社会公共利益，因此，我国香港特别行政区法律应当作为解决该案实体争议的准据法。2021年《民事诉讼法》第266条明确规定："在中华人民共和国领域内进行涉外民事诉讼，适用本编规定。……”[1]涉港纠纷参照涉外纠纷处理，诉讼程序适用程序地法是国际私法及区际私法的基本原则，也是司法实践中的一贯做法。郑某某在被香港特别行政区高等法院宣告破产后，我国香港特别行政区某银行能否在内地起诉郑某某，系诉讼与破产程序的衔接问题，为程序性问题，应当适用内地有关诉讼程序的规则。当事人约定适用的准据法，对此不应产生影响。

2. 根据内地相关规则，不应否定我国香港特别行政区某银行在内地起诉郑某某的权利。《企业破产法》第5条规定：“依照本法开始的破产程序，对债务人在中华人民共和国领域外的财产发生效力。对外国法院作出的发生法律效力的破产案件的判决、裁定，涉及债务人在中华人民共和国领域内的财产，申请或者请求人民法院承认和执行的，人民法院依照中华人民共和国缔结或者参加的国际条约，或者按照互惠原则进行审查，认为不违反中华人民共和国法律的基本原则，不损害国家主权、安全和社会公共利益，不损害中华人民共和国领域内债权人的合法权益的，裁定承认和执行。”参照该规定，香港特别行政区法院作出的个人破产令应依据与内地签订的司法协助安排认可和执行才能具有在内地适用的法律效力。我国内地和香港特别行政区未就依据香港特别行政区《破产条例》进行的个人破产程序相互认可和执行签署相关司法协助的安排。最高人民法院《关于开展认可和协助香港特别行政区破产程序试点工作的意见》不适用于个人破产，且目前仅在上海、厦门、深圳三地人民法院开展试点工作。因此，我国香港特别行政区高等法院原讼法庭于2018年7月25日对郑某某作出的破产令不具有内地适用的法律效力，应当维护我国香港特别行政区某银行在内地起诉郑某某的权利。且郑某某在内地的财产也无法被纳入个人破产财产，允许其债权人在内地提起诉讼，有利于保护债权人合法权益。

---

〔1〕 2024年施行的《民事诉讼法》将此条文序号调整为第270条。

【案件概况】

案件名称:“郑某某、香港特别行政区某银行有限公司等保证合同纠纷案”

案　　号:(2021)最高法民申 3789 号

审理法院:最高人民法院

【案例评析与思考】

一、案情介绍

原告我国香港特别行政区某银行有限公司与原审被告郑某某、傅某某(二人均为我国香港特别行政区居民)保证合同纠纷一案诉至广东省珠海市中级人民法院。后被告对此提出管辖权异议。珠海市中级人民法院驳回其管辖权异议后,郑某某又上诉至广东省高级人民法院。

广东省高级人民法院认为,该案当事人均为我国香港特别行政区法人或自然人,合同成立和履行的相关事实发生于香港特别行政区,担保协议约定适用我国香港特别行政区法律,我国香港特别行政区法院审理该案有其优势。但根据某银行的陈述,其在内地起诉郑某某的主要原因是郑某某唯一可供执行的房产位于内地,因此,内地法院审理该案更有利于将来判决的执行,该案不宜适用不方便法院原则而认定应由我国香港特别行政区法院审理。广东法院在涉外、涉我国港澳台地区民商事案件的审理、在域外法的查明和适用方面具有司法实务经验,审理此类案件不存在困难。郑某某关于内地法院审理该案在认定事实和适用法律方面具有重大困难的上诉理由不能成立。最终驳回了郑某某的上诉。

郑某某不服广东省高级人民法院裁定，又向最高人民法院申请再审。在再审理由中，郑某某提出，(1)郑某某在内地没有任何财产，登记在郑某某名下的位于珠海市的房产已转让给案外人，由于政策原因没有办理过户手续。郑某某被宣告破产，我国香港特别行政区某银行已申报本金 35,028,750.13 港元，利息 80,420.16 港元。(2)该案是保证合同纠纷而非破产纠纷，合同双方已选择适用我国香港特别行政区法律，二审法院适用《企业破产法》《关于内地和香港特别行政区法院相互认可和执行民商事案件判决的安排》系适用法律错误。

最高人民法院最终并未支持郑某某的再审申请。

二、案件评析

该案案情较简单，但涉及的法律知识点较复杂。首先，该案的原、被告双方均为我国香港特别行政区的法人、自然人，具有涉外因素。因此该案为涉外民事纠纷。其次，在此过程中，因再审申请人郑某某提出了其已被我国香港特别行政区法院宣告个人破产的申请，故而又涉及涉外破产程序的认可与协助问题，以及破产程序与民事诉讼程序交叉问题。[1] 具体分析如下。

(一)破产案件的受理与民商事诉讼提起之关系

破产程序，是指当债务人不能清偿到期债务时，为了使全体债权人获得平等满足，并兼顾债务人的利益，而就债务人的全部责任财产，由法院参与其中的概括性强制执行的程序。[2] 破产程序的启动意味着债务人的所有债权人均需按照破产程序的相关规定行使相应的权利，而不能单独行动。为此，《企业破产法》第 44 条规定："人民法院受理破产申请时对债务人享有债

〔1〕 我国内地与香港特别行政区之间关于民商事裁判以及破产案件属于区际法律问题，用"认可"而非"承认"。

〔2〕 参见陈计男：《破产法论》，台北，三民书局 2008 年版，第 10 页。

权的债权人,依照本法规定的程序行使权利。”

作为一种集体清偿程序,破产程序对债务人和债权人的约束是双方面的。一方面,破产程序禁止债务人对个别债权人进行单独清偿;另一方面,破产程序也禁止债权人单独对债务人进行追偿。应当注意,任何追偿手段包括但不限于私下追偿或通过诉讼程序进行追偿都是被禁止的。为此,在破产程序启动后,债权人对债务人发起的关于债权债务给付清偿的诉讼也应当被禁止。此时债权人只能依照破产法的规定向债务人之管理人申报债权,继而获得清偿。《破产法司法解释(二)》第23条第1款规定:“破产申请受理后,债权人就债务人财产向人民法院提起本规定第二十一条第一款所列诉讼的,人民法院不予受理。”《破产法司法解释(二)》第21条就包含了其他就债务人财产提起的个别清偿诉讼的情况。

所以,该案再审申请人郑某某正是基于以上程序法理而提出的再审申请理由。但实际上该案的复杂程度远不止于此。郑某某提出的再审申请理由也是站不住脚的。

(二)该案中涉及对我国香港特别行政区破产程序的认可与协助问题

2021年,最高人民法院与我国香港特别行政区政府签订了最高人民法院和香港特别行政区政府《关于内地与香港特别行政区法院相互认可和协助破产程序的会谈纪要》。同时,最高人民法院又颁布了《关于开展认可和协助香港特别行政区破产程序试点工作的意见》(以下简称《试点意见》)。以上两个文件对我国内地法院与我国香港特别行政区法院就破产程序的承认与执行问题,作出了指引性规定。

根据《试点意见》第2条之规定,内地法院认可与协助的我国香港特别行政区破产程序是指依据我国香港特别行政区《公司(清盘及杂项条文)条例》(以下简称《公司条例》)进行的集体清偿程序,包括公司强制清盘、公司债权人自动清盘以及由清盘人或者临时清盘人提出并经我国香港特别行政区高等法院依据香港特别行政区《公司条例》第 673 条批准的公司债务重组程序。香港特别行政区个人破产程序，并不在此次《试点意见》所规定的认可与协助中。并且，《关于内地与香港特别行政区法院相互认可和执行民商事案件判决的安排》第 3 条明确将破产（清盘）案件排除在相互认可和执行的案件范围。

结合该案具体案情可知，再审申请人郑某某提出其已被我国香港特别行政区法院宣告个人破产的再审申请理由，显然不能妨碍该案再审被申请人（原审原告）按照内地法律规定，向再审申请人（原审被告）提起的有关债权债务给付清偿的民事诉讼。

三、延伸探讨

《企业破产法》第 5 条规定了我国企业破产程序的域外效力，该条内容为："依照本法开始的破产程序，对债务人在中华人民共和国领域外的财产发生效力。对外国法院作出的发生法律效力的破产案件的判决、裁定，涉及债务人在中华人民共和国领域内的财产，申请或者请求人民法院承认和执行的，人民法院依照中华人民共和国缔结或者参加的国际条约，或者按照互惠原则进行审查，认为不违反中华人民共和国法律的基本原则，不损害国家主权、安全和社会公共利益，不损害中华人民共和国领域内债权人的合法权益的，裁定承认和执行。"基于此，我国破产程序的域外效力采取普及主义观点，而域外破产程序的效力在我国境内则采取修正的普及主义观点。[1]

在我国内地与香港特别行政区之间关于破产案件的认可与协助问题，笔者就前文提到的《试点意见》进行解读。

（一）我国香港特别行政区破产案件能够获得内地法院认可与协助的类型

目前，并非内地所有法院都可以认可与协助我国香港特别行政区法院

---

〔1〕 参见刘琨：《跨境破产协助中的管辖权问题》，载《法律适用》2021 年第 12 期。

作出的有关香港特别行政区破产程序的相关裁判。最高人民法院指定上海市、福建省厦门市、广东省深圳市人民法院开展认可和协助香港特别行政区破产程序的试点工作。与此同时,香港特别行政区破产案件需要满足如下条件的,方可获得内地法院的认可与协助。

1. 特定的香港特别行政区破产程序。目前,可以获得内地法院认可与协助的我国香港特别行政区破产程序类型包括公司强制清盘、公司债权人自动清盘以及由清盘人或者临时清盘人提出并经我国香港特别行政区高等法院依据香港特别行政区《公司条例》第 673 条批准的公司债务重组程序。此外的其他香港特别行政区破产程序涉及的案件,不能获得内地法院认可与协助。

2. 案件须满足我国香港特别行政区为债务人主要利益中心所在地。"主要利益中心地"是跨境破产认可与协助中的一项管辖标准。《试点意见》第 4 条规定,本意见适用于香港特别行政区系债务人主要利益中心所在地的香港特别行政区破产程序。本意见所称"主要利益中心",一般是指债务人的注册地。同时,人民法院应当综合考虑债务人主要办事机构所在地、主要营业地、主要财产所在地等因素认定。在香港特别行政区管理人申请认可和协助时,债务人主要利益中心应当已经在香港特别行政区连续存在 6 个月以上。"

《试点意见》之所以将"主要利益中心地"为管辖标准,既是为了平衡当事人的需求,又能够有效地避免管辖权过于宽泛而导致的当事人恶意挑选法院的情况产生。[1]

3. 需要认可与协助的我国香港特别行政区破产程序尚且需要与试点地区具有实际联系。在经济全球化的今天,债务人的资产可能在全世界范围内均有分布。因此,对债务人财产的"一网打尽",有利于实现破产程序的公

---

〔1〕 参见刘琨:《跨境破产协助中的管辖权问题》,载《法律适用》2021 年第 12 期。

平价值，有利于维护全体债权人之利益。这也是跨境破产存在的现实原因。如果债务人在破产法院辖区没有债务人财产，那么管理人也无须至境外寻求对跨境破产的支持与帮助。所以在内地与香港特别行政区关于破产案件的认可与协助中，我国香港特别行政区管理人想要得到试点法院的支持，就需要满足我国香港特别行政区破产程序与试点地区具有一定的实际联系的条件。其中的关键点就在于试点地区有可供破产程序清偿的债务人财产。

为此，根据《试点意见》第 5 条之规定，只有债务人在内地的主要财产位于试点地区、在试点地区存在营业地或者在试点地区设有代表机构的，那么香港特别行政区管理人才可以依据本意见申请认可和协助香港特别行政区破产程序。

4. 认可与协助相关破产程序之消极条件。《试点意见》第 18 条规定："利害关系人提供证据证明有下列情形之一的，人民法院审查核实后，应当裁定不予认可或者协助香港破产程序：（一）债务人主要利益中心不在香港特别行政区或者在香港特别行政区连续存在未满 6 个月的；（二）不符合《中华人民共和国企业破产法》第二条规定的；（三）对内地债权人不公平对待的；（四）存在欺诈的；（五）人民法院认为应当不予认可或者协助的其他情形。人民法院认为认可或者协助香港破产程序违反内地法律的基本原则或者违背公序良俗的，应当不予认可或者协助。"

（二）申请认可和协助香港特别行政区破产程序的手续

《试点意见》第 6 条规定，"申请认可和协助香港破产程序的，香港管理人应当提交下列材料：（一）申请书；（二）香港特别行政区高等法院请求认可和协助的函；（三）启动香港破产程序以及委任香港管理人的有关文件；（四）债务人主要利益中心位于香港特别行政区的证明材料，证明材料在内地以外形成的，还应当依据内地法律规定办理证明手续；（五）申请予以认可和协助的裁判文书副本；（六）香港管理人身份证件的复印件，身份证件在内地以外形成的,还应当依据内地法律规定办理证明手续;(七)债务人在内地的主要财产位于试点地区、在试点地区存在营业地或者在试点地区设有代表机构的相关证据。向人民法院提交的文件没有中文文本的,应当提交中文译本。”

同时,《试点意见》第7条规定:“申请书应当载明下列事项:(一)债务人的名称、注册地以及香港管理人所知悉的债务人主要负责人的姓名、职务、住所、身份证件信息、通讯方式等;(二)香港管理人的姓名、住所、身份证件信息、通讯方式等;(三)香港破产程序的进展情况和计划;(四)申请认可和协助的事项和理由;(五)债务人在内地的已知财产、营业地、代表机构和债权人情况;(六)债务人在内地涉及的诉讼、仲裁以及有关债务人财产的保全措施、执行程序等情况;(七)其他国家或者地区针对债务人进行破产程序的相关情况;(八)其他应当载明的事项。”

此外,人民法院应当自收到认可和协助申请之日起5日内通知已知债权人等利害关系人,并予以公告。利害关系人有异议的,应当自收到通知或者发布公告之日起7日内向人民法院书面提出。

(三)认可与协助我国香港特别行政区破产程序后所产生的效力

根据《试点意见》之规定,试点地区人民法院认可我国香港特别行政区破产程序的,会产生如下效力:

1. 债务人对个别债权人的清偿无效。

2. 已经开始而尚未终结的有关债务人的民事诉讼或者仲裁应当中止;在我国香港特别行政区管理人接管债务人的财产后,该诉讼或者仲裁继续进行。

3. 有关债务人财产的保全措施应当解除,执行程序应当中止。

4. 可以依我国香港特别行政区管理人或者债权人的申请指定内地管理人。

5. 可以依申请裁定对破产财产变价、破产财产分配、债务重组安排、终止破产程序等事项提供协助。

6. 债务人在内地的破产财产清偿在内地依据内地法律规定应当优先清偿的债务后，剩余财产在相同类别债权人受到平等对待的前提下，按照我国香港特别行政区破产程序分配和清偿。

此外，在人民法院收到认可和协助申请之后、作出裁定之前，我国香港特别行政区管理人申请保全的，人民法院依据内地的相关法律规定处理。

（四）我国香港特别行政区破产管理人可在内地行使的职责

根据《试点意见》之规定，所谓香港特别行政区破产管理人包括香港特别行政区破产程序中的清盘人和临时清盘人。在内地法院裁定认可与协助香港特别行政区破产程序的，可以允许我国香港特别行政区破产管理人在内地履行如下职责："……（一）接管债务人的财产、印章和账簿、文书等资料；（二）调查债务人财产状况，制作财产状况报告；（三）决定债务人的内部管理事务；（四）决定债务人的日常开支和其他必要开支；（五）在第一次债权人会议召开之前，决定继续或者停止债务人的营业；（六）管理和处分债务人的财产；（七）代表债务人参加诉讼、仲裁或者其他法律程序；（八）接受内地债权人的债权申报并进行审核；（九）人民法院认为可以允许香港管理人履行的其他职责。香港管理人履行前款规定的职责时，如涉及放弃财产权益、设定财产担保、借款、将财产转移出内地以及实施其他对债权人利益有重大影响的财产处分行为，需经人民法院另行批准……"[1]

（五）关于我国内地管理人向我国香港特别行政区法院申请认可与协助破产程序的相关要求

2021 年，我国香港特别行政区律政司颁布了《内地破产管理人向香港特

---

〔1〕 参见最高人民法院《关于开展认可和协助香港特别行政区破产程序试点工作的意见》第 14 条之规定。

区法院申请认可和协助的程序实用指南》。根据此指南之规定，内地破产管理人向香港特别行政区高等法院原讼法庭申请认可和协助的程序，应当遵循如下步骤：

1. 向内地法院申请请求书。该步骤又可以继续分为两步：一是管理人应先向指定该管理人的内地法院申请致原讼法庭的请求书；二是该请求书须列出将向原讼法庭申请的命令内容。

2. 向香港特别行政区法院提交申请。管理人在获得内地法院出具的请求书后，可借附有宗教式誓章或非宗教式誓词的证据以单方面原诉传票，向原讼法庭申请标准格式命令。

3. 召开庭审的需要。原讼法庭可以以书面方式处理有关标准格式命令的申请。如果原讼法庭认为合适，可以指示召开庭审。[1]

本案例作者：胡守鑫

---

〔1〕 以上内容来源香港特别行政区律政司官网，关于具体的指引内容，载 https://www.doj.gov.hk/sc/mainland_and_macao/pdf/RRECCJ_practical_guide_sc.pdf。

案例 24：行为人在银行改制期间，合谋将企业贷款列为不良贷款，并非法转移企业资产，后又申请该企业破产的，是否应当认定为虚假破产罪？

【要点提示】

在持续营利性生产经营的情况下，通过隐匿、转移资产，实施虚假破产，严重损害债权人利益的，直接负责的主管人员和其他直接责任人员构成虚假破产罪。

【裁判要旨示例】

被告人吴某某、王某波、尹某某、倪某某身为某制药公司直接负责的主管人员和其他责任人员，通过隐匿、转移公司财产，实施虚假破产，严重损害债权人利益，其行为已构成虚假破产罪。

【案件概况】

案件名称："吴某某等虚假破产罪案"

案　　号:(2019)吉0581刑初366号

审理法院:吉林省梅河口市人民法院

【案例评析与思考】

一、案情介绍

1998年3月,吉林市某制药厂和美国某公司共同出资成立吉林市某制药有限公司(以下简称某制药公司),某制药公司的注册资本金为1250万元。其中,某制药厂以商标权作价250万元入股,占股20%,崔某、姜某、萧某(美国某公司的负责人、已殁)共同出资1000万元,占股80%,法定代表人和董事长为萧某。某制药公司成立后,承接了某制药厂在中国某某银行股份有限公司吉林市分行(以下简称某行吉林市分行)的2000万元贷款。某制药公司成立后,崔某委托王某1代管企业,2000年,姜某退股,后经崔某、萧某商议,由崔某的前妻王某2代管企业,先后聘请王某波担任总经理、吴某某担任财务总监,负责公司的生产经营等事项,崔某实际控制该公司的人、财、物及公司的发展经营等重大决策事项。

某制药公司承接某制药厂在某行吉林市分行的2000万元贷款后,一直在该行继续办理抵押贷款,截至2009年9月,所欠贷款本息合计8329余万元。

2007年年初,崔某、王某2、吴某某经过多次预谋,企图借农行股改上市的机会,通过非法手段将上述贷款列入不良贷款,并注册成立新公司,将抵押资产通过拍卖转移至新公司,将未抵押资产及无形资产通过非法途径转移至新公司,致使某制药公司成为"空壳",再通过破产程序宣告公司破产,从而达到核销贷款的目的。在操作过程中,由崔某负责协调有关部门及人员,吴某某负责实施具体违法行为,王某波等人负责提供资金等帮助。为此，崔某找到时任某行吉林市分行行长的王某3帮忙违规将企业贷款列入不良贷款，同时王某2、吴某某指使尹某某等人向银行提供虚假的财务报表等材料，造成某制药公司亏损的假象。2007年6~10月，王某3指使某行吉林市分行信贷部门和信贷管理部门有关人员违规将某制药公司的抵押贷款列入次级类不良贷款，后经王某3签批，将不良贷款等级由次级类调整到可疑类。2008年8~9月，吉林省银监局在检查中发现某制药公司在贷款过程中存在超授权办理授信业务等违规行为，同年10月，省农行联合吉林市分行组成清收小组对某制药公司的抵押资产及其他资产进行清查，并向吉林省银监局上报了整改方案和清收计划，对某制药公司未抵押资产和无形资产等列为第二还款来源，但只是应付检查，2008年11月，某行吉林市分行将某制药公司的贷款进行剥离处理。2009年9月，某制药公司与某行吉林市分行签订还款协议，于10月对到期债权作了公证，某行吉林市分行于10月15日依据"执行证书"向吉林市中级人民法院申请强制执行。崔某、王某2再次找到王某3帮忙，王某3明示该行工作人员按照某制药公司的要求走执行程序，放弃追偿权利；同时崔某找到时任吉林市龙潭区工商局局长的段某提供帮助，指使吴某某、尹某某违规注册成立吉林市某制药股份有限公司（以下简称某股份公司），用于购买某制药公司的相关财产，吴某某等人授意评估公司低评抵押资产，王某2指使王某4作为陪衬与某股份公司参与竞买某制药公司的抵押财产，最终某股份公司以2005万元的低价购买了抵押资产。执行后，某行吉林市分行保留债权6400余万元，未予追偿。2009年1月至2014年7月，崔某、王某2指使倪某某为某制药公司私设个人账户，管理账外资金，用于转移某制药公司的销售收入。王某2、王某波指使尹某某、倪某某等财务人员采取虚开发票、虚增成本等方式向账外转移资金，隐瞒某制药公司的真实盈利情况。王某2以某制药公司安置职工为名，安排吴某某将该企业未抵押资产及无形资产（清查时已作为第二还款来源）等无偿转移至某股份公司。

2011年9月，某制药公司向吉林市龙潭区法院申请破产，崔某通过时任龙潭区委书记的魏某授意龙潭区人民法院副院长刘某办理某制药公司的破产案件，帮助崔某尽快完成企业破产。在崔某的主导协调、吴某某、王某波、尹某某、倪某某等人的具体实施、某行吉林市分行工作人员及相关涉事部门人员违法违规的配合下，致使某制药公司在生产经营持续盈利的情况下，通过隐匿、转移资产，于2014年8月破产终结，予以注销，某行吉林市分行101,918,760.1元的贷款被核销。

经对某制药公司(某股份公司)2009年至2014年7月的账内账外银行可收回资产进行审计和评估：某制药公司抵押的房产价值43,990,697.00元；抵押的机器设备价值4,405,660.18元；未抵押的资产评估价值35,087,208.22元，该部分资产除在建工程外，全部转移至某股份公司。2009年至2014年7月，某制药公司(某股份公司)的经营利润65,064,113.57元。某制药公司(某股份公司)在2009年至2014年7月，转移到账外资金264,610,803.31元，计入账外账资金178,340,670.84元，尚有86,270,132.47元没有记账，支付王某2、王某波分红款3690余万元，用于某股份公司注册资本金2000万元。某制药公司(某股份公司)2009年至2017年7月，账外账累计结余4,409,363.85元。

最终，该案被告人吴某某、王某波、尹某某、倪某某，被判处虚假破产罪。

二、案件评析

(一)法律适用

1997年《刑法》第162条规定了妨害清算罪，1999年《刑法修正案》增设隐匿、故意销毁会计凭证、会计账簿、财务会计报告罪，但前两个罪名均无法涵盖、规制破产申请受理前的一些破产欺诈犯罪行为。根据实践需要，2006

年《刑法修正案(六)》中增设了虚假破产罪,作为《刑法》第162条之二,规定:“公司、企业通过隐匿财产、承担虚构的债务或者以其他方法转移、处分财产,实施虚假破产,严重损害债权人或者其他人利益的,对其直接负责的主管人员和其他直接责任人员,处五年以下有期徒刑或者拘役,并处或者单处二万元以上二十万元以下罚金。”该罪通常的表现形式是隐匿资产或者虚构债务,实施虚假破产。

根据最高人民检察院、公安部《关于公安机关管辖的刑事案件立案追诉标准的规定(二)》(2022年5月15日施行)第9条的规定,虚假破产罪的立案追诉标准为:“(一)隐匿财产价值在五十万元以上的;(二)承担虚构的债务涉及金额在五十万元以上的;(三)以其他方法转移、处分财产价值在五十万元以上的;(四)造成债权人或者其他人直接经济损失数额累计在十万元以上的;(五)虽未达到上述数额标准,但应清偿的职工的工资、社会保险费用和法定补偿金得不到及时清偿,造成恶劣社会影响的;(六)其他严重损害债权人或者其他人利益的情形。”

被告人吴某某、王某波、尹某某、倪某某身为吉林市某制药有限公司直接负责的主管人员和其他责任人员,通过隐匿、转移公司财产,实施虚假破产,严重损害债权人利益,其行为已构成虚假破产罪。

(二)构成要件解析

1. 犯罪主体:公司、企业。单位犯罪一般实行“双罚制”,即对单位判处罚金,对直接负责的主管人员和其他直接责任人员并处刑罚。但是虚假破产罪比较特殊,实行“单罚制”,只处罚直接责任人员。该案中的犯罪主体是吴某某、王某波、尹某某、倪某某等直接负责的主管人员和其他直接责任人员。

2. 侵犯客体:复杂客体。该罪一方面,侵害了债权人或其他利害关系人的合法权益;另一方面,侵害了国家对公司、企业破产的管理秩序。其中,前者为主要客体，虚假破产犯罪侵害的主要是债权人的法益。该案中，虚假破产行为既侵犯了银行等债权人的合法权益，也侵犯了国家对公司、企业破产的管理秩序。

3. 主观方面：故意犯罪，即具有通过虚假破产逃避债务的犯罪故意。基于刑法的谦抑性，对于公司、企业因经营不当，导致债务人财产被不当转移、处置的，由于缺乏犯罪的主观故意，不能认定为虚假破产罪。该案中，犯罪主体存在通过虚假破产逃避债务的犯罪故意。

4. 客观方面：通过隐匿财产、承担虚构的债务或者以其他方法转移、处分财产，实施虚假破产的行为，严重损害了债权人或者其他人利益。该案的客观行为如下。

（1）将抵押给银行的资产通过违法司法拍卖转移至新公司。某制药公司通过向银行提供虚假的财务报表等材料，造成某制药公司亏损的假象；然后通过银行工作人员违规将上述贷款列为可疑类不良贷款，并在司法工作人员等的违规、违法协助配合下，通过强制执行、虚假评估、非法拍卖等程序，将抵押资产低价转移至新注册的公司。经审计，抵押资产价值 4839 余万元，某制药公司通过上述违法司法拍卖程序将抵押资产以 2005 万元的低价转移至新公司。

（2）将未抵押资产及无形资产通过非法途径转移至新公司。2009 年 1 月至 2014 年 7 月，通过私设个人账户，管理账外资金，转移某制药公司的销售收入；通过财务人员虚开发票、虚增成本等方式向账外转移资金，隐瞒某制药公司的真实盈利情况；以安置职工等为名，将该企业未抵押资产及无形资产（清查时已作为第二还款来源）等无偿转移至新注册的公司。经审计，未抵押的资产评估价值为 3508 余万元，该部分资产除在建工程外，全部转移至新注册的公司；转移到账外资金 26,461 余万元（已记账外资金 17,834 余万元，未记账外资金 8627 余万元）；用于新公司注册资金 2000 万元。

(3)在生产经营持续性盈利的情况下,实施虚假破产行为。经审计,2009 年至 2014 年 7 月,某制药公司的经营利润为 6506 余万元。某制药公司在破产申请前处于持续营利性的生产经营中。2011 年 9 月,某制药公司向吉林市龙潭区法院申请破产;2014 年 8 月破产终结,予以注销。

(4)严重损害银行等债权人或者其他人的利益。2014 年 8 月某制药公司注销后,某行吉林市分行 1 亿余元的贷款被核销,严重损害了某行吉林市分行等债权人或者其他人的利益。

三、延伸探讨

(一)实务案件少的原因分析

2023 年 1 月 10 日,在中国裁判文书网检索以虚假破产罪为案由的刑事案件仅 4 件,且该案为最新案例。虚假破产案件少,有以下几个方面的原因。

1. 立法层面的原因。我国虚假破产罪还存在犯罪客观行为规定过于简单、犯罪主体适用狭窄、法定刑幅度单一等不足。

2. 司法层面的原因。隐匿财产、承担虚构的债务或者以其他方法转移、处分财产的行为通常具有较强的隐蔽性,一方面,受损的债权人难以掌握相关证据,无法及时向侦查机关报案;另一方面,侦查机关在立案阶段,难以通过初步侦查掌握相关证据。上述原因,导致虚假破产案件进入司法程序存在一定困难。

(二)行为期间认定

虚假破产罪的实行行为是隐匿财产、承担虚构的债务或者以其他方法转移、处分财产实施虚假破产。要认定虚假破产的实行行为,首先要明确该行为的发生应否限定在启动破产程序之前。

关于虚假破产实行行为期间的认定,理论上存在两种不同的观点。一种观点认为，债务人实施转移、处分财产的行为应发生在破产程序之前，而不包括进入破产程序后实施的转移、处分财产行为，因为刑法设立虚假破产罪的目的是惩治“假破产、真逃债”，而后者是“真破产、真逃债”。[1] 另一种观点则认为，债务人转移、处分财产的行为无论是发生在破产程序前还是破产程序中，都严重破坏了破产秩序，严重侵犯了债权人或其他人的利益，其社会危害性没有差异。因此，两者均属于虚假破产罪的“转移、处分财产”的范畴。[2]

该案例中，某制药公司 2011 年 9 月申请破产，2014 年 8 月破产终结，并予以注销；司法机关认定虚假破产的实行行为截止时间为 2014 年 7 月。由此可见，吴某某等虚假破产案中，司法机关对破产程序终结前的实行行为均予以认定，而不仅认定破产程序之前的实行行为。但是在沈某贵非法处置查封的财产、虚假破产案（详见类案推荐）中，司法机关则认为实施“虚假破产”的时间界限应当截止于公司企业提出破产申请之日。考虑虚假破产罪在司法实务中的案例极少，且无相关的指导案例或公报案例，故上述裁判观点不具有统一的指导性，仅具有一定的参考价值。

（三）客观行为分析

虚假破产罪在犯罪客观方面具有两个要素：行为要素、结果要素。

1. 行为要素。行为人通过隐匿财产、承担虚假债务或者以其他方式转移财产、处分财产，实施虚假破产。具体包括两个方面的内容：一是实施了隐匿财产、承担虚构的债务或其他转移财产、处分财产的行为；二是实施了虚假破产的行为，即申请破产。

2. 结果要素。行为人的行为严重损害了债权人和其他人的利益，即必

---

〔1〕 参见潘家永：《虚假破产罪探析——兼论破产犯罪的相关问题》，载《政法论坛》2008 年第 2 期。

〔2〕 参见付中华：《虚假破产罪的补辑路径——以“虚假破产行为”认定为中心》，载《中国政法大学学报》2020 年第 4 期。

须是给债权人和其他人造成重大财产损失的行为，才构成本罪。具体认定标准在最高人民检察院、公安部《关于公安机关管辖的刑事案件立案追诉标准的规定（二）》（2022 年 5 月 15 日施行）中第 9 条进行了规定。该条内容为："公司、企业通过隐匿财产、承担虚构的债务或者以其他方法转移、处分财产，实施虚假破产，涉嫌下列情形之一的，应予立案追诉：（一）隐匿财产价值在五十万元以上的；（二）承担虚构的债务涉及金额在五十万元以上的；（三）以其他方法转移、处分财产价值在五十万元以上的；（四）造成债权人或者其他人直接经济损失数额累计在十万元以上的；（五）虽未达到上述数额标准，但应清偿的职工的工资、社会保险费用和法定补偿金得不到及时清偿，造成恶劣社会影响的；（六）其他严重损害债权人或者其他人利益的情形。"

【类案推荐】

类案 1

案例名称："沈某贵非法处置查封的财产、虚假破产案"

裁判要旨：公司实际控制人既有虚假申报债务等的客观行为，又有通过虚假破产对抗法院判决、裁定执行的主观故意，并造成法院的判决、裁定无法执行和权利人的合法权益无法得到及时兑现的严重后果，其行为构成虚假破产罪。

案　　号：（2017）沪 0112 刑初 2231 号

审理法院：上海市闵行区人民法院

类案 2

案例名称："孙某虚假破产罪案"

裁判要旨:公司自行申报的债权与相关债权人申报的债权相比虚增数额较大,有为逃避债务而申请破产的情形,该行为严重损害既有债权人的利益,构成虚假破产罪。

案　　号:(2018)琼0108刑初249号

审理法院:海南省海口市美兰区人民法院

本案例作者:陈章印

案例25：在企业清算期间，且公司账户与个人账户存在混同的情形，行为人从公司账户转移资金的行为应当认定为何种犯罪？

【要点提示】

公司、企业进行清算时，隐匿财产，对资产负债表或者财产清单作虚伪记载或者在未清偿债务前分配公司、企业财产，严重损害债权人或者其他人利益的，构成妨害清算罪。

【裁判要旨示例】

梁某作为乙公司的实际负责人，制作虚假的资产负债表、财产清单，严重损害债权人利益，其行为已构成妨害清算罪。梁某在未清偿债务前将公司账户上的资金转入其个人的银行账户，可视为对公司财产的分配行为，鉴于乙公司的另一名股东吴某并未实际出资，梁某的行为实际上损害的是债权人的权益，该行为亦是妨害清算的表现行为之一，妨害清算罪已经能够全部评价，不宜同时以职务侵占罪对其数罪并罚。

【案件概况】

案件名称:“梁某妨害清算罪案”

案　　号:(2018)川0191 刑初827 号

审理法院:四川省成都高新技术产业开发区人民法院

【案例评析与思考】

一、案情介绍

甲公司任命梁某为渠道管理部渠道经理,负责成都渠道销售工作。梁某与吴某共同出资100 万元设立乙公司,并与乙公司签订多份货物销售合同。后乙公司拖欠甲公司货款92.2276 万元。乙公司启动清算程序,出具清算报告称已清偿公司对内外的所有债务,并将剩余资产100.52 万元按出资比例分配给股东;但拖欠甲公司92.2276 万元的货款并未偿还,也未书面告知甲公司要注销解散,公司账户也没有剩余资产100.52 万元。随后,乙公司向成都市高新工商行政管理局登记注销,造成甲公司损失货款92.2276 万元。梁某个人银行账户与乙公司账户混同,梁某在乙公司经营期间及清算期间,存在用个人账户向客户支付业务费用的情形。在乙公司自决定注销的期间,梁某将乙公司账户中的30 余万元转至个人账户。

公诉人指控梁某构成妨害清算罪、职务侵占罪。法院判决梁某构成妨害清算罪。

二、案件评析

(一)法律适用

《刑法》第162 条规定了妨害清算罪,内容为:“公司、企业进行清算时,隐匿财产，对资产负债表或者财产清单作虚伪记载或者在未清偿债务前分配公司、企业财产，严重损害债权人或者其他人利益的，对其直接负责的主管人员和其他直接责任人员，处五年以下有期徒刑或者拘役，并处或者单处二万元以上二十万元以下罚金。"

最高人民检察院、公安部印发《关于公安机关管辖的刑事案件立案追诉标准的规定（二）》第 7 条规定："公司、企业进行清算时，隐匿财产，对资产负债表或者财产清单作虚伪记载或者未在清偿债务前分配公司、企业财产，涉嫌下列情形之一的，应予立案追诉：（一）隐匿财产价值在五十万元以上的；（二）对资产负债表或者财产清单作虚伪记载涉及金额在五十万元以上的；（三）在未清偿债务前分配公司、企业财产价值在五十万元以上的；（四）造成债权人或者其他人直接经济损失数额累计在十万元以上的；（五）虽未达到上述数额标准，但应清偿的职工的工资、社会保险费用和法定补偿金得不到及时清偿，造成恶劣社会影响的；（六）其他严重损害债权人或者其他人利益的情形。"

2017 年《刑法》第 271 条第 1 款规定了职务侵占罪，内容为："公司、企业或者其他单位的人员，利用职务上的便利，将本单位财物非法占为己有，数额较大的，处五年以下有期徒刑或者拘役；数额巨大的，处五年以上有期徒刑，可以并处没收财产。"

该案中，梁某作为乙公司的实际负责人，制作虚假的资产负债表、财产清单，严重损害债权人利益，其行为已构成妨害清算罪，但梁某的行为不存在侵犯股东吴某权益的情形，梁某并未侵犯公司的财产权益，从其整个行为过程来看，妨害清算罪已经能够全部评价梁某的犯罪行为，不宜同时以职务侵占罪对其数罪并罚。

(二)妨害清算的犯罪构成

1. 犯罪主体

本罪的主体是清算中的企业法人。《企业破产法》第 13 条规定:“人民法院裁定受理破产申请的,应当同时指定管理人。”因此,若破产管理人与公司、企业合谋串通妨害清算的,也应追究相应责任。该案中作为实际清算人的梁某实施的是妨害清算行为。

2. 主观方面

本罪的主观方面要求故意,即明知在企业清算时,隐匿公司财产、对资产负债表或者财产清单作虚伪记载,或者清偿债务前分配公司财产会损害债权人或者其他人的利益,而故意实施该行为。

3. 犯罪客体

本罪的客体是侵害了市场经济秩序以及债权人或其他人的合法权益。

4. 客观方面

在公司、企业清算时,有隐匿财产、对资产负债表或者财产清单作虚伪记载,或者在公司、企业清偿债务前分配公司、企业财产的行为。本罪没有采用双罚制,对企业直接负责的主管人员和其他直接责任人员,处 5 年以下有期徒刑或者拘役,并处或者单处 2 万元以上 20 万元以下罚金本罪并没有对公司、企业处以罚金,之所以这样规定,是考虑到如果采用双罚制,既处罚直接负责的主管人员和其他直接责任人员,又对公司、企业判处罚金,就可能使公司、企业所欠债务更加难以偿还,不利于保护债权人和其他人的合法权益。

是否进入破产程序,是妨害清算罪与虚假破产罪区分的主要标准,一般认为虚假破产罪发生在公司、企业进入破产程序之前,妨害清算罪发生在企业清算过程中。[1]

三、延伸探讨

该案中公诉机关以梁某将甲公司账户中的 30 余万元转至个人账户予以侵占为由，指控其构成职务侵占罪。但法院经过审理后认为，梁某与乙公司账户存在混同，无证据证明转走的 30 万元系用于个人挥霍，因此指控梁某将公司财物非法占为己有的证据不足，且鉴于甲公司的另一名股东并未实际出资，梁某的行为实际上损害的是债权人的权益，该行为亦是妨害清算的表现行为之一，妨害清算罪已经能够全部评价，不宜同时以职务侵占罪对其数罪并罚。综上，法院并未支持公诉机关关于梁某构成职务侵占罪的指控。

（一）公司人格否认制度

2024 年实施的《公司法》第 23 条第 1 款概括性地规定了公司人格否认制度，公司人格独立和股东有限责任是《公司法》的基石。否认公司独立人格，由滥用公司法人独立地位和股东有限责任的股东对公司的债务承担连带责任，是股东有限责任的例外情形，旨在矫正有限责任制度在特定法律事实发生时对债权人保护的失衡现象。《九民纪要》明确了滥用公司法人独立地位及股东有限责任的行为，一般有人格混同、过度支配与控制、资本显著不足等。其中，人格混同最根本的判断标准是公司是否具有独立意志和独立财产，最主要的表现是公司的财产与股东的财产是否混同且无法区分，包括"公司账簿与股东账簿不分，致使公司财产与股东财产无法区分的"等情形。该案中，乙公司的另一股东并未实际参与经营，梁某对乙公司具有支配地位，根据已查明的情况，梁某个人账户与公司账户存在混同，符合人格混同的情形。

---

〔1〕 参见黄永主编：《中华人民共和国刑法立法背景与条文解读》，中国法制出版社 2021 年版，第 367 页。

（二）一人公司财产混同时职务侵占犯罪的认定

一人公司财产与股东财产混同时，股东将部分财产用于个人生活，是否构成职务侵占罪？实践中有不同意见，一种意见认为，即便股东个人财产与公司财产混同，如果股东利用特定身份挪用或侵占混同财产，仍然要成立职务侵占罪。因为股东侵占公司财产对股东本身的利益虽然不构成损害，但会导致债权人在主张权利时失去保障，侵害了债权人的合法利益。另一种意见认为，即便股东个人财产与公司财产混同，如果股东利用特定身份挪用或侵占混同财产，也不构成职务侵占罪。主要原因是公司法中规定了公司独立人格否认制度，可以通过民事诉讼途径“刺破公司面纱”，以股东的财产清偿公司债务，不必要求刑法予以评价。也有意见认为，财产混同情况下不认定职务侵占罪的前提是行为发生在公司的正常生产经营期间，当一人公司在经营困难陷入破产困境时，与一般公司股东相比，唯一股东更容易从事各种隐匿财产行为以逃避债务，从而损害债权人权益和社会公共利益。尽管《公司法》规定，一人公司破产后，外部债权人可以要求股东个人承担连带清偿责任，但是个人股东在公司陷入破产之际，常常会将侵占、挪用的私营企业财产转移、隐匿，致使债权人不能顺利实现债权。这样的行为不仅侵害了私营企业作为独立民事主体的财产权利，也侵害了债权人利益，破坏了社会主义市场经济秩序，具有社会危害性。从主观上来看，与公司正常生产经营期间不同，在公司陷入破产困境时，此时的资金流向往往是单向的，即不再将家庭财产用于公司，而仅仅是将公司财产转为个人财产，体现了非法占有的故意，故有必要依法追究刑事责任。[1]

该案中，法院认为梁某支取公司30万元不构成职务侵占，主要理由二：一是在案证据证实梁某的个人账户与乙公司账户存在混同的情形，现无充

〔1〕 参见聂昭伟：《个人与公司财产混同时职务侵占罪的认定》，载《人民司法（案例）》2018年第14期。

分证据证实梁某在乙公司清算期间从公司账户转走的30余万元系用于个人挥霍，故起诉指控梁某将公司财物非法占为己有的证据不足；二是梁某在未清偿债务前将公司账户上的资金转入其个人银行账户，可视为对公司财产的分配行为，鉴于乙公司的另一名股东吴某并未实际出资，梁某的行为实际上损害的是债权人的权益，该行为亦是妨害清算的表现行为之一，妨害清算罪已经能够全部评价，不宜同时以职务侵占罪对其数罪并罚。

该案例具有一定的参考性，在无法对个人资产与公司资产进行分割、界定的前提下，则无法准确认定公司遭受的实际损失，应按照存疑有利于被告人原则，予以出罪处理。

本案例作者：李晓聪

案例26：非破产企业员工故意捏造劳动债权并申报的，应当构成何种犯罪？

【要点提示】

公司重整期间，安排与公司不具有劳动关系的员工办理虚假劳动关系手续，申报虚构的劳动债权，致使人民法院基于虚假事实制作财产分配方案的，构成虚假诉讼罪。

【裁判要旨示例】

陈某成、钟某勇明知黄某1等17名员工不是河某公司的员工，仍然指示他人将该17名职工债权共计1,099,204.16元，作为公司职工债权进行申报，并已实现债权553,241.67元。陈某成、钟某勇在河某公司破产案件审理过程中申报捏造的债权，妨害司法秩序，严重侵害他人合法权益，情节严重，其行为构成虚假诉讼罪。

【案件概况】

案件名称："陈某成、钟某勇虚假诉讼罪案"

案　　号：(2022)粤 16 刑终 83 号

审理法院：广东省河源市中级人民法院

【案例评析与思考】

一、案情介绍

2017 年 6 月 28 日，广东省河源市中级人民法院裁定准许债务人河某公司重整，并指定广东某律师事务所为甲公司管理人。在被告人陈某成的授意下，被告人钟某勇及潘某某安排了佛山市贝某陶瓷有限公司(具有独立法人资格)财务经理张某某及甲公司财务人员将佛某公司、佛山市金某陶瓷有限公司(具有独立法人资格)的员工与河某公司的虚假劳务关系手续办理完善(其中包括补签《河源市贝某陶瓷有限公司劳动合同》《河源市贝某有限公司终止劳动合同协议》)。潘某某在收到张某某收集整理的佛某公司、金某公司 17 名员工工资资料后，通知人员在上述佛某公司、金某公司员工补签的《河源市贝某陶瓷有限公司劳动合同》《河源市贝某陶瓷有限公司终止劳动合同协议》上加盖印章，并统计好黄某 1 等 17 名员工的职工债权，然后将佛某公司、金某公司 17 名员工作为河某公司的员工与河某公司的员工一起将材料上交给破产管理人，共计申报虚假劳动债权 1,099,204.16 元，其中已实现债权 553,241.6 元。2018 年 4 月 8 日，广东省河源市中级人民法院以(2017)粤 16 破 2－4 号裁定：截至 2017 年 6 月 16 日，河某公司拖欠职工债权共 523 笔，拖欠职工工资 60,770.03 元、职工工伤待遇 49,675.25 元及职工经济补偿金 13,039,200.64 元，其中包括佛某、金某公司黄某 1 等 17 人的虚构职工债权共计 285,742 元。一审法院判决陈某成、钟某勇在破产案件审理过程中授意他人伪造证据，虚构劳动关系事实，捏造破产债权，妨害司法秩序，2 名被告人的行为均构成虚假诉讼罪。陈某成、钟某勇提出上诉，二审裁定驳回上诉,维持原判。

二、案件评析

虚假诉讼行为的危害性十分严重,需要综合采取民事、刑事等多种措施,依法予以有效惩治。刑法是民事法律等前置法律规范的保障法,采用刑事手段打击虚假诉讼,具有重要意义。为了有效惩治虚假诉讼行为,2015 年 11 月 1 日起施行的《刑法修正案(九)》专门增设了虚假诉讼罪。《刑法》第 307 条之一规定了虚假诉讼罪,内容为:“以捏造的事实提起民事诉讼,妨害司法秩序或者严重侵害他人合法权益等,处三年以下有期徒刑、拘役或者管制,并处或者单处罚金;情节严重的,处三年以上七年以下有期徒刑,并处罚金。单位犯前款罪的,对单位判处罚金,并对其直接负责的主管人员和其他直接责任人员,依照前款的规定处罚。有第一款行为,非法占有他人财产或者逃避合法债务,又构成其他犯罪的,依照处罚较重的规定定罪从重处罚。司法工作人员利用职权,与他人共同实施前三款行为的,从重处罚;同时构成其他犯罪的,依照处罚较重的规定定罪从重处罚。”

最高人民法院、最高人民检察院《关于办理虚假诉讼刑事案件适用法律若干问题的解释》(法释〔2018〕17 号)第 1 条第 1 款规定:“采取伪造证据、虚假陈述等手段,实施下列行为之一,捏造民事法律关系,虚构民事纠纷,向人民法院提起民事诉讼的,应当认定为刑法第三百零七条之一第一款规定的‘以捏造的事实提起民事诉讼’……(五)在破产案件审理过程中申报捏造的债权的。”第 2 条规定:“以捏造的事实提起民事诉讼,有下列情形之一的,应当认定为《刑法》第三百零七条之一第一款规定的‘妨害司法秩序或者严重侵害他人合法权益’……(三)致使人民法院基于捏造的事实作出裁判文书、制作财产分配方案,或者立案执行基于捏造的事实作出的仲裁裁决、公证债权文书的。”

该案中，陈某成、钟某勇在公司进入重整程序期间，伪造17名员工与公司的劳动关系，并提交破产管理人申报债权，致使人民法院基于捏造的事实作出错误的裁定，构成虚假诉讼犯罪。

三、延伸探讨

企业进入破产程序后，诉讼当事人或者其他诉讼参与人以获取非法利益或者规避法定义务为目的，单独或者与他人恶意串通，采取捏造案件基本事实、虚构法律关系等手段，意图通过仲裁、诉讼等能够取得各种生效法律文书的方式，取得清偿顺序优先于普通债权的职工破产债权，妨害司法秩序，损害国家利益、社会公共利益或者他人合法权益的行为时有发生。为了依法保障债权人的合法权益，净化破产审判环境，保障破产制度作用正向发挥，各地均制定了虚假破产识别机制和指引文件。

如苏州市吴江区人民法院印发的《关于防范和查处职工破产债权虚假诉讼的工作指引》（以下简称《工作指引》）中规定，审判人员对于下列情形应当依法采取相应的措施予以重点审查，注意防范和发现虚假诉讼：(1)原告与破产企业相关人员存在近亲属关系或者其他利害关系；(2)原告起诉依据的事实、理由不符合常理，存在伪造证据、虚假陈述可能；(3)原告主张的诉讼标的额与其工作岗位、当地经济水平严重不符；(4)原告主张职工破产债权，仅能提供破产企业出具的劳动合同、欠条等书面证据，却无法对其工作地点、工作时间、工作内容、岗位职责、考勤方式、工资发放形式、其他职工或管理人员等劳动合同履行的细节情况作出陈述；(5)破产企业相关人员在企业进入破产程序前消极参与诉讼活动，在职工破产债权确认纠纷中积极参与诉讼活动的；(6)应当出庭的当事人无正当理由拒不到庭参加诉讼，故意不配合调查的；(7)认定案件事实的证据不足，但双方当事人主动迅速达成调解协议，请求人民法院制作调解书的；(8)其他债权人提出异议或案外人举报;(9)其他异常情形。

从破产程序的参与主体来看,法院、破产管理人、债权人、债务人等,均有防范和打击假借破产逃废债务的义务,应当按照破产法规定的权利义务,分工负责、配合协作。法院方面,在审理破产案件中,要坚持审慎审查原则,在必要情况下对债务人开展逃废债专项审计程序,可以对债务人的相关人员依法采取限制离开住所地或限制出境等措施;管理人方面,管理人应当依法勤勉履职,认真做好清产核资、债权确认、财产追收等工作;债务人方面,对于其主动申请破产的案件,需要提供较详尽的企业材料,并就企业主要资产、会计资料的去向作出说明;债权人方面,对于债权人作为破产企业的关联主体申请的破产案件,应慎重审查债权的真实性与合法性,同时对金融债权较大的案件赋予金融债权人参加听证的权利。

在破产过程中发现可能存在虚假破产犯罪的,破产参与主体应当及时沟通协调,共同防范和惩治虚假破产犯罪。同时,应当综合运用破产程序全流程监控方式发掘虚假破产违法犯罪线索,逐步理顺虚假破产犯罪线索并移送公安机关的相关机制,做到有案必移,应移尽移。如《工作指引》第15条明确规定,法院与检察院、公安机关、司法行政机关、仲裁机关探索建立信息共享机制或信息互通数据平台,逐步实现职工破产债权虚假诉讼信息、数据共享,综合运用信息化手段发掘虚假诉讼违法行为线索,加强对职工破产债权虚假诉讼的预警和研判,并将禁止职工破产债权虚假诉讼的告知延伸至仲裁阶段,在仲裁机关办公场所的显著位置张贴警示宣传标识,有效防范和遏制虚假诉讼的发生。另外,《工作指引》还明确,管理人在根据企业破产法的规定履行调查或审查职工破产债权职责时,应参照指引的规定加强对虚假诉讼行为的甄别和防范,发现违法线索的,应当及时报告法院,涉嫌犯罪的,移送有关机关依法处理。

【类案推荐】

类案 1

案例名称："聂某、钟某某虚假诉讼罪案"

裁判要旨：在破产重组案件中，违法行为人虚构借贷事实，通过民事诉讼程序骗取虚假调解书，并申报债权，属于以捏造的事实提起民事诉讼，妨害司法秩序，严重侵害了他人的合法权益，其行为均已构成虚假诉讼罪。

案　　号：（2019）鄂 0683 刑初 362 号

审理法院：湖北省枣阳市人民法院

类案 2

案例名称："项某甲、项某乙虚假诉讼罪案"

裁判要旨：违法行为人虚构借贷事实进行债权申报，在管理人未予认可后，向人民法院提起破产债权确认之诉，属于以捏造的事实提起民事诉讼，妨害司法秩序，严重侵害了他人的合法权益，其行为均已构成虚假诉讼罪。

案　　号：（2020）浙 04 刑终 211 号

审理法院：浙江省嘉兴市中级人民法院

本案例作者：李晓聪

案例27：企业进入破产程序后，管理人应如何认定破产企业与职工之间的劳动关系？职工债权认定的范围包括哪些？

【要点提示】

1.职工债权是基于特定法律关系下产生的债权，劳动者与用人单位之间是否存在劳动关系是管理人审核职工债权的前提。除依据书面劳动合同认定劳动关系外，管理人亦应谨慎考虑事实劳动关系的认定。

2.在劳动关系存在的情况下，管理人依据《企业破产法》之相关规定对职工债权的金额、范围等进行确认及区分。

【裁判要旨示例】

从公司法角度看，公司依据章程规定及股东会决议聘任董事行使法定职权，董事同意任职并依法开展委托事项，公司与董事之间即形成委任关系，从双方法律行为的角度看实为委托合同关系。但是公司与董事之间的委任关系并不排斥劳动合同关系的存在，即二者之间在符合特定条件时还可以同时构成劳动法上的劳动合同关系。公司行使任意解除权解聘董事后，为了平衡双方利益，应综合考虑解聘原因、董事薪酬、剩余任期等因素，确定是否补偿及补偿的合理数额。

【案件概况】

案件名称:“孙某某、吉林某公司劳动争议再审案”

案　　号:(2020)最高法民再50号

审理法院:最高人民法院

【案例评析与思考】

一、案情介绍

该案中某公司属吉林某系公司,孙某某于2001年3月至2017年7月在某系公司的其他公司任职,2017年7月20日被调任至某公司任董事长兼法定代表人,月薪税后7万元。

2018年3月6日,某公司与外服公司签订人事服务合同,约定某公司委托外服公司为其办理员工的人事手续并提供员工社会保险、福利及管理方面的服务;合同期限为2018年2月1日至2019年1月31日。2018年2月7日,孙某某被某公司股东免去某公司董事长职务。

2018年4月19日,吉林省辽源市中级人民法院立案审查某公司破产重整申请。2018年4月24日,该院作出(2018)吉04破申4号民事裁定,受理某公司进行重整的申请。

因职务安排、工资及“五险一金”缴纳问题,孙某某与某公司多次交涉未果,遂向辽源市劳动人事争议仲裁院申请仲裁,该院于2018年9月10日作出了辽劳人仲不字(2018)102号《不予受理通知书》,以不属于劳动争议处理范围为由不予受理。孙某某起诉至一审法院吉林省辽源市中级人民法院。经审理,一审法院认定孙某某与某公司存在劳动关系,并判决某公司向孙某某补发工资,返还应由单位承担的“五险一金”费用并与孙某某签订无固定期限劳动合同。

某公司不服一审判决并向二审法院吉林省高级人民法院提起上诉。二审法院审理认为,孙某某在某公司工作的性质是履行股东委托指派的行为,不符合劳动关系应当具备的“由用人单位招用、受用人单位各项规章制度管理、从事用人单位安排有报酬的劳动”的特征。否认孙某某与某公司之间存在劳动关系,撤销一审判决。孙某某不服二审法院判决,向最高人民法院申请再审。再审法院认为,委任关系不排除劳动关系的成立,根据孙某某在公司内的相关任职以及履行劳动义务的事实认定其与某公司之间存在劳动关系。

二、案件评析

该案的争议焦点在于,孙某某与某公司之间的劳动关系是否成立。经历一审确认、二审改判、再审再改判,树立了新认定标准。不同于一般基于书面劳动合同确认劳动关系的案件,该案中孙某某为某公司的法定代表人,并非公司普通员工,本有条件与公司签订劳动合同,但其在任职期间并未与公司订立书面劳动合同,二者之间的劳动关系是基于孙某某担任公司的法定代表人,从事公司经营管理事务、从公司领取固定报酬等事实而形成的,最高人民法院结合《公司法》及《劳动法》作出认定孙某某与某公司之间存在事实劳动关系的判决,确认了委任关系与劳动关系之间并不相互排斥,同理,事实劳动关系也基于孙某某职务被免除而解除。

该案对劳动关系的争议以及相关法律适用体现了司法实践对劳动关系认定的复杂性以及谨慎性。职工债权基于劳动关系产生,是劳动者用于维持社会生活、具有公益性的债权,体现的是人的生存利益。《企业破产法》第

48 条、第 59 条、第 113 条等确立了职工债权申报方式、内容、职工的破产参与程序以及职工债权的清偿顺序，并结合《劳动法》《劳动合同法》等相关法律规定形成了破产程序中对劳动者的保护体系，主要包含以下方面。

（一）职工债权成立的前提

1. 职工债权是基于劳动关系产生的债权债务关系，劳动关系一般通过劳动者与用工单位之间签订劳动合同而成立。《劳动法》第 16 条规定，“劳动合同是劳动者与用人单位确立劳动关系、明确双方权利和义务的协议”。《劳动合同法》第 3 条第 2 款明确规定：“依法订立的劳动合同具有约束力，用人单位与劳动者应当履行劳动合同约定的义务。”劳动合同中包括劳动报酬、劳动合同期限、职位、社会保险等内容，是破产程序中管理人认定职工债权金额、性质的重要依据。

2. 除基于劳动合同成立的劳动关系外，事实劳动关系也属于职工债权产生的前提。上述案例中，当事人双方并未形成书面劳动合同，法院在审理过程中参照劳动和社会保障部《关于确立劳动关系有关事项的通知》第 1 条“用人单位招用劳动者未订立书面劳动合同，但同时具备下列情形的，劳动关系成立。（一）用人单位和劳动者符合法律、法规规定的主体资格；（二）用人单位依法制定的各项劳动规章制度适用于劳动者，劳动者受用人单位的劳动管理，从事用人单位安排的有报酬的劳动；（三）劳动者提供的劳动是用人单位业务的组成部分”的规定来确认涉诉双方存在事实劳动关系。

因此，劳动关系的认定要从用人单位与劳动者之间是否有建立劳动关系的合意，是否实际接受用人单位的管理、指挥或者监督，劳动者提供的劳动是不是用人单位业务的组成部分，用人单位是否向劳动者提供基本劳动条件，以及向劳动者支付报酬等因素进行综合认定。

（二）职工债权的范围

1.《企业破产法》第 48 条第 2 款规定破产程序的职工债权主要包括：

(1)债务人所欠付职工的工资;(2)债务人所欠职工的医疗、伤残补助、抚恤费用;(3)债务人所欠的应当划入职工个人账户的基本养老保险、基本医疗保险费用;(4)债务人所欠的法律、行政法规规定应当支付给职工的补偿金。

2. 例外规定。《破产法司法解释(二)》第24条规定:"债务人有企业破产法第二条第一款规定的情形时,债务人的董事、监事和高级管理人员利用职权获取的以下收入,人民法院应当认定为企业破产法第三十六条规定的非正常收入:(一)绩效奖金;(二)普遍拖欠职工工资情况下获取的工资性收入;(三)其他非正常收入。债务人的董事、监事和高级管理人员拒不向管理人返还上述债务人财产,管理人主张上述人员予以返还的,人民法院应予支持。债务人的董事、监事和高级管理人员因返还第一款第(一)项、第(三)项非正常收入形成的债权,可以作为普通破产债权清偿。因返还第一款第(二)项非正常收入形成的债权,依据企业破产法第一百一十三条第三款的规定,按照该企业职工平均工资计算的部分作为拖欠职工工资清偿;高出该企业职工平均工资计算的部分,可以作为普通破产债权清偿。"

为了避免在企业濒临破产或者进入破产程序时,债务人的董事、监事和高级管理人员利用对公司的控制权获得不正常收入,该条作出例外规定。参照江苏省苏州市吴江区人民法院作出的(2020)苏0509民初14013号民事判决书,法院认定债务人财务负责人在债务人处于不能清偿到期债务且明显缺乏清偿能力时,利用职权在普遍拖欠职工工资情况下的获取非正常收入,判决该财务负责人返还非正常收入,体现了《破产法司法解释(二)》第24条下维护实质公平的目的。

(三)职工债权的清偿顺序

1.《企业破产法》第113条规定,"破产财产在优先清偿破产费用和共益债务后,依照下列顺序清偿:(一)破产人所欠职工的工资和医疗、伤残补助、抚恤费用,所欠的应当划入职工个人账户的基本养老保险、基本医疗保险费用，以及法律、行政法规规定应当支付给职工的补偿金……”。该条明确职工债权在清偿顺序中处于第一顺位。

2. 同时《破产审判纪要》中进行了补充规定，其第27条明确：“企业破产与职工权益保护。破产程序中要依法妥善处理劳动关系，推动完善职工欠薪保障机制，依法保护职工生存权。由第三方垫付的职工债权，原则上按照垫付的职工债权性质进行清偿；由欠薪保障基金垫付的，应按照企业破产法第一百一十三条第一款第二项的顺序清偿。债务人欠缴的住房公积金，按照债务人拖欠的职工工资性质清偿。”在实践中，为了保障劳动者权益，案件中存在第三方垫付职工债权或者管理人通过向社会保险主管部门申请欠薪保障金，尽可能实现对职工债权的清偿，缓解职工压力的情况，该条一方面增加了职工债权清偿的可能性；另一方面则是鼓励政府及其他市场主体垫付职工债权，挽救企业于困难中，维护社会稳定。

三、延伸探讨

除上述明文规定内容外，职工债权尚有如下问题需要探讨。

（一）劳动关系的认定

1. 关于劳动关系与劳务关系的区分

劳动关系是受劳动法等法律调整的，属于社会法范畴，而劳务关系是受民事法律关系调整，属于私法范畴，两者之间存在主体差异、隶属性差异、国家干预程度差异以及救济途径差异。[1] 最高人民法院民事审判第一庭认为，劳动关系与劳务关系关键区别在于从属性，包括以下几点。

（1）人格从属性。劳动者与用人单位之间建立劳动关系后，劳动者隶属

---

〔1〕 参见于蒙：《坚持依法保障劳动者合法权益与企业生存发展并重，依法妥善审理劳动争议案件》，载杜万华主编、最高人民法院民事审判第一庭编：《民事审判指导与参考》总第68辑，人民法院出版社2017年版，第51～53页。

于用人单位,其工作时间、地点、方式等均受制于用人单位,双方处于不平等地位;劳务关系下的当事人之间基于合意成立平等的民事关系,灵活性较大。

(2)组织从属性。劳动关系下,劳动者属于用人单位的一分子,遵守用人单位的规章制度;劳务关系中,双方是平等的民事主体,其中管理更多作用在提供劳务时的安排上。

《企业破产法》及其司法解释所规定的职工债权具有救济性,体现了基于职工债权所特有的生存价值、正义价值追求,但对劳动关系和劳务关系的区分亦限制对某类债权人过多的法律供给,更加注重平衡各个债权人之间的利益。[1] 因此,破产企业的管理人在核查职工债权时更要谨慎区分劳动关系与劳务关系。

2. 关于董事、监事、高级管理人员劳动关系的认定

公司法下的董事、监事、高级管理人员(以下统称高管)身份与劳动法下的劳动者身份并不互斥,现法律法规并不禁止高管与用人单位签订劳动合同,即,若公司的高管与用人单位之间的关系符合劳动法的规定,则同样认定为存在劳动关系。但高管不同于一般劳动者,只有极少数的高管能够了解公司的真实运营情况,并且作为公司的控制者、经营者,他们的决策、执行等权力与一般的劳动者之间存在绝对的不平等性,其特殊性主要表现在以下几个方面[2]。

(1)极少数高管与用人单位以劳动合同为劳动关系的载体。2024 年实施的《公司法》第 59 条及第 67 条规定了高管产生的方式主要依托于股东会或董事会的委任,不同于基于直接与用人单位签订劳动合同产生劳动关系。

---

〔1〕 参见陈国斌、陈豪:《破产企业职工债权优先性的解读与重塑》,载《人民司法》2020 年第 16 期。

〔2〕 参见《上海市第一中级人民法院涉高管劳动争议案件审判白皮书》(2021 年 4 月 28 日),第 7 ~ 10 页。

但原劳动和社会保障部《关于确立劳动关系有关事项的通知》第1条规定了事实劳动关系成立的标准，因此在高管身份与劳动者身份不冲突的情况下，破产企业的管理人对于高管的劳动关系就需要通过判断高管是否实际参与企业经营、从企业获得劳动报酬等实际情况进行确认。

（2）债权构成复杂。高管与普通劳动者一样受用人单位制约、并获得相应劳动报酬，但是基于其管理者属性，高管与企业之间存在利益关联，在普通劳动者工资结构之外，还可能存在股票期权、奖金等浮动收入，《破产法司法解释（二）》第24条规定了高管的非正常收入，但对于“其他非正常收入”的判断还需要破产企业管理人进行谨慎区分。

（3）与普通劳动者地位不同。相较普通劳动者，高管基于管理者的地位，一方面，其薪资与一般劳动者非同一水平，破产企业管理人需要依据《公司法》和《企业破产法》及相关司法解释进行重新计算；另一方面，在企业进入破产清算或者处于濒临破产的境地时，亦容易出现高管通过恶意行使控制权主张或者获得工资或者经济赔偿金，不排除存在虚假诉讼、个别清偿的可能性。

同时，在管理人接管破产企业后，存在破产企业资料不足或者遗失的情形。因此，管理人对于高管的劳动债权的确认及金额的认定尚需经历实践的考验，通过公司、职工等多角度进行审核确认。

（二）关于职工集资款及职工报销款的认定

实际上，职工与用人单位之间产生的不仅是职工工资和基本的社会保险费用，在公司经营过程中还会为公司业务开展产生的垫付费用，如职工报销款，在后续公司进入经营危机出现破产情形时，部分公司亦会为了挽救公司从各方吸收资金，其中职工集资亦是一种渠道。《企业破产法》中对职工债权的描述采取列举但未穷尽式的说明，导致了实务中对《企业破产法》中未明确但为职工与用人单位之间产生的费用的性质出现了不同的声音。在本部分,笔者以常见的职工集资款与职工报销款进行说明。

1. 职工集资款。职工集资款是用人单位为了维持生产经营,向本单位职工筹措的资金。1994 年国务院发布实施的《关于在若干城市试行国有企业破产有关问题的通知》中明确了将企业在破产前通过职工筹措的集资款视为破产企业所欠职工工资,但该条的适用范围仅限制在国有企业破产中。最高人民法院《破产规定》第 58 条虽然确定了职工集资款是按照职工债权顺位进行清偿,但是该条规定是针对已经废除的旧破产法,现行《企业破产法》及其司法解释中对职工债权的范围并未涉及职工集资款,因此在实践中职工集资款的性质以及清偿顺位尚有争议。

在实务中,职工集资款的表现形式多样,或为民间借贷,或为垫付费用,但是对其性质的认定会直接影响最终清偿顺位,如果现行法律中没有明确规定和区分,则有可能使职工的合法权益因为形式上的差异而无法得到有效保护。上海市第一中级人民法院作出的(2020)沪 01 民终 11806 号民事判决书中写明:“职工集资款须满足以下条件:与债务人建立合法的劳动关系且借款发生在劳动关系期间。”该判决基于对职工集资款的本质分析,认为集资款系职工长期生活资金积累和尚存的就业资本,确认了其优先于普通债权清偿的地位。江苏省海安市人民法院作出的(2022)苏 0621 民初 6337 号民事判决书中亦直接基于《破产规定》第 58 条的规定认定,在债权性质满足职工集资款的情况下,应参照职工债权顺序清偿。甘肃省平凉市中级人民法院作出的(2022)甘 08 民初 37 号民事判决书,则直接以《破产规定》第 58 条规定所指向的 1986 年版的《企业破产法(试行)》已被《企业破产法》废止,而认定职工集资款属于职工债权无法律依据。

目前,市场主体形式多样,相比大型企业,中小企业抵抗风险的能力较弱,而职工则是企业解困的重要支撑力之一,通过职工集资筹措资金使职工与企业的联系更紧密。但职工集资款源于职工日常生存的基础,企业破产会直接对职工产生经济压力，影响社会稳定。故笔者认为，对职工集资款的认定，在当前《企业破产法》没有明确归纳进职工债权范围时，管理人需要对集资款的来源、用途等方面进行谨慎审核及确认，保障职工的合法权益。

2. 职工报销款。职工报销款一般是在职工与用人单位劳动关系存续期间，为用人单位业务需要所发生的差旅费等支出产生的费用，在《企业破产法》中并未直接将其规定为职工债权。在司法实践中一般会认为属于民间借贷、委托合同，甚至为不当得利。

在张某喜与云南第一公路桥梁工程有限公司职工破产债权纠纷中，双方对于职工张某喜垫付费用的性质是否属于职工债权存在争议，一审法院认为垫付款并不属于《企业破产法》第48条所规定的职工债权范围，因此不予认定为职工债权，但二审法院撤销一审法院该项判决，认为其基于垫付费用的目的是在职工履职范围内，用于企业经营并最终为企业收益，并参照适用《破产规定》第58条的规定，归为职工债权。最高人民法院亦在（2021）最高法民申3624号民事裁定书中维持该项判决。云南省高级人民法院在同系列案件“赵某军、云南某公路桥梁工程有限公司职工破产债权确认纠纷案”（2020）云民终1021号民事判决书中坚持上述论证。

因此，笔者认为，基于破产法实施的目的，在符合劳动关系存续期间、用于公司业务等特定条件下，职工将自身生存之本的款项垫付所产生的债权认定为职工债权更有助于职工生存和社会稳定。

【类案推荐】

类案1

案例名称：“林某某、某公司职工破产债权确认纠纷案”

裁判要旨：董事会“劝退”决议是依法作出的解除劳动合同的行为。在劳动关系存续期间，当事人之间的劳动关系权利义务已被特定化，并与案涉岗位具有不可分性。双方均认可在人员调整会议作出劝退决定之后，双方均未就新的工作岗位、工作内容、劳动报酬达成一致意见，故未发生双方之间变更或者建立新的劳动合同内容之合意，劝退人员调整会议决定必然导致对劳动关系一并处理的结果。加之《2017 年 1 月份及 2017 年 7 月份某公司管理人员工资汇总表》表明，某公司向当事人发放工资至 2017 年 7 月，这与《公司人员调整会议备忘录》相互印证，证明林某某自 2017 年 8 月起已经与某公司解除了劳动合同关系。

案　　号：(2021)最高法民申 6471 号

审理法院：最高人民法院

类案 2

案例名称："田某某、河南某公司职工破产债权确认纠纷案"

裁判要旨：劳动者提供劳动属于事实劳动关系的基本构成要件，原审法院认为田某某未举证证明其于 2014 年 8 月后提供劳动，从而认定其提供劳动至 2014 年 7 月，后双方形成"长期两不找"的事实，自 2014 年 8 月起双方劳动关系处于中止履行状态，并无不当。由于此后双方不具有劳动法意义上的权利义务关系，田某某申请再审认为 2019 年某公司单方解除劳动合同，应当支付经济赔偿金，以及某公司应赔偿其 2018 年生病住院未能取得医保报销的损失，缺乏依据。

案　　号：(2021)最高法民申 3939 号

审理法院：最高人民法院

本案例作者：姜琪

案例28：法院受理破产案件之后，是否应当受理案外第三人提起的第三人撤销之诉？

【要点提示】

案外第三人依据《民事诉讼法》及其司法解释提起第三人撤销之诉的应当遵循专属管辖之规定，而并非由破产法院直接集中管辖。[1]

【裁判要旨示例】

1. 第三人撤销之诉的专属管辖，系基于第三人撤销之诉的特殊功能和制度属性所作的特殊规定。第三人撤销之诉虽在程序上是一个新诉，但在实体上并非针对新的法律关系，而是针对已生效裁判的纠错程序，其处理结果是对已生效裁判进行效力评价，且后续还可能涉及执行回转问题，应由作出原生效裁判的法院管辖。

2. 涉破产债务人的纠纷由受理破产申请的法院集中管辖，是基于有效

---

〔1〕 我国没有“破产法院”这一专门法院。文中仅是为了方便论述，而将受理破产案件的法院称为“破产法院”。

推进破产程序、提升破产案件审理效率的考量。但已经发生法律效力的判决、裁定、调解书的当事人进入破产程序的,不影响第三人撤销之诉案件的管辖。

【案件概况】

案件名称:"刘某鹏诉林某、贵州某能源投资有限公司第三人撤销之诉案"[1]

案　　号:(2021)黔02民辖监4号民事裁定

审理法院:贵州省六盘水市中级人民法院

【案例评析与思考】

一、案情介绍

原告刘某鹏诉称,2014年8月,林某以胡某明及贵州某能源投资有限公司为共同被告向贵州省六盘水市钟山区人民法院提起诉讼,要求胡某明承担还款责任,贵州某能源投资有限公司承担连带偿还责任。钟山区人民法院于2014年12月作出(2014)黔钟民初字第2762号民事判决:被告胡某明于本判决生效之日起10日内偿还原告林某借款本金3,000,000元及支付利息96,390元;被告贵州某能源投资有限公司对上述款项承担连带偿还责任等。2019年8月26日,贵州省毕节市中级人民法院作出(2019)黔05破10号民事裁定,受理对贵州某能源投资有限公司的破产清算申请。2019年12

---

〔1〕 本案例选自人民法院案例库,案例入库编号:2024-01-2-470-003,载人民法院案例库官网,https://rmfyalk.court.gov.cn/dist/view/content.html?id=Z1raAScaox62qpYauCMPXgoMGLWZnCl57wpvLDNweSc%253D&lib=ck&qw=破产。

月11日，林某向管理人申报了贵州某能源投资有限公司第105号债权，并向管理人提交了贵州省六盘水市钟山区人民法院作出的（2014）黔钟民初字第2762号民事判决书作为债权申报依据。原告刘某鹏认为，林某和胡某明虚构担保事实，并提起恶意诉讼，帮助胡某明逃避债务，将胡某明个人债务的偿还义务转移给贵州某能源投资有限公司，损害了贵州某能源投资有限公司全体债权人的利益。原告刘某鹏作为贵州某能源投资有限公司破产债权人，与该案的判决结果有直接利害关系，有权请求撤销该生效判决。故诉至法院请求撤销贵州省六盘水市钟山区人民法院于2014年12月4日作出（2014）黔钟民初字第2762号民事判决书。

贵州省六盘水市钟山区人民法院审查认为，根据《企业破产法》第21条"人民法院受理破产申请后，有关债务人的民事诉讼，只能向受理破产申请的人民法院提起"的规定，贵州省毕节市中级人民法院作为受理贵州某能源投资有限公司破产清算的法院，对该案具有专属管辖权，遂于2021年7月27日作出（2021）黔0201民初5267号民事裁定：该案移送贵州省毕节市中级人民法院处理。贵州省毕节市中级人民法院审查后认为受移送的案件不属于该院管辖，于2021年10月15日附协商函，将该案退回贵州省六盘水市中级人民法院。

法院生效裁判认为，原告刘某鹏起诉请求撤销六盘水市钟山区人民法院于2014年12月4日作出的（2014）黔钟民初字第2762号民事判决，认为在该案中的担保书未经贵州某能源投资有限公司股东会决议，损害了贵州某能源投资有限公司全体债权人的利益，故该案系第三人撤销之诉。根据《民事诉讼法》第59条及最高人民法院《关于适用〈中华人民共和国民事诉讼法〉的解释》的相关规定，该案应由作出生效判决的六盘水市钟山区人民法院管辖。但因被告贵州某能源投资有限公司在破产程序当中，根据《企业破产法》第21条的规定，有关该公司的诉讼应由受理破产申请的贵州省毕节市中级人民法院管辖。由此,产生了管辖权法律适用冲突。《企业破产法》自2007年6月1日起施行,而第三人撤销之诉是在《民事诉讼法》(2012年修订)中进行规定。根据最高人民法院《关于适用〈中华人民共和国破产法〉若干问题的规定(二)》第47条第3款的规定,“受理破产申请的人民法院,如对有关债务人的海事纠纷、专利纠纷、证券市场因虚假陈述引发的民事赔偿纠纷等案件不能行使管辖权的,可以依据民事诉讼法第三十七条的规定,由上级人民法院指定管辖”,并非所有破产衍生诉讼都由受理破产案件的法院管辖,一些特殊案件可以由其他法院管辖。又根据《企业破产法》第4条“破产案件审理程序,本法没有规定的,适用民事诉讼法的有关规定”的规定,就该案而言,由作出生效判决的六盘水市钟山区人民法院管辖为宜。故法院依法作出如上裁判。

最终,贵州省六盘水市中级人民法院于2021年11月5日作出(2021)黔02民辖监4号民事裁定:(1)撤销贵州省六盘水市钟山区人民法院(2021)黔0201民初5267号民事裁定;(2)该案由贵州省六盘水市钟山区人民法院继续审理。

二、案件评析

管辖,是指人民法院对民事案件的具体审判权。[1] 管辖有很多种类,而该案乃破产衍生诉讼集中管辖与专属管辖引发的争议。破产程序乃非讼程序,案件本身没有争议。但在处理破产案件的过程中,难免引发各种争议。若这些争议与破产程序直接相关,则破产程序可以直接消化处理;若产生了实体性争议并诱发了破产衍生诉讼,则需要依靠民事诉讼程序解决。法院具备该案的管辖权是诉的合法性要件之一。如果原告在对该案不具备管辖权的法院起诉,则会因诉之不合法而被裁定不予受理或驳回起诉。因此,当

[1] 参见汤维建:《民事诉讼法学精论》(上册),中国检察出版社2022年版,第291页。

事人提起破产衍生诉讼时，应当按照"先程序，后实体"的思路，准确判定该案的管辖权问题。

（一）破产衍生诉讼集中管辖制度梳理

破产案件的管辖本身有别于其他民事案件的管辖，故而基于破产而引发的破产衍生诉讼案件的管辖也不例外。出于破产案件审理的专业化以及提高破产案件审判效率的考量，我国对破产衍生诉讼实行集中管辖制度。[1]《企业破产法》第 21 条规定："人民法院受理破产申请后，有关债务人的民事诉讼，只能向受理破产申请的人民法院提起。"有学者认为，该条为破产衍生诉讼的集中管辖规定。[2]

除法律规定外，《破产法司法解释（二）》对破产衍生诉讼的管辖权均有规定。其中，《破产法司法解释（二）》第 47 条规定："人民法院受理破产申请后，当事人提起的有关债务人的民事诉讼案件，应当依据企业破产法第二十一条的规定，由受理破产申请的人民法院管辖。受理破产申请的人民法院管辖的有关债务人的第一审民事案件，可以依据民事诉讼法第三十八条的规定，由上级人民法院提审，或者报请上级人民法院批准后交下级人民法院审理。受理破产申请的人民法院，如对有关债务人的海事纠纷、专利纠纷、证券市场因虚假陈述引发的民事赔偿纠纷等案件不能行使管辖权的，可以依据民事诉讼法第三十七条的规定，由上级人民法院指定管辖。"

（二）破产衍生诉讼集中管辖的特点

结合该案裁判思路以及法律、司法解释的相关规定，笔者破产衍生诉讼管辖存在如下特点：

1. 破产衍生诉讼集中管辖以破产衍生诉讼为主要适用范围。破产衍生

---

〔1〕 参见最高人民法院民事审判第二庭编著：《最高人民法院关于企业破产法司法解释理解与适用》，人民法院出版社 2017 年版，第 502～503 页。

〔2〕 参见徐阳光、梁春瑾：《破产衍生诉讼集中管辖规则的解释论分析》，载《人民司法》2023 年第 7 期。

诉讼指的是《民事案件案由规定》中“与破产有关的纠纷”,具体包括请求撤销个别清偿行为纠纷、请求确认债务人行为无效纠纷、对外追收债权纠纷、追收未缴出资纠纷、追收抽逃出资纠纷、追收非正常收入纠纷、破产债权确认纠纷、取回权纠纷、破产抵销权纠纷、别除权纠纷、破产撤销权纠纷、损害债务人利益赔偿纠纷以及管理人责任纠纷等。应当注意,《企业破产法》第21条中“与债务人有关的民事诉讼”包括对债务人提起的诉讼以及为债务人提起的诉讼,所以与债务人财产及法律关系有关的诉讼,原则上应纳入集中管辖制度的范围内。[1]

2. 破产衍生诉讼集中管辖相对于普通管辖具有优先性。在普通民事诉讼案件中,当事人及法院需要按照当事人住所地、案件性质、当事人约定以及争讼标的额等因素确定级别管辖与地域管辖。但是基于提高破产案件效率等现实需要,将衍生诉讼集中由破产法院受理更合适。此外,从一般法与特别法的关系出发,《企业破产法》第21条之规定相较《民事诉讼法》中涉管辖条款而言,属于特别法,应当优先适用。以协议管辖为例,在参考案例“某某机械公司诉中铁某公司承揽合同纠纷案”中,裁判要旨明确指出:“《企业破产法》第二十一条之所以规定‘人民法院受理破产申请后,有关债务人的民事诉讼,只能向受理破产申请的人民法院提起’,目的是便于受理破产申请的法院能够更加全面清晰掌握破产企业的债权债务关系,提高司法效率,实现对破产企业和债权人合法权益的充分保障。该规定属于特别规定,应当优先于普通管辖规定。故破产集中管辖法院与当事人协议管辖法院不一致时,应优先适用破产集中管辖规定。”[2]

3. 应当遵循管辖制度的一般性原理。尽管破产衍生诉讼的集中管辖制

[1] 参见王卫国:《破产法精义》(第3版),法律出版社2023年版,第95页。

[2] 参见山东省高级人民法院(2022)鲁民辖终84号民事裁定书(入库编号2024-01-2-114-004)。

度属于特殊的管辖制度,但仍应遵循管辖制度的一般性原理。具体如下。

(1)管辖恒定。所谓管辖恒定,是指人民法院在受理案件时依法具有管辖权的,不因此后确定管辖因素的变化而发生变化。[1] 因此,在破产程序启动之前已经开始但尚未终结的案件,虽会因破产程序的启动而中止,但当管理人接管债务人财产之后,该案件应由原法院继续审理,而无须交由破产法院集中管辖。

在此需要讨论一个问题是,债务人以有独立请求权第三人的身份参加诉讼的,案件是否应当移送至破产法院。笔者认为,即便是有独立请求权第三人在诉讼中的地位相当于原告,但受诉法院本身享有管辖权,故而基于管辖权恒定的原则,受诉法院亦不得将案件移送至破产法院。更何况债务人亦有权以原告的身份直接在破产法院提起相关诉讼。实务上对此亦有承认,例如,最高人民法院《关于第三人能否对管辖权提出异议问题的批复》第1条明确指出:“有独立请求权的第三人主动参加他人已开始的诉讼,应视为承认和接受了受诉法院的管辖,因而不发生对管辖权提出异议的问题;如果是受诉法院依职权通知他参加诉讼,则他有权选择是以有独立请求权的第三人的身份参加诉讼,还是以原告身份向其他有管辖权的法院另行起诉。”

(2)管辖权转移。《破产法司法解释(二)》第47条规定了在破产衍生诉讼中亦可按照《民事诉讼法》之规定,进行管辖权的上移或下移。应当注意,在进行管辖权转移时,应当严格按照《民事诉讼法》及其司法解释的规定进行。

(3)专门管辖优先。《破产法司法解释(二)》第47条同样对海事纠纷、专利纠纷、证券市场因虚假陈述引发的民事赔偿纠纷等专门管辖案件作出了例外规定。民诉法理论将这类案件的管辖称为专门管辖,具体是指法律

---

〔1〕 参见汤维建:《民事诉讼法学精论》(上册),中国检察出版社2022年版,第297页。

将某些种类的民事案件确定由专门法院进行受理和审判所形成的管辖。[1]根据《人民法院组织法》第 15 条第 1 款之规定，专门人民法院包括军事法院和海事法院、知识产权法院、金融法院等。因此，若破产法院的集中管辖与专门法院的专门管辖发生冲突时，应当按照专门管辖优先的原则处理。

应当注意的是，实务上关于专门管辖是否一定优先的见解并非完全一致。根据《上海市高级人民法院破产审判工作规范指引（试行）》第 46 条之规定，针对牵连特殊案情的案件，破产法院与专门法院均享有管辖权，而未直接排除了破产法院的集中管辖权。[2]

（4）管辖权异议。当事人在破产衍生诉讼中认为法院不具备管辖权的，可以按照《民事诉讼法》及其司法解释的相关规定，提起管辖权异议。

4. 破产衍生诉讼集中管辖存在例外情况。破产程序启动之后，并非所有有关债务人的民事诉讼只能向破产法院提起，而是存在如下例外情况。

（1）第三人撤销之诉。《民事诉讼法》第 59 条第 3 款规定了第三人撤销之诉。《民诉法司法解释》第 290 条至第 301 条对第三人撤销之诉进行了细化规定。《民事诉讼法》第 59 条第 3 款及《民诉法司法解释》第 290 条中包含了第三人撤销之诉的管辖规定，即第三人对已经发生法律效力的判决、裁定、调解书提起撤销之诉的，应当自知道或者应当知道其民事权益受到损害之日起 6 个月内，向作出生效判决、裁定、调解书的人民法院提出。《民事诉讼法》设置第三人撤销之诉的目的在于第三人的合法权益。[3] 同时，法院亦

---

〔1〕 参见汤维建：《民事诉讼法学精论》（上册），中国检察出版社 2022 年版，第 325 页。

〔2〕《上海市高级人民法院破产审判工作规范指引（试行）》第 46 条规定："破产衍生诉讼集中管辖与专属管辖冲突的处理。解决破产集中管辖与专属管辖等特殊管辖冲突时，应考量后发衍生诉讼与破产程序、专业化审理之间的关联程度。原则上，破产案件受理法院和专门法院依法都享有管辖权，先收到原告起诉状的法院不得以管辖不明为由拒绝受理。破产案件受理法院认为涉及特殊类型案件管辖不具备审理条件的，可以商请移送相关法院；必要时，可依照《民事诉讼法》第三十七条和《最高人民法院关于适用〈中华人民共和国企业破产法〉若干问题的规定（二）》第四十七条第三款的规定报请共同上级法院指定管辖。"

〔3〕 参见江伟、肖建国主编：《民事诉讼法》，中国人民大学出版社 2018 年版，第 387 页。

会根据第三人提出的请求以及案件实际情况，改变或撤销生效法律文书中的错误部分。所以，由作出生效法律文书的法院管辖第三人撤销之诉不仅便于案件的审理，也便于及时纠错。所以，在破产程序启动之后，案外第三人提起的第三人撤销之诉不宜由破产法院审理。

(2)再审案件。与第三人撤销之诉一样，再审案件亦应当遵循再审程序的管辖规定，而不遵循《企业破产法》第21条的集中管辖之规定。否则，将会引起实务上的混乱与理论上的冲突。

(3)债务人仅作为辅助型无独立请求权第三人的案件。债务人在民事诉讼中可能担当原告、被告、第三人甚至证人等角色。如果将所有债务人参与民事诉讼的案件均解释为《企业破产法》第21条中“有关债务人的民事诉讼”，并将之归入破产法院审理，那就超出了立法本意。理论界与实务界对此关注较多的是当债务人担当第三人时，案件是否应根据《企业破产法》第21条进行集中管辖。有学者认为，当债务人作为有独立请求权第三人出现时，则应当根据《企业破产法》第21条之规定进行集中管辖；而债务人作为无独立请求权第三人时，不应根据《企业破产法》第21条之规定进行集中管辖。[1] 在实务见解上，《上海市高级人民法院破产审判工作规范指引(试行)》第44条规定，债务人作为无独立请求权第三人的案件不适用破产集中管辖之规定。但是，参考案例“某科技公司诉某汽车公司保证合同纠纷案”区分了“辅助型”无独立请求权第三人与“被告型”无独立请求权第三人，并在裁判要旨明确指出：“《中华人民共和国企业破产法》第二十一条规定：‘人民法院受理破产申请后，有关债务人的民事诉讼，只能向受理破产申请的人民法院提起。’其中，‘有关债务人的民事诉讼’应当理解为债务人在该诉讼提出了诉讼请求或其他当事人对债务人提出了诉讼请求，致使债务人的财

---

〔1〕 参见徐阳光、梁春瑾：《破产衍生诉讼集中管辖规则的解释论分析》，载《人民司法》2023年第7期。

产可能因该诉讼而增加或减少的民事诉讼。当事人未起诉破产案件中的债务人,也未对其提出诉讼请求,不属于破产案件中有关债务人的民事诉讼。”[1]这实际认同了债务人作为“辅助型”无独立请求权第三人的相关案件不适用《企业破产法》第21条进行集中管辖的理论观点。但是,无独立请求权第三人除帮助查明案件事实的“辅助型”第三人之后,尚且存在可能承担民事责任的“被告型”第三人。因此,若债务人在民事诉讼中担当“被告型”第三人的角色时,因为案件最终的处理结果可能会影响债务人财产的增加或减少,故而此类案件应受《企业破产法》第21条之规定,由破产法院集中管辖。

(4)重整程序终止后,重整计划执行期间的纠纷。《九民纪要》第113条第2款规定:“重整计划执行期间,因重整程序终止后新发生的事实或者事件引发的有关债务人的民事诉讼,不适用《企业破产法》第21条有关集中管辖的规定。除重整计划有明确约定外,上述纠纷引发的诉讼,不再由管理人代表债务人进行。”

(5)破产清算、和解程序终结后有关于债务人的民事诉讼,亦不受《企业破产法》第21条之约束。[2]

三、延伸探讨

目前,我国关于破产衍生诉讼集中管辖制度规定得较原则,实务中容易出现管辖权冲突或者管辖权不明的现象。管辖权制度是民事诉讼的基石,是当事人行使诉权的前提与保障。就我国当前破产衍生诉讼集中管辖制度,笔者作如下讨论,以期健全相关制度。

---

〔1〕 参见最高人民法院(2022)最高法民辖96号民事裁定书(入库编号:2023-01-2-104-002)。

〔2〕 参见《大连市破产管理人协会办理破产衍生诉讼案件有关事项的参考意见(试行)》第5条。

根据民诉法理论，管辖的理论分为包括法定管辖与裁定管辖，专属管辖与协议管辖，共同管辖与选择管辖，原始管辖与牵连管辖；另根据《民事诉讼法》的规定，在规范层面上管辖又可分为级别管辖、地域管辖、移送管辖、指定管辖以及管辖权的转移。〔1〕

事实上，在民诉法经典教科书中，均未有提及“集中管辖”相关内容。因此，“破产衍生诉讼集中管辖”应是破产法理论与实务界对《企业破产法》第21条以一种约定俗成的说法。然而，无论在理论抑或实务上，均应当明晰《企业破产法》第21条规定了管辖制度的法理属性，特别是在民事诉讼法的视角下，将其归类在民诉法管辖制度的大家庭中，否则就会引起理论冲突与实务中的冲突。

笔者认为，根据《民事诉讼法》条文规定以及民事诉讼法埋论，《企业破产法》第21条规定的管辖制度属于地域管辖、法定管辖以及专属管辖。这是因为，破产衍生诉讼原则上不涉及级别管辖问题，仅涉及审判地法院的确定问题，故而属于地域管辖。在此基础上，《企业破产法》第21条通过法律规定的方式，明确了破产案件受理后，与债务人有关的民事诉讼均由破产法院审理，符合法定管辖以及专属管辖的特点。在明确《企业破产法》第21条集中管辖的法理属性之后，如下问题迎刃而解。

1. 集中管辖优先协议管辖。协议管辖亦属于地域管辖的一种，在合同纠纷等财产性权益纠纷中，当事人可以就多个具有管辖权的法院进行选择与约定。但是，协议管辖不得违反级别管辖与专属管辖的规定。〔2〕所以，破产程序启动后，当事人不得依据管辖协议之约定，向其他法院提起民事诉讼。

---

〔1〕参见汤维建：《民事诉讼法学精论》（上册），中国检察出版社2022年版，第295～297页。

〔2〕《民事诉讼法》第35条规定：“合同或者其他财产权益纠纷的当事人可以书面协议选择被告住所地、合同履行地、合同签订地、原告住所地、标的物所在地等与争议有实际联系的地点的人民法院管辖，但不得违反本法对级别管辖和专属管辖的规定。”

应当注意的是，债务人与他人事前达成的仲裁协议，不属于管辖协议。这是仲裁机构与法院之间的主管问题，而非法院内部的管辖分工问题。因此，当事人事前已达成仲裁协议的，发生纠纷后应当根据仲裁协议的约定申请仲裁。

2. 集中管辖优先普通地域管辖。集中管辖与地域管辖相当于特别法律规范与普通法律规范的问题，因此破产衍生诉讼要遵循特别法律规范，优先适用集中管辖的规定。

3. 集中管辖与狭义专属管辖发生冲突的处理规则。在破产衍生诉讼管辖权冲突中，集中管辖与狭义专属管辖的冲突最激烈。广义上的专属管辖包含了集中管辖与专门管辖，但狭义上的专属管辖应指《民事诉讼法》第 34 条。《民事诉讼法》第 34 条规定，“下列案件，由本条规定的人民法院专属管辖：(一)因不动产纠纷提起的诉讼，由不动产所在地人民法院管辖；(二)因港口作业中发生纠纷提起的诉讼，由港口所在地人民法院管辖；(三)因继承遗产纠纷提起的诉讼，由被继承人死亡时住所地或者主要遗产所在地人民法院管辖”。

笔者认为，如果《企业破产法》第 21 条与《民事诉讼法》第 34 条发生冲突时，尚不能简单得出哪条法律规范优先适用的结论。专门管辖与集中管辖发生冲突时，法律并未直接任意否定任一法院的管辖权，而是从案件审理的专业性、便捷性角度衡平案件交由哪个法院行使更合适。同样，当集中管辖与狭义的专属管辖发生冲突时，也不能直接得出此类案件仅能由哪个法院行使管辖权。因为《企业破产法》第 21 条与《民事诉讼法》第 34 条均属于管辖制度中的特别规范，二者不构成一般规范与特别规范的关系，故而不可准用特别规范优先适用的规则。所以，如果某一案件同时牵连集中管辖与专属管辖的，那么当事人可以在任一法院进行选择，优先受理的法院对本案享有管辖权。

【类案推荐】

类案 1

案例名称：“骆某、安徽某某理人等拍卖合同纠纷民事指定管辖案”

裁判要旨：

1. 骆某因该拍卖行为起诉某某管理人，属于重整程序终止后因新发生的事实起诉破产公司管理人的民事诉讼，不适用《企业破产法》第 21 条的规定，应按照普通民事诉讼的规则确定管辖。

2. 关于该案骆某一并起诉某某管理人、某某公司时如何确定管辖。该案中，骆某以某某管理人隐瞒信息、某某公司未尽审查义务为由，起诉请求判令撤销案涉网络拍卖、某某管理人退还保证金，某某公司共同赔偿相关利息损失。分析骆某提出的诉讼请求，存在骆某与某某管理人之间的拍卖合同关系和骆某与某某公司之间的网络服务合同关系等两个争议法律关系。其中，案涉网络拍卖合同是否可撤销是骆某诉请能否被支持的前提和基础。在骆某一并提起诉讼、某某管理人和某某公司未提出异议的情况下，可以以骆某与某某管理人之间的拍卖合同纠纷确定管辖法院。《民事诉讼法》第 24 条规定：“因合同纠纷提起的诉讼，由被告住所地或者合同履行地人民法院管辖。”某某管理人的住所地在上海市徐汇区，该案可以由上海市徐汇区人民法院管辖。

案　　号：(2023) 最高法民辖 147 号

审理法院：最高人民法院

类案 2

案例名称：“某科技公司诉某汽车公司保证合同纠纷案”

裁判要旨:《企业破产法》第 21 条规定:“人民法院受理破产申请后,有关债务人的民事诉讼,只能向受理破产申请的人民法院提起。”其中,“有关债务人的民事诉讼”应当理解为债务人在该诉讼提出了诉讼请求或其他当事人对债务人提出了诉讼请求,致使债务人的财产可能因该诉讼而增加或减少的民事诉讼。当事人未起诉破产案件中的债务人,也未对其提出诉讼请求,不属于破产案件中有关债务人的民事诉讼。

案　　号:(2022)最高法民辖 96 号民事裁定书

审理法院:最高人民法院

本篇作者:胡守鑫

案例29：律师作为破产管理人非法收受他人财物的，应当承担何种刑事责任？

【要点提示】

破产管理人工作人员在从事破产管理人工作期间，属于《刑法》第93条第2款规定的“其他依照法律从事公务的人员”，应当认定为国家工作人员。

【裁判要旨示例】

破产管理人是《企业破产法》设立的破产管理职位，其职责、行为性质与担任破产管理人的单位和个人原先的身份和职责无关。破产管理人的职责内容属于协助法院审理破产案件，具有从事公务的性质。关于其民事责任的规定，并不决定其职权的性质，破产管理的事务性质与申请破产企业的所有权性质并无直接关联。因此，破产管理人工作人员在从事破产管理人工作期间，属于《刑法》第93条第2款规定的“其他依照法律从事公务的人员”，应当认定为国家工作人员。

【案件概况】

案件名称：“蔡某受贿案——律师作为破产管理人工作人员在破产管理

工作中非法收受他人财物的行为如何定性”[1]

案　　号：(2022)浙10刑终220号刑事裁定

审理法院：浙江省台州市中级人民法院

【案例评析与思考】

一、案情介绍

被告人蔡某系某律师事务所律师。2018年4月，H市中级人民法院裁定受理某国有公司进行破产重整的申请，并于同年5月依照《企业破产法》等法律规定，指定某律师事务所作为破产管理人之一。蔡某作为资产管理组成员参与管理人工作，主要负责资产调查和债权包的处置。2019年7月，管理人发布拍卖公告，将该申请破产公司享有的债权包拍卖，并规定“与本标的物有利害关系的当事人（债务人、担保人）不得参加竞拍”。

冯某等4人为能参与竞拍和竞拍成功，向蔡某寻求关照，并承诺除其债务外的应收债权执行款到位后，拿出40%作为“好处费”给予蔡某。蔡某同意并利用起草拍卖公告、资产打包、竞拍资格审查等职务便利，指导冯某等人新成立A公司规避竞拍限制，帮助冯某等人违规获得竞拍资格并最终以底价拍得债权包。在A公司成功拍得债权包后，蔡某经与公司代理律师施某商量，由施某出面以被告人蔡某的名义另行向冯某等4人索要好处，冯某等4人答应给予100万元的“好处费”。后冯某按约定向蔡某指定的银行账户汇款378余万元。

浙江省温岭市人民法院于2022年6月21日作出(2021)浙1081刑初

---

[1] 本案例选自人民法院案例库，案例入库编号：2023-03-1-404-024，载人民法院案例库官网，https://rmfyalk.court.gov.cn/dist/view/content.html?id=4xKIK9y5xXlyW1TFecdo1DH9Gxgff4PhsL%252BDhAuWmKw%253D&lib=ck&qw=蔡某受贿。

128号刑事判决：(1)被告人蔡某犯受贿罪，判处有期徒刑10年2个月，并处罚金人民币60万元；(2)被告人蔡某已退缴的犯罪所得，依法予以没收，上缴国库。宣判后，蔡某提出上诉，浙江省台州市中级人民法院于2022年10月28日作出(2022)浙10刑终220号刑事裁定，驳回上诉，维持原判。

二、案例评析

(一)法律适用

《刑法》第385条规定了受贿罪，即国家工作人员利用职务上的便利，索取他人财物的，或者非法收受他人财物，为他人法条用的“谋”取利益的是受贿罪。国家工作人员在经济往来中，违反国家规定，收受各种名义的回扣、手续费，归个人所有的，以受贿论处。《刑法》第163条第1款和第2款规定了非国家工作人员受贿罪，即公司、企业或者其他单位的工作人员利用职务上的便利，索取他人财物或者非法收受他人财物，为他人谋取利益，数额较大的，处5年以下有期徒刑或者拘役；数额巨大的，处5年以上有期徒刑，可以并处没收财产。

通过对比这两个罪名，最明显的区别是主体不同。受贿罪中的主体是国家工作人员，其概念在《刑法》第93条，即本法所称国家工作人员，是指国家机关中从事公务的人员。国有公司、企业、事业单位、人民团体中从事公务的人员和国家机关、国有公司、企业、事业单位委派到非国有公司、企业、事业单位、社会团体从事公务的人员，以及其他依照法律从事公务的人员。与1979年《刑法》相比，其进步之处在于强调了“从事公务”，在本质上更加明确。但对于该案蔡某是否构成受贿罪，还需考虑其作为“破产管理人”这一特殊身份。依照《企业破产法》第22条规定，破产管理人由人民法院指定。破产管理人系法律设立的从事破产案件管理的职位，其行为属于从事公务，破产管理工作人员是依照企业破产法从事破产工作的必要人员，是破产管理人工作的必要组成部分,即使表面上看是受破产管理人指派参与破产管理但实质上从事的仍是公务行为,所以说破产管理人工作人员属于其他依照法律从事公务的人员,应以国家工作人员论,故本案最后判决蔡某构成受贿罪。

(二)受贿罪构成要件

1. 犯罪主体

受贿罪的犯罪主体是国家工作人员,根据《刑法》第 93 条规定:“本法所称国家工作人员,是指国家机关中从事公务的人员。国有公司、企业、事业单位、人民团体中从事公务的人员和国家机关、国有公司、企业、事业单位委派到非国有公司、企业、事业单位、社会团体从事公务的人员,以及其他依照法律从事公务的人员,以国家工作人员论。”可知,国家工作人员分为 3 类:一是国家机关中从事公务的人员;二是国有公司、企业、事业单位、人民团体中从事公务的人员和国有公司、企业、事业单位委派到非国有公司、企业、事业单位、社会团体从事公务的人员;三是其他依照法律从事公务的人员。从上述分类可知,判断是否属于国家工作人员要从两个方面分析:

首先,在形式上,判断是否经过法定程序任命、国有委派、法律授权等方式从事公务。该案的破产管理人是某律师事务所律师,可以确定该破产管理人不属于上述第一类和第二类,关键看其是否属于第三类其他依照法律从事公务的人员。《企业破产法》第 13 条规定,人民法院裁定受理破产申请的,应当同时指定管理人;第 25 条规定管理人应当履行的职责;第 28 条有关管理人的聘用以及报酬;第 29 条管理人没有正当理由不得辞去职务,管理人辞去职务应当经人民法院许可。依据这些法条可以发现,破产案件需要专业的个人或机构来完成破产财产的保管、清理、估价、处理和分配等破产清算事务,人民法院可以指定破产管理人,破产管理人的职责内容属于协助法院审理破产案件,具有从事公务的性质,而破产管理人工作人员表面上看是受破产管理人指派参与企业破产管理，但破产管理人的职权源于破产法规定，破产管理人工作人员的工作内容就是依照企业破产法从事破产管理，是破产管理人工作的必要组成部分，因此破产管理人工作人员属于其他依照法律从事公务的人员，应以国家工作人员论。

其次，在实质上，分析该案破产管理工作人员蔡某履行的职责是否属于公务。《刑法》第93条中所谓的“从事公务”应当如何进行理解？我国《刑法》第93条对国家工作人员的定义明显是以从事公务为核心而展开。从立法表述来看，总则对国家工作人员的定义本身就不是根据形式上的身份或编制，也就是并非组织意义上的，而是根据其从事的业务或工作内容来确定，即采取的是实质的功能定义。鉴于总则的条文对于分则相关规定均应具有可适用性，故首先可确定的是，分则所规定的国家工作人员的犯罪，行为人是否符合主体资格要件的判断，不能依据形式上是否有干部身份或相应的编制，而取决于是否“从事公务”的实质性考量。在认定国家工作人员时采实质的功能论，也是我国司法实务的通行立场。[1] 结合该案蔡某虽然是不具有干部身份或相应编制的律师，但是通过分析蔡某实际从事的事务，其行为已具备公务性质，因此综合形式与实质分析认为蔡某乃《刑法》第93条规定的其他依照法律从事公务的人员，属于国家工作人员。

2. 主观方面

受贿罪的主观方面要求具有故意，只有行为人是出于故意所实施的受贿犯罪行为才构成受贿罪，过失行为不构成本罪。该案冯某等4人为能参与竞拍和竞拍成功，向蔡某寻求关照，并承诺除其债务之外的应收债权执行款到位后，拿出40%作为“好处费”给予蔡某。蔡某明知他人利用金钱收买自己，而仍然同意并利用职务便利，帮助冯某等人违规获得利益，可见其在主观上具有故意。

---

〔1〕 参见劳东燕：《论受贿罪中的国家工作人员》，载《东方法学》2020年第2期。

3. 犯罪客体

受贿罪侵害的客体是复杂客体，主要客体是国家机关、国有公司、企事业单位、人民团体的正常管理活动；次要客体是国家工作人员职务行为的廉洁性。

4. 客观方面

国家工作人员利用职务上的便利，索取他人财物的，或者收受请托人财物的，或者国家工作人员在经济往来中，违反国家规定收受各种名义的回扣、手续费，归个人所有的行为。受贿罪中的利用职务便利的外延，明显宽于贪污罪的利用职务便利。[1] 受贿罪中的职务便利，既包括国家工作人员的具体职务便利，也包括国家工作人员具有的一般的、抽象的职务便利，还包括与职务具有密切关联的职务便利。[2]

结合该案，蔡某在明知 A 公司没有竞拍资格的情况下，利用自己作为破产管理人的职务便利为 A 公司提供公司债权拍卖的相关重要信息，帮助该公司取得竞拍资格。同时，蔡某作为破产管理人在资产包公告的时候故意隐瞒已执行到位或即将执行到位的债权，突出风险提示，降低资产包的拍卖诱惑力，帮助行贿人减少竞争者，最终底价竞得资产包。被告人蔡某正是利用其担任管理人所享有的职务便利，收受冯某等 4 人答应给予“好处费”才使 A 公司非法获取拍卖资格并且以低价拍得资产包。虽然蔡某并没有干部身份或相应的编制，但依据法律规定属于从事公务的人员，案件中蔡某在法院的指派下进行的破产活动损害了其他债权人、破产企业及其员工的利益，使公众对法院破产程序和处理结果的公正性产生了质疑，破坏了从事公务的廉洁性和权威性。

---

〔1〕 参见张明楷：《论刑法中的利用职务便利》，载《法治社会》2022 年第 5 期。
〔2〕 参见张明楷：《论刑法中的利用职务便利》，载《法治社会》2022 年第 5 期。

三、延伸探讨

在 2006 年之前《企业破产法(试行)》规定“人民法院应当自宣告企业破产之日起十五日内成立清算组，接管破产企业。清算组负责破产财产的保管、清理、估价、处理和分配”。直至 2006 年《企业破产法》颁布，一改以往的清算组制度，引入企业管理人制度。破产清算组改为破产管理人，其是指在破产案件受理时被指定，于法院和相关主体监督之下，在破产清算程序、破产和解程序和破产重整程序中接管债务人企业并负责债务人财产接管、调查、清理、管理经营和破产财产分配等法定职责的专门机构。现行的《企业破产法》在我国第一次引入了“管理人”的概念，但对破产管理人法律地位未作明确规定，只作了含糊的表述，这导致实践中出现“类案不同判”的情况出现，有的法院认为破产管理人属于国家工作人员，有的法院认为其属于非国家工作人员。换言之，回答破产管理人是否为国家工作人员，实际上就是在回答破产管理人的法律地位问题。大陆法系一般不在立法中明确破产管理人的法律地位，目前有“代理说”“财团代表说”“职务说”3 种学说；英国、美国破产法都直接对破产管理人的法律地位作出明文规定，将破产管理人称为“破产受托人”。

(一)“代理说”

德国法中的“代理说”，是指管理人是债务人的法定(或指定)的代理人，其享有对财团的代理权，并在诉讼中由管理人依法代理债务人行使权利。[1] 我国台湾地区学说认为，“代理说”不仅是指破产管理人系破产人的代理，还存在“债权人代理说”“债权人团体代表说”等。[2] 持“代理说”观点的学者

---

〔1〕 参见[德]莱茵哈德·波克：《德国破产法导论》，王艳柯译，北京大学出版社 2014 年版，第 29 页。

〔2〕 参见陈计男：《破产法论》，台北，三民书局 2008 年版，第 130 页。

认为,破产程序调整的是私人之间的债权债务关系,由此形成的法律关系与民事代理没有太大差别,且管理人在程序中所采取的行为最终利益均归属于破产程序当事人而非自己,至于管理人究竟代表哪一方则根据具体情况而定。[1] 然而,“代理说”的问题就在于法定代理的理论基础在于被代理人行为能力或诉讼能力欠缺故需要代理人行使,但破产程序中的债务人并不丧失行为能力,属于立足点错误,此外还存在代理对象不明、容易出现自身诉讼等矛盾之处。[2]

(二)“财团代表说”

“财团代表说”是德国法近来较有力的学说,具体是指破产程序启动后成立的破产财团是具有权利能力的主体,可以成为诉讼的当事人,所以管理人是经法院选任的破产财团的执行机关,代表财团执行相应职务。[3] 美国也有学说采取“财团代表说”,即认为管理人是破产财团的代表,地位上等同于受托人。[4] 然而,“机关说”或“破产财团代表说”的最大问题在于,其将破产财产视为法律上的主体既没有法律依据,也没有逻辑根据,更与人们观念不符合,同时该观点仅具有消极功能,却不能成为指导理论。[5]

(三)“职务说”

“职务说”可以继续分为“公吏说”与私法上的“职务说”,前者是指管理人基于法院的选任,执行法律上的职务,其应当被视为国家执行机关中依法

---

〔1〕 参见汤维建:《优胜劣汰的法律机制——破产法要义》,贵州人民出版社 1995 年版,第 126 页。

〔2〕 参见[德]莱茵哈德·波克:《德国破产法导论》,王艳柯译,北京大学出版社 2014 年版,第 30 页。

〔3〕 参见陈计男:《破产法论》,台北,三民书局 2008 年版,第 130~131 页。

〔4〕 参见[美]查尔斯·J. 泰步:《美国破产法新论》,韩长印、何欢、王志洲译,中国政法大学出版社 2017 年版,第 93 页。

〔5〕 参见汤维建:《优胜劣汰的法律机制——破产法要义》,贵州人民出版社 1995 年版,第 129 页。

执行公务的公务员，而后者则指管理人经选任后履行职务，是一种国家事务委托授权的私法上的职务。[1] “职务说”被德国法所接纳、是主流的学说观点，因其指出管理人作为独立司法助理机关应当具有为程序参与的各方主体利益照管财产与变价处置等责任。[2] 有观点指出，“职务说”的弊端在于管理人虽系法院选任，但也不能承认其具有公法上的组织，故而其职务行为就失去了依托；根据“职务说”，管理人行使诉讼实施权等同国家机关在行使该权利，这与观念不相符；如果管理人失职，如果要求其承担相应的责任则难以解释。[3]

“职权说”中的“公吏说”仍有商榷之处。另外，实践中亦有部分案例没有将管理人从事此类违法行为被认定为受贿罪。例如，在 2016 年“徐某职务侵占案”中，云南甲有限责任公司（以下简称甲公司）于 2007 年 5 月 25 日向昆明市中级人民法院申请破产，2016 年 7 月 24 日，昆明市中级人民法院受理甲公司的破产申请，并依法指定了破产管理人，裁定云南某律师事务所主任徐某担任破产管理人副组长。8 月 6 日，破产管理人会议决议被告人徐某担任破产管理人法律事务组组长兼债权债务资产处置组副组长。2011 年 3 ~ 8 月，徐某受甲公司破产管理人委托拍卖甲公司持有的辽宁大连某广场 8900 万元债权。在招标拍卖过程中，徐某利用职务上的便利，违反法律规定，向管理人虚构事实、隐瞒真相，并私下与易某、林某等人串通参与拍卖，以 310 万元的低价拍得上述债权后，又以 1000 万元的高价转让给辽宁某投资管理有限公司，从中非法获利人民币 690 万元。一审法院根据上述事实，依照《刑法》第 271 条、第 64 条之规定，以职务侵占罪判处被告人徐某有期

---

〔1〕 参见陈计男：《破产法论》，台北，三民书局 2008 年版，第 130 页。

〔2〕 参见［德］莱茵哈德·波克：《德国破产法导论》，王艳柯译，北京大学出版社 2014 年版，第 31 页。

〔3〕 参见汤维建：《优胜劣汰的法律机制——破产法要义》，贵州人民出版社 1995 年版，第 127 ~ 128 页。

徒刑6年,并处没收财产人民币10万元;涉案赃款人民币690万元予以追缴,返还被害单位。徐某上诉后,二审法院认为一审判决定罪准确,量刑适当。

应当注意的是,本则案例选取于"人民法院案例库",意味着该案对未来出现的类案具有相当的指导与参照意义。

【类案推荐】

类案1

案例名称:"徐某职务侵占案"

裁判要旨:上诉人徐某无视国家法律,在担任甲公司有限责任公司破产管理人副组长期间,为牟取个人利益,利用职务上的便利,违反法律规定,向管理人虚构事实,隐瞒真相,擅自低价处置甲公司债权后高价转让,将该公司应收债权转让款项人民币690万元非法占为己有,其行为已构成职务侵占罪,依法应予惩处。

案　　号:(2016)云刑终198号

审理法院:云南省高级人民法院

类案2

案例名称:"曾某受贿案"

裁判要旨:破产企业及其财产的非国有性质不影响被告人曾某受法院指定,依法从事公务的性质,曾某的身份符合《刑法》第93条第2款规定的"其他依照法律从事公务的人员",其在催收580万元国有资金上交某市财政局过程中,利用清算组副组长职务之便,收受他人贿赂,其行为应以受贿罪追究刑事责任。

案　　号：(2013)鄂刑监一抗字第00009号

审理法院：湖北省高级人民法院

本篇作者：狄芳今〔1〕　胡守鑫

〔1〕 本篇案例中第三部分延伸探讨中(一)(二)及(三)中的第一段为胡守鑫所写，其余部分为狄芳今所写。

案例30：执行款已在执行法院账户但尚未向申请执行人发放，此时关于被执行人破产程序启动的，该笔款项能否向申请执行人继续发放？

【要点提示】

在人民法院受理对被执行人的破产申请情况下，经司法拍卖已经取得但尚未发放给申请执行人的拍卖款项，因其财产权利归属未发生变动，仍属于被执行人的财产，不应再支付给申请执行人，一般应当纳入破产程序统一分配，将其移交给受理破产案件的法院或管理人。

【裁判要旨示例】

对已完成向申请执行人转账、汇款、现金交付的执行款，因财产权利归属已经发生变动，不属于被执行人的财产。已经扣划到执行法院账户的银行存款等执行款，但未完成向申请执行人转账、汇款、现金交付的，财产权利归属未发生变动，仍属于被执行人的财产，执行法院收到受移送法院受理裁定后，不应再支付给申请执行人，应当将其移交给受理破产案件的法院或管理人，纳入破产程序统一分配。实施拍卖、变卖等执行措施取得变价款，与通过其他方式执行到位的款项，在判断是否属于“被执行人的财产”的标准上并无不同，均应当以财产权利归属是否发生变动为标准，进而判断是否应当纳入破产程序统一分配。

【案件概况】

案件名称：“盘州某某公司与贵州某甲公司等执行监督案”[1]

案　　号：(2023)最高法执监 78 号执行裁定书

审理法院：最高人民法院

【案例评析与思考】

一、案情介绍

原告盘州某某公司与被告贵州某甲公司、第三人四川某甲公司、四川某乙公司贵州分公司、杨某某、缪某某债权转让合同纠纷一案，贵州省六盘水市中级人民法院(以下简称六盘水中院)于 2019 年 4 月 15 日作出(2018)黔 02 民初 120 号民事判决，由被告贵州某甲公司在本判决发生法律效力之日起 10 日内偿还原告盘州某某公司借款本息 27,920,443 元。后盘州某某公司向六盘水中院申请强制执行。执行过程中，2021 年 9 月 3 日，经拍卖，被执行人贵州某甲公司名下的一宗国有建设用地及该地块上的在建工程以

[1] 本案例选自人民法院案例库，案例入库编号：2024－17－5－203－025，载人民法院案例库官网，https://rmfyalk.court.gov.cn/dist/view/content.html?id=fnZeWzARB%252FwNU4sLMG2FWU0U13vkvBqrFJTdo1esLus%253D&lib=ck&qw=%E7%9B%98%E5%B7%9E%E6%9F%90%E6%9F%90%E5%85%AC%E5%8F%B8%E4%B8%8E%E8%B4%B5%E5%B7%9E%E6%9F%90%E7%94%B2%E5%85%AC%E5%8F%B8%E7%AD%89%E6%89%A7%E8%A1%8C%E7%9B%91%E7%9D%A3%E6%A1%88。

25,516,050 元的成交价成交;9 月 10 日,全部款项到账。2021 年 9 月 16 日,六盘水中院将 15,776,330 元发放给申请执行人,9,644,400 元提存至六盘水中院账户,95,320 元扣缴为执行费。2021 年 9 月 17 日,贵州省盘州市人民法院向六盘水中院送达了该院于 2021 年 9 月 16 日作出的(2021)黔 0281 破申 2 号民事裁定书,裁定受理方某某等对贵州某甲公司的破产清算申请。2022 年 1 月 18 日,六盘水中院作出(2021)黔 02 执恢 62 号通知书,将 9,615,884元移交给贵州某甲公司破产管理人,该院对案外人贵州某乙公司的参与分配申请不再审查。盘州某某公司不服,向该院提出执行异议,请求撤销(2021)黔 02 执恢 62 号通知书,将拍卖款项 9,615,884 元及时发放给异议人盘州某某公司。

经审查,六盘水中院于 2022 年 2 月 23 日作出(2022)黔 02 执异 38 号执行裁定,驳回盘州某某公司异议请求。盘州某某公司不服,向贵州省高级人民法院(以下简称贵州高院)申请复议,贵州高院于 2022 年 4 月 8 日作出(2022)黔执复 107 号执行裁定,驳回盘州某某公司的复议申请,维持六盘水中院(2022)黔 02 执异 38 号执行裁定。盘州某某公司不服,向最高人民法院申请执行监督,最高人民法院于 2023 年 3 月 31 日作出(2023)最高法执监 78 号执行裁定,驳回盘州某某公司的申诉请求。

法院生效裁判认为,该案争议的焦点问题是,在人民法院受理对被执行人的破产清算申请情况下,经拍卖已经取得但尚未发放给申请执行人的拍卖款项,是否属于被执行人的破产财产。

根据《企业破产法》第 19 条规定以及最高人民法院《关于执行案件移送破产审查若干问题的指导意见》第 16 条和第 17 条的规定,对已完成向申请执行人转账、汇款、现金交付的执行款,因财产权利归属已经发生变动,不属于被执行人的财产。已经扣划到执行法院账户的银行存款等执行款,但未完成向申请执行人转账、汇款、现金交付的,财产权利归属未发生变动,仍属于被执行人的财产，执行法院收到受移送法院受理裁定后，不应再支付给申请执行人，应当将其移交给受理破产案件的法院或管理人。最高人民法院〔2017〕最高法民他72号复函中也明确了上述原则。该案中，2021年9月10日，案涉在建工程的拍卖款已经全部到账；9月16日，六盘水中院将15,776,330元发放给申请执行人，9,644,400元提存至六盘水中院账户，95,320元扣缴为执行费。2021年9月17日，贵州省盘州市人民法院向六盘水中院送达了该院于2021年9月16日作出的（2021）黔0281破申2号民事裁定书，裁定受理对贵州某甲公司的破产清算申请。故在人民法院受理破产申请后，未发放给盘州某某公司的款项，因其财产权利归属未发生变动，仍属于被执行人的财产，六盘水中院收到受移送法院受理裁定后，不再将其支付给申请执行人盘州某某公司，而是移交给被执行人的破产管理人，符合上述法律规定，从价值衡量角度看，也体现了破产法对全体债权人进行公平清偿的精神。

关于申诉人提出的拍卖款与上述规定中的执行款不属于同一概念而不应纳入破产财产的主张。最高人民法院认为，强制执行的最终目的是使债务得到清偿，拍卖、变卖等执行措施仅是实现这一目的的方法和手段，因此实施拍卖、变卖等执行措施取得变价款，与通过其他方式执行到位的款项，在判断是否属于“被执行人的财产”的标准上并无不同，均应当以财产权利归属是否发生变动为标准。

关于申诉人提出的执行款专户或在案款专户的款项视为已向申请人交付的主张。最高人民法院《关于执行款物管理工作的规定》第4条规定：“人民法院应当开设执行款专户或在案款专户中设置执行款科目，对执行款实行专项管理、独立核算、专款专付。人民法院应当采取一案一账号的方式，对执行款进行归集管理，案号、款项、被执行人或交款人应当一一对应。”该内容系人民法院对执行案款的管理规定，“一案一账号”的方式解决的是案款来源不清、管理混乱的问题,对执行款的权属何时转移至申请执行人不产生影响,申诉人主张进入专户即视为已向申请执行人交付的主张不能成立,最高人民法院不予支持。

关于申诉人提出的案外人贵州某乙公司滥用权利,恶意拖延导致款项没有及时发放的主张。最高人民法院《关于执行款物管理工作的规定》第10条规定:"执行人员应当在收到财务部门执行款到账通知之日起三十日内,完成执行款的核算、执行费用的结算、通知申请执行人领取和执行款发放等工作。有下列情形之一的,报经执行局局长或主管院领导批准后,可以延缓发放:(一)需要进行案款分配的;(二)申请执行人因另案诉讼、执行或涉嫌犯罪等原因导致执行款被保全或冻结的;(三)申请执行人经通知未领取的;(四)案件被依法中止或者暂缓执行的;(五)有其他正当理由需要延缓发放执行款的。上述情形消失后,执行人员应当在十日内完成执行款的发放。"该案中,2021年9月10日拍卖款到账,因贵州某乙公司于2021年9月15日提出参与分配申请,六盘水中院基于该原因未发放相应部分款项,亦符合案款管理有关规定。申诉人的该项主张,最高人民法院不予支持。

二、案件评析

针对破产受理前已经划扣到执行法院账户但尚未支付给申请执行人的款项,是否属于债务人财产问题,在2004年最高人民法作出的《关于如何理解〈最高人民法院关于破产法司法解释〉第六十八条的请示的答复》(以下简称《答复》)中明确了不应列入破产财产的两种具体情形:(1)正在进行的执行程序不仅作出了生效的执行裁定,而且就被执行财产的处理履行了必要的评估拍卖程序,相关人已支付了对价,此时虽未办理变更登记手续,且非该相关人的过错,应视为执行财产已向申请人交付,该执行已完毕,该财产不应列入破产财产;(2)人民法院针对被执行财产采取了相应执行措施,该财产已脱离债务人实际控制，视为已向权利人交付，该执行已完毕，该财产不应列入破产财产。第一种情形主要针对需要变更登记手续的不动产，第二种情形主要从被执行财产是否已经脱离债务人实际控制角度明确是否应将其列入破产财产，且未具体区分财产类型。《答复》作出时间为2004年12月22日，采取以被执行财产是否"脱离债务人实际控制"为标准来区分应否将其列为破产财产的观点，将已脱离债务人实际控制的被执行财产视为已向权利人交付，此时，该财产不属于债务人财产，不应列入破产财产。在实践中存在法院将其作为裁判依据的案例，该院认为在执行过程中专户资金被法院提取至执行法院执行款专户时，该专户资金实质上已由执行法院为申请执行人代管，该款项已脱离了债务人的实际控制，视为已向权利人交付，故其不属于被执行人财产，无法进入破产程序。[1] 但《答复》与2017年1月20日最高人民法院印发的《关于执行案件移送破产审查若干问题的指导意见》（以下简称《指导意见》）及《民诉解释》的有关规定并不完全一致。在2017年《指导意见》正式实施后，司法实践中各地法院裁判依据多以《指导意见》为准。

《指导意见》第16条进一步明确规定，执行法院收到受移送法院受理裁定后，应当于7日内将已经扣划到账的银行存款、实际扣押的动产、有价证券等被执行人财产移交给受理破产案件的法院或管理人。第17条规定，执行法院收到受移送法院受理裁定时，已通过拍卖程序处置且成交裁定已送达买受人的拍卖财产，通过以物抵债偿还债务且抵债裁定已送达债权人的抵债财产，已完成转账、汇款、现金交付的执行款，因财产所有权已经发生变动，不属于被执行人的财产，不再移交。鉴于此，对已完成向申请执行人转账、汇款、现金交付的执行款，因财产权利归属已经发生变动，不属于被执行

〔1〕 安徽省高级人民法院（2017）皖执复字第28号执行裁定，后最高人民法院于（2017）最高法执监422号执行裁定书中裁定撤销安徽省高级人民法院（2017）皖执复字第28号执行裁定。

人的财产,无法进入破产程序。但针对已经扣划到执行法院账户的银行存款等执行款,且未完成向申请执行人转账、汇款、现金交付的,由于财产权利归属尚未发生变动,仍属于被执行人的财产,故执行法院收到受移送法院受理裁定后,不应再支付给申请执行人,应当将其移交给受理破产案件的法院或管理人。

司法实践中,最高人民法院《关于对重庆高院〈关于破产申请受理前已经划扣到执行法院账户尚未支付给申请执行人的款项是否属于债务人财产及执行法院收到破产管理人中止执行告知函后应否中止执行问题的请示〉的答复函》(〔2017〕最高法民他 72 号)中同样再次明确,人民法院裁定受理破产申请时,已经扣划到执行法院账户但尚未支付给申请执行人的款项,仍属于债务人财产,人民法院裁定受理破产申请后,执行法院应当中止对该财产的执行。即被扣划的财产在交付给申请执行人前,仍属于债务人财产,人民法院受理破产申请后,依据《企业破产法》第 19 条之规定,执行程序应予中止。否则,破产管理人有权依据《破产法司法解释(二)》第 5 条及《民事诉讼法》第 236 条之规定提出执行行为异议,请求法院予以纠正,法院应启动执行回转程序,追回交付给申请执行人的财产,而对已经执行到法院账户的款项是拍卖所得款还是其他款项并未予以区分。

三、延伸探讨

(一)被执行人的房产已拍卖且过户,但拍卖案款发放给申请执行人前其他债权人提出参与分配的申请,该申请是否属于逾期申请

最高人民法院执行局在法官会议纪要汇编第 77 辑中指出,学界主要存在两种相悖观点。第一种观点:属于逾期申请。被执行财产为不动产的,申请参与分配的截止时间应为过户裁定依法送达相关权属登记机关的前一日。这样能够避免案款被实际发放前因新的债权人申请参与分配而导致分

配方案不断被修改或长期处于不确定状态。第二种观点：不属于逾期申请。《民诉解释》第507条第2款规定，参与分配申请应当在执行程序开始后，被执行人的财产执行终结前提出。被执行人财产为不动产的，虽然已经裁定过户，但拍卖款项尚未发放，仍属于被执行人的财产，执行程序尚未终结。因此，债权人申请参与分配的截止时间，应为案款分配发放的前一日。

法官会议纪要采取第二种观点，认为该问题应在现行法律规定下进行解释。根据《民诉解释》，被执行人的其他已经取得执行依据的债权人发现被执行人的财产不能清偿所有债权的，可以向人民法院申请参与分配，于被执行人的财产执行终结前提出。被执行人的房产虽已过户，但拍卖案款尚未发放，仍在法院账户内，属于被执行人的财产，债权未得到清偿。执行法院下一步对案款的分配仍是执行的一个阶段，执行尚未终结。因此，其他债权人在案款分配之前提出参与分配的申请，并未逾期。此外《指导意见》第16条、第17条及〔2017〕最高法民他72号复函中明确规定，人民法院裁定受理破产申请时已经扣划到执行法院账户但尚未支付给申请人执行的款项，仍属于债务人财产，人民法院裁定受理破产申请后，执行法院应当中止对该财产的执行。因此依据上述规定，只要财产的最终形态价款仍在法院账户尚未支付给申请执行人，无论之前财产所有权是否发生变化，该拍卖款项仍属债务人财产，其他债权人的债权尚未获得清偿时可以向人民法院申请参与分配。

（二）在债务担保案件的执行程序中，担保人与债务人同为被执行人，人民法院裁定受理债务人破产案件，担保人能否以债务人破产为由申请人民法院中止执行

在担保人为连带保证人的情形下，申请执行人有权向人民法院申请执行债务人或连带担保责任人任一方的资产，该担保人以债务人破产为由申请人民法院中止执行的人民法院不予支持。若担保人系一般保证责任，湖北省高级人民法院在（2021）鄂执复132号执行裁定书中认为，一般保证人在执行中享有顺位优势,即担保人仅就债务人不能清偿部分承担清偿责任,但一般保证责任人以债务人已被裁定受理破产申请为由请求法院中止执行的,因该事由不符合法定中止情形,一般保证人请求中止执行没有事实和法律依据,同样不能中止执行。

(三)被执行人的关联公司或相关公司被裁定受理破产时,是否应中止对被执行人的执行

依据《企业破产法》第19条之规定,在执行程序中,人民法院受理破产申请后,执行程序应当中止,即被执行人被裁定受理破产系法定中止执行情形之一。但被执行人的关联公司或相关公司被裁定受理破产时,是否应中止对被执行人的执行则取决于审查被执行人与破产事项的相关性。以被执行人为正在破产重整的相关关联企业的下属公司为例,北京市高级人民法院在(2022)京执复181号执行裁定书中认为,被执行人以对重整实施有重大影响为由请求人民法院中止执行的,因被执行人同破产企业之间无直接关联,故该情形并非需要中止执行的法定情况,法院一般不予认定。

(四)以物抵债裁定与破产受理裁定同日作出,但之后送达的,人民法院是否应撤销以物抵债裁定

最高人民法院在(2021)最高法执复78号执行裁定书中认为,在破产程序中的破产受理裁定与执行程序中的以物抵债裁定同一天作出的情形下,应根据法律、相关司法解释规定,明确两份法律文书的生效时间,进而判断以物抵债裁定所涉财产是否属于破产财产。因破产受理裁定作出即生效,而以物抵债裁定送达后生效,且标的物所有权自以物抵债裁定送达买受人或者接受抵债物的债权人时转移,故虽然破产受理裁定与以物抵债裁定同一天作出,但以物抵债裁定晚于该日才送达的,应根据《企业破产法》第19条、《破产法司法解释(二)》第5条之规定,人民法院受理破产申请后,有关债务人财产的保全措施应当解除,执行程序应当中止,应撤销已经作出的以物抵债裁定。

【类案推荐】

类案1

案例名称：“某融资租赁有限公司与某信托公司、北京某有限公司等融资租赁合同纠纷执行监督案”

裁判要旨：债务人被人民法院裁定受理破产申请之前，人民法院依法不中止对债务人的执行。债权人仅以已对债务人申请破产，债务人已处于破产审查阶段为由，请求停止执行，不予支持。

案　　号：（2023）最高法执监448号执行裁定书

审理法院：最高人民法院

类案2

案例名称：“张某某、葫芦岛市某供热有限公司民间借贷纠纷执行审查案”

裁判要旨：

人民法院裁定受理破产申请时已经扣划到执行法院账户但尚未支付给申请人执行的款项，仍属于债务人财产，人民法院裁定受理破产申请后，执行法院应当中止对该财产的执行。执行法院收到破产管理人发送的中止执行告知函后仍继续执行的，应当依法予以纠正。

案　　号：（2019）最高法执监225号执行裁定书

审理法院：最高人民法院

本篇作者：袁梦

后　记

癸卯兔年岁末，胡守鑫博士将稿件给我审阅与校对，不禁感慨时光飞逝，一起研讨的日子犹如昨日，如今本书即将付梓，我倍感欣喜。

破产法是市场经济法律体系中一项基础性法律制度。《企业破产法》实施以来，见证和促进了我国市场经济体制的发展和完善，见证和促进了我国经济由高速增长转向高质量发展的巨大转变，见证和促进了我国市场化、法治化、国际化营商环境的巨大进步。在经济社会迅速转型的背景下，《企业破产法》逐渐成为市场退出核心机制的同时，也面临越来越多的挑战，面对各式各样的案件，如何精准“把脉”成为破产法实践者的难题。

作为专门从事破产业务的管理人律师，近 10 年来，我面对债权人之间、债权人与债务人之间、债务人的股东之间的争执与对立，以及每个破产程序参与主体的切身诉求，让我深刻体会破产案件中多方利益博弈的激烈性，而破产衍生诉讼则是破产程序中各方利益诉求博弈的直接体现。也正因为破产衍生诉讼恰恰能够窥视各破产程序参与主体最直接的利益诉求以及法院的裁判观点，其对于管理人履职及其他破产程序参与主体有重要的参考意义。目前，破产衍生诉讼已成为解决与破产程序相关的实体权利义务纠纷的通行方式，给破产法实践者提供了“把脉药方”。

我在日常工作中每遇见新的问题，总是逐个进行研究，而积累到一定程度时就想着归纳总结，以便常看常新。但平日工作繁忙，相关工作没有实质性进展。而在 2022 年中国破产法论坛结束后,我与胡守鑫博士交谈过程中,都表达出了想要编辑属于自己看法的书籍,于是迅速行动起来,着手开展本书的写作工作。

本书选择了实践过程中较常见的问题作为切入点,同时重点总结司法实践中对该问题的不同观点,旨在帮助管理人在履职过程中结合案件把握具体尺度,进而审慎履职,并为从事破产法研究的同仁提供破产理论研究进一步的思考。本书既有破产实务经验的概括反思,也有对破产法学理论上的研究探讨;既有对破产法常见问题的归纳总结,也有破产法新兴方向的思考探索。

感谢本书在编写过程中来自各方的帮助和支持,同时因我们学识、经验、视野仍有提升空间,难免存在不足和疏漏,也请各位读者批评指正,以便我们进行更正、修改和完善。

我一直相信研究破产法及从事破产法实践的同仁都是理想主义者,需要强大的内心和坚韧的毅力,愿梦想继续指引我们披荆斩棘。

2024 年 2 月 16 日于上海静安